微宏观生产主体与历史唯物主义

真实的马克思系列研究之二

李云峰 著

人民出版社

自　序

笔者于 2007 年 3 月出版了《马克思学说中人的概念》一书，当时提出了历史唯物主义（也是马克思学说）逻辑出发点①的概念。本书是在《马克思学说中人的概念》基础上对历史唯物主义基本范畴和逻辑体系的进一步论证。

书中提出的问题涉及历史唯物主义逻辑出发点和基本理论，关涉《资本论》或马克思主义政治经济学的解读，关乎马克思主义哲学和马克思主义政治经济学话语体系的构建，关涉如何准确理解、宣传、讲授和运用马克思主义理论的重大事情，关涉中国特色社会主义理论基础与实践指导。这些问题在社会主义的中国太重要了。

一、正视我们现有马克思主义话语体系存在的学理问题

在人类思想家史中，马克思占有卓绝的地位。一百多年来，马克思主义学说穿越了时空，超越了国界，对人类社会历史产生了深刻而广泛的影响。20 世纪西方有影响的学者，不管他们赞成或者反对马克思，他们的学说都与马克思主义有关，或者与马克思提出的问题有直接关系。当历史即将进入21 世纪之时，马克思曾被西方媒体评为"千年第一思想家"、"千年伟人"，同时，马克思也是史上引起争议最多的思想家。对一个思想家的学术争议是正常的，历史上亚里士多德、黑格尔、孔子等人的思想在身后也备受争议，但是，像马克思学说这样在世界范围内引起如此持久、深入、广泛而激烈的

---

① 注：历史唯物主义是马克思主义的理论基础，历史唯物主义逻辑出发点也是马克思主义学说的逻辑出发点。

争论是鲜见的。从马克思学说的性质到学说的内容，从内容的基本概念到整个体系，从单本著作到一个时期的著作，学术界对于马克思学说的争议是全方位的。根据对马克思学说的不同认识或解读，还形成了各种不同的学派。

笔者认为，马克思主义是在实践基础上对客观世界的正确反映，是科学的真理，马克思主义学说的科学性是毋庸置疑的，对马克思学说之所以长期存在着争议，除意识形态方面原因外，也有对马克思思想理解方面的原因。

马克思是一个非常严谨的学者。拉法格曾回忆说：马克思对待自己的理论和著作都非常严格，"马克思对待著作的责任心，并不亚于他对待科学那样严格。他不仅从不引证一件他尚未十分确信的事实，而且未经彻底研究的问题他决不随意谈论。凡是没有经过他仔细加工和认真琢磨过的作品，他决不出版。"①李卜克内西曾说，作为语言学者的他十分钦佩马克思运用语言的明朗和准确，称马克思是"一位严格的修辞家；他常常花很多时间力求找到需要的字句"②，"没有人具有比他更高的明确表述自己思想的才能。语言的明确是由于思想明确，而明确的思想必然决定明确的表现方式。"③ 马克思从1844年开始研究经济学，直到1867年《资本论》第一卷才得以问世。为使《资本论》尽早出版，恩格斯曾建议马克思把手稿分批交给出版商，但马克思不同意，期间反复琢磨，不断修改，使《资本论》观点、材料、论证和文字表述等方面都尽可能达到完美。恩格斯在谈到《资本论》第一卷时说："每一个字都贵似金玉"④。《资本论》第一卷完成后，马克思就着手修订第二卷，共写了7份手稿。恩格斯整理第二、三卷书稿时，惊叹马克思把这么巨大的发现搁置在身边20年之久，在第二卷序言中说："只要列举一下马克思为第二册留下的亲笔材料，就可以证明，马克思在公布他的经济学方面的伟大发现以前，是以多么无比认真的态度，以多么严格的自我批评精

① 中共中央马克思恩格斯列宁斯大林著作编译局编译：《摩尔与将军——回忆马克思恩格斯之一》，人民出版社1982年版，第102页。
② 中共中央马克思恩格斯列宁斯大林著作编译局编译：：《我景仰的人——回忆马克思恩格斯》，人民出版社1982年版，第59页。
③ 中共中央马克思恩格斯列宁斯大林著作编译局编译：《我景仰的人——回忆马克思恩格斯》，人民出版社1982年版，第52页。
④ 《马克思恩格斯全集》第36卷，人民出版社1975年版，第28页。

神，力求使这些伟大发现达到最完善的程度。"①

对学术认真、严谨、规范，运用语言明朗而且准确，对自己著作要求近乎苛刻的马克思，会出现我们现有历史唯物主义话语体系和《资本论》解读中存在的一些学理问题吗②？会从动态的社会物质生产出发构建自己的理论吗？笔者认为不会。如果问题不在马克思主义理论本身，那就要从我们现有对马克思学说的解读、理解方面去寻找，要正视我们现有对马克思主义解读或话语体系存在的学理问题。

二、真实的历史唯物主义：基于理论依据的现实和其逻辑体系

历史唯物主义是对客观世界的正确反映，其科学性是毋庸置疑的。历史唯物主义话语体系和《资本论》解读中存在的一些学理问题，只是对其理论中一些问题认识不明确，明确这些问题有利于还原其真实面貌。

马克思在《德意志意识形态》中一开始就分析了近些年德国哲学，特别是青年黑格尔派产生、瓦解的过程。马克思说："这些哲学家没有一个想到要提出关于德国哲学和德国现实之间的联系问题，关于他们所作的批判和他们自身的物质环境之间的联系问题。"③ 马克思批判费尔巴哈，"一方面仅仅局限于对这一世界的单纯的直观，另一方面仅仅局限于单纯的感觉"④，他"从来没有看到现实存在着的、活动的人，而是停留于抽象的'人'，并且仅仅限于在感情范围内承认'现实的、单个的、肉体的人'"。" 正是在共产主义的唯物主义者看到改造工业和社会结构的必要性和条件的地方，他却重新陷入唯心主义"⑤。马克思阐述自己的理论时说："我们开始要谈的前提不是任意提出的，不是教条，而是一些只有在想象中才能撇开的现实前提。这是一些现实的个人，是他们的活动和他们的物质生活条件，包括他们已有

---

① 《马克思恩格斯全集》第 45 卷，人民出版社 2003 年版，第 4 页。
② 关于历史唯物主义和《资本论》解读存在的学理问题，见本书"引言"部分。
③ 《马克思恩格斯选集》第 1 卷，人民出版社 1995 年版，第 66 页。
④ 《马克思恩格斯选集》第 1 卷，人民出版社 1995 年版，第 75 页。
⑤ 《马克思恩格斯选集》第 1 卷，人民出版社 1995 年版，第 78 页。

的和由他们自己的活动创造出来的物质生活条件。"① 可见，唯心主义和旧唯物主义都没有联系现实，马克思提出了自己的哲学与现实之间的联系问题，马克思主义哲学是联系现实的。马克思主义哲学所联系的现实、历史唯物主义背后所呈现的现实是"现实的个人"及其活动。

根据马克思在《德意志意识形态》等著作中的阐述，这些现实的个人"他们是什么样的，这同他们的生产是一致的——既和他们生产什么一致，又和他们怎样生产一致。因而，个人是什么样的，这取决于他们进行生产的物质条件"②。"机器只是一种生产力。以应用机器为基础的现代工厂才是社会生产关系"③，"生产力和社会关系——这二者是社会个人的发展的不同方面"④。笔者提出作为历史唯物主义和马克思主义学说逻辑出发点的"现实的个人"，是作为社会经济基本单位的生产主体。这种界定能够对马克思关于自己学说出发点的不同说法给予合理解释，使马克思对自己学说出发点的不同说法具有内在的联系与统一，因为，从事社会物质资料生产及相关活动的主体——社会经济基本单位，在工业社会就是以企业法人为主导的基本经济组织，是人格化的人。

在前资本主义社会，作为社会经济基本单位的生产主体建立在人身依附关系上，等级关系遮蔽了生产主体内经济对立关系，资本主义社会中作为社会经济基本单位的生产组织的作用显著，正是在这样的现实条件下历史唯物主义才得以创立。黑格尔曾说现实是存在与本质诸环节的总和，列宁认为"现实的诸环节的全部总和的展开（注意）＝辩证认识的本质"⑤。历史唯物主义理论依据的现实就是以企业法人为主导的经济组织为基础的社会，就是资本主义社会或资本主义时代。

马克思正是把作为社会经济基本单位的生产主体作为逻辑出发点，基于这些社会结构和功能的细胞找到了解开"历史之谜"之钥匙，在此基础上，创建了一套全新的哲学社会科学范畴或概念网络，通过这些范畴或概念之间

---

① 《马克思恩格斯选集》第 1 卷，人民出版社 1995 年版，第 66—67 页。
② 《马克思恩格斯选集》第 1 卷，人民出版社 1995 年版，第 68 页。
③ 《马克思恩格斯选集》第 1 卷，人民出版社 1995 年版，第 161 页。
④ 《马克思恩格斯全集》第 31 卷，人民出版社 1998 年版，第 101 页。
⑤ 《列宁全集》第 55 卷，人民出版社 1990 年版，第 132 页。

的关系创建了历史唯物主义。

根据历史唯物主义内在理论逻辑，马克思是从作为社会经济基本单位的生产主体出发，同时把社会经济基本单位作为微观生产主体，把一个民族国家看作宏观生产主体，从而科学地合乎逻辑地推出生产力与生产关系、经济基础与上层建筑等基本范畴。这些基本范畴明确、具体，经典作家关于生产力、生产关系等基本范畴的不同说法也不矛盾。只有把生产力与生产关系、经济基础和上层建筑看作微宏观生产主体的自然关系和社会关系，看作这两层生产主体的物质内容和社会形式，才可以合乎逻辑地推导出社会是在一定生产力基础上建立的生产关系的总和——经济基础、政治上层建筑和思想上层建筑三个层次构成的有机结构，可以合乎逻辑地推导出在生产力与生产关系、经济基础与上层建筑这两对社会基本矛盾推动下社会历史的辩证运动规律。

把作为社会经济基本单位的微观生产主体作为历史唯物主义逻辑出发点才能够合理地推导出人民群众是历史创造者的结论，才能确立无产阶级的历史地位与作用，才能理解共产主义与人类解放的关系，才能说明人的形态与社会形态的关系，才能说明人的本质与社会制度学理基础和核心价值观的关系。正如马克思所说："我们的出发点是从事实际活动的人，而且从他们的现实生活过程中还可以描绘出这一生活过程在意识形态上的反射和反响的发展。"①

抽象的历史唯物主义理论只有在具体社会科学中、在具体实践中得到证明，而提供这一证明的就是《资本论》。任何对历史唯物主义的解读都绕不开《资本论》，这一点至关重要。

如果历史唯物主义是一座理论大厦的话，那么其逻辑出发点是理解历史唯物主义这座大厦结构的关键，《资本论》则使这座大厦从思维中的抽象到思维中的具体，它引领我们走进这座大厦，展现了这座大厦的现实形式。

马克思在 1859 年《〈政治经济学批判〉序言》中说，历史唯物主义这一"总的结果"也是指导《资本论》"研究工作"的"指导"思想。历史

---

① 《马克思恩格斯选集》第 1 卷，人民出版社 1995 年版，第 73 页。

唯物主义是关于微观、宏观生产主体内部以及它们之间矛盾及其发展趋势的理论，《资本论》是论证资本主义微观、宏观生产主体内部以及它们之间矛盾及其发展趋势的著作，《资本论》的逻辑具体反映或再现了历史唯物主义的逻辑。正是这种理论上的关系，马克思称《资本论》："为我们的党取得科学上的胜利"①，是"最后在理论方面给资产阶级一个使它永远翻不了身的打击"②。只有明确《资本论》与历史唯物主义理论之间这种关系，才能理解马克思经济学和哲学的高度统一。

科学的理论要具有科学的理论体系和严谨的逻辑，还要符合实际，经得起实践的检验。从作为社会经济基本单位的生产主体出发构建的历史唯物主义，依据马克思主义理论背后所呈现的现实，导自历史唯物主义本身严谨的理论逻辑，符合历史唯物主义的体系脉络，符合马克思主义经典作家在其著作中的不同论述，反映了历史唯物主义理论确实是"持之有故，言之有理"。

三、还原真实的历史唯物主义是建设中国特色哲学社会科学的首要任务

习近平总书记说："一个没有发达的自然科学的国家不可能走在世界前列，一个没有繁荣的哲学社会科学的国家也不可能走在世界前列。"③ 一国基础科学研究的深度和广度，决定着这个国家原始创新的动力和活力，对自然科学如此，对哲学社会科学同样如此。

马克思曾说，任何真正的哲学都是自己时代精神的精华。因为，哲学涉及事物本质和规律性的东西。任何作为意识形态的哲学都是该时代主流社会科学的理论基础，影响和制约着该时代的社会科学。

主体——人的范畴是哲学社会科学最基本范畴，历史唯物主义是我国各门哲学社会科学的理论基础。历史唯物主义出发点和基础的主体——人这一基本范畴不明确，这对我国哲学社会科学的主要学科如法学中的法理学、政

---

① 《马克思恩格斯全集》第 29 卷，人民出版社 1972 年版，第 554 页。
② 《马克思恩格斯全集》第 31 卷，人民出版社 1972 年版，第 425 页。
③ 习近平：《哲学社会科学工作座谈会上的讲话》（2016 年 5 月 17 日），人民网，2016 年 5 月 18 日。

治学、经济学、历史学都有重要影响。

例如，在哲学领域，作为我国各门哲学社会科学理论基础的马克思主义哲学研究仅仅停留在认识论主体，如我们知名大学有教授还认为企业仅仅是客体。在经济学领域，我们现有政治经济学体系没有明确微观与宏观生产主体及其关系问题，而西方经济理论则更注重研究微观、宏观生产主体具体问题。

针对我国社会科学的现状，北京大学乔晓春教授近年提出，社会科学也是科学，但目前我国社会科学研究的方式和方法还存在大量不科学的地方，并于2017年1月出版了《中国社会科学离科学还有多远?》一书。乔晓春教授认为我国社会科学之所以做得不科学，主要原因是我们研究人员容易混淆社会科学研究中的主体和客体，提出要推动中国社会科学研究的规范性和科学性。他看到了对社会科学最基本范畴——人的认识存在的问题是社会科学研究的症结，但是他没有说明存在这些问题的原因。

马克思主义是我党的指导思想，是我国意识形态的主导思想，构建中国特色哲学社会科学，首先要加强马克思主义学科建设。明确历史唯物主义逻辑出发点、基本范畴和理论逻辑，明确马克思主义学说中最基础性的理论问题，可以说是加强我国哲学社会科学基础学科建设、构建中国特色哲学社会科学体系的首要任务。

马克思主义理论博大精深，涉及自然界、人类社会、人类思维各个领域，涉及历史、经济、政治、文化、社会、生态、科技、军事、党建等各个方面。针对我国哲学社会科学研究现状，希望除马克思主义理论学科外，哲学、法学、经济学、政治学、国际关系、历史学、伦理学等学科的理论工作者，也从学理上关注马克思主义学说话语体系，积极参与对马克思主义理论的研究，在争议中更好地理解马克思主义的真谛。

四、还原真实的历史唯物主义是深化中国特色社会主义理论与实践的迫切任务

恩格斯说过："一个民族要想登上科学的高峰，究竟是不能离开理论思

维的。"① 一方面，实践是理论的基础，实践对理论具有决定作用，这是历史唯物主义的基本原理。另一方面，理论是实践的先导，对实践具有概括和指导作用。理论指导作用和影响力是深远的、长期的，只有理论的突破才会带来实践的发展。在人类历史上，任何影响深远的成功的实践都以一定基础理论为依据。马克思主义的产生实现了人类思想史上的伟大革命，为其后科学社会主义实践奠定了理论基础；近代西方思想家们在哲学、经济学、政治学等基础理论方面的研究，为资本主义社会政治、经济实践奠定了理论基础；1978 年关于"实践是检验真理的唯一标准"的讨论是中国改革开放实践的先导和理论基础，带来了中国近几十年的发展繁荣。

著名经济学家吴敬琏先生这两年参加一些论坛常说，"开拓思想市场，研究基本问题，探索中国长期发展的路径"，核心是研究基本问题。他说："改革开放以来，经济学界的同仁们对于改革开放做出了很多贡献。但是有一个问题始终困扰着我们，就是就现象答问题的多，而对基本问题研究的不透。"② 我们多年以前就提出要研究深层次理论问题，但是为什么过去了这么多年深层次理论问题研究仍没有大的推进呢？因为基础理论研究的突破是更困难更艰巨的工作。

马克思主义与科学社会主义的制度和道路具有内在的不可分割的关系，马克思主义理论是社会主义制度的理论基础或理论论证，社会主义制度和道路是马克思主义在实践中的运用和必然选择。历史唯物主义是我党理论自信的根源和依据，是我党制定路线、方针和政策的理论基础。作为我国各门哲学社会科学理论基础的马克思主义哲学研究仅仅停留在认识论主体，一些知名大学的教授还在说"企业怎么会是主体？机器、厂房都是客体"，这种哲学社会科学研究现状，这种理论思维水平影响我们对社会主义道路和制度建设中一些深层次理论问题的探讨。明确历史唯物主义逻辑出发点、基本范畴和理论体系，是我党理论自信的内在要求，又可以加强道路自信和制度自信，有利于对社会主义道路和制度建设中一些深层次理论问题的解答。

---

① 《马克思恩格斯选集》第 4 卷，人民出版社 1995 年版，第 285 页。
② 吴敬琏先生 2017 年 4 月在上海交通大学上海高级金融学院（SAIF）和中信出版集团上海公司联合主办的"名家讲堂"上的演讲。

　　中国特色社会主义道路是我党现阶段选择的一条正确的社会主义道路，对此已进行了大量的理论论证。从我国现阶段情况看，一方面，几十年的革命和建设，特别是改革开放几十年的实践积累了丰富的经验，对这条道路及其经验进行学理方面的阐释，是理论界面临的任务。另一方面，我国的改革开放实践也需要突破瓶颈，开拓更广阔的空间。认真研读马克思主义经典著作，真正掌握马克思主义理论的实质，立足我国国情和现实实践，以创新的理论解决实践中的问题，有利于早日实现中华民族的伟大复兴和中国梦。

　　微观与宏观生产主体之间关系问题是近代以来重大的理论问题。占主导地位的生产主体性质与社会制度性质直接相关，宏观生产主体与微观生产主体之间的关系及其与政府、市场的关系交织在一起。微观生产主体代表市场的力量，宏观生产主体涉及政府调控。无论是 20 世纪二三十年代有关计划经济可行性的争论，还是 2016 年林毅夫和张维迎二位教授围绕产业政策的争论，争论双方的依据主要是西方经济学理论。实际上，历史唯物主义就是关于微观、宏观生产主体内部及其之间关系的理论，《资本论》正是通过对资本主义微观、宏观生产主体内部及其之间矛盾的分析说明社会主义代替资本主义的必然性，《资本论》第二卷中对资本主义微观与宏观生产主体（单个资本与社会总资本）之间关系有非常精辟的论述，只不过这些长期被世人忽视。

　　生产主体认识问题也影响近代以来重大的实践问题。近百年社会主义国家成功的经验与失败的教训都与生产主体认识问题有关，该问题关系社会主义事业的兴衰成败。苏联模式使微观生产主体缺乏活力和竞争性，影响了社会主义经济的发展。我国在党的十一届三中全会以后使生产主体的产权明晰，给生产主体自主生产经营权，调动了生产积极性，经济飞速发展。

　　在微观和宏观经济主体层面上提炼和总结中国特色社会主义社会经济发展实践的规律性成果，推动马克思主义理论创新，为建设中国特色社会主义提供更为坚实的理论支撑，这对于我国社会主义理论和实践都是急切和重要的。

　　从生产主体的状况看，社会主义公有制性质的生产主体是生产力社会化发展的必然要求，社会主义必须坚持公有制占主导地位的社会主义经济制度。但是，社会主义毕竟还是年轻的社会制度，社会主义微观与宏观生产主体管理制度和运行机制还需我们去探索。现阶段，亟待解决的问题是加强对国有生产主体的研究，探索适合现有生产力发展水平的国有企业管理机制，探索在公有制基础上如何发展市场经济。

从生产主体的范围看，马克思在《共产党宣言》中已从"世界市场"范围分析资本主义矛盾，在《资本论》手稿中有"世界市场"研究计划。但是，由于历史条件的限制，《资本论》中主要分析了资本主义微观生产主体与国家范围宏观生产主体内在矛盾及其发展趋势，马克思关于"世界市场"研究计划实际没有完成。在当代，随着经济全球化的发展，各国之间经济联系越来越密切，人类面临的共同问题日益显现，全球范围宏观生产主体的矛盾已很突出。习近平总书记在全球性问题日益突出，人类共同面临的挑战越来越多的情况下，提出了"人类命运共同体"的概念。分析全球宏观生产主体、区域生产主体的特点，研究全球宏观生产主体、区域生产主体与各国生产主体的关系，分析世界经济和我国经济面临的新情况，从全球更广阔的视角探讨宏观与微观生产主体的内在矛盾及其发展趋势，不仅是推动全球治理的需要，也是丰富历史唯物主义和马克思主义政治经济学基本理论，推动马克思主义现实研究和理论创新非常迫切的任务。

马克思在《资本论》中把信用作为上层建筑范畴，认为银行家是货币资本总管理人，中央银行是信用制度的枢纽，而国家信用是中央银行信用的后盾。马克思分析了信用和虚拟资本作为社会总资本的一部分，便利营业也便利投机。在信用基础上产生的虚拟资本对资本主义经济活动的影响是双重的，其正常运动有利于经济的发展，但其膨胀性特征也容易引起流动性危机，进一步会产生信用危机。信用适应资本主义经济基础状况产生，同时也是促使资本主义灭亡的杠杆。在全球经济联系越来越紧密，金融的地位、金融体系安全十分重要的今天，在实体经济与虚拟经济矛盾越来越突出的当下，马克思的这些思想具有重要意义。

一百多年来，随着生产力的发展，世界政治经济社会已经发生了巨大的变化，特别是信息革命给社会生活的各个方面带来的巨大变化和深远影响并不逊于第一次工业革命，而且这些变化和影响还在以前所未有的速度发展着。这需要我们加强对第三次科技革命特别是信息革命的研究和理论概括，以推动马克思主义在当代的发展。

一百多年来，随着生产力的发展，社会关系也有所变化，如社会福利制度的实施、劳动法律体系的建立、职业经理人阶层的出现等，但是，资本主义生产主体中人与人之间本质关系没有改变。结合人的本质关系，说明社会制度学理基础（基本原则）和核心价值观，在意识形态层面有非常重要的理论意义和现实价值。

从科学史的发展看，当一种理论产生的条件成熟时，这种理论的产生就成为必然，同样，对于一种理论的认识也是如此，当对一种理论认识的条件成熟时，科学的认识必然会出现。正如恩格斯所说："社会一旦有技术上的需要，这种需要就会比十所大学更能把科学推向前进。"[1] 随着对马克思主义理论认识的深入，随着社会实践的发展，科学而准确地解读历史唯物主义和《资本论》到了时不我待的时候。

重视历史唯物主义和《资本论》解读存在的学理性问题，从学理上弄清楚历史唯物主义逻辑出发点、基本范畴，理顺历史唯物主义内在逻辑关系，以基础理论的突破为解决现实问题提供更多新思路，推动马克思主义理论创新，构建科学的马克思主义话语体系，科学上必要，政治上重要，现实迫切需要。

马克思主义作为一种具有世界影响力的思想体系，其研究成果本身就是一种软实力。希望重视由社会物质生产主体构建的历史唯物主义的理论及其现实意义，为马克思主义学说创新发展贡献中国智慧，争取赢得马克思主义学说的国际话语权，在世界文明史上留下中国学人的声音。

李云峰

---

[1] 《马克思恩格斯选集》第4卷，人民出版社1995年版，第732页。

目 录

引　言

在人类历史上没有一个人像马克思一样得到那么多崇高的评价又受到那么多的攻击，没有一部著作同《资本论》一样得到那么多的赞誉又引起那么多的争议。这除了意识形态方面的原因外，还由于马克思①创立的理论博大精深，由于马克思超越了同时代人们的认知，同时也反映了马克思主义这座理论宝库尚有许多宝藏等待人们去挖掘和发现。

20 世纪初列宁在《哲学笔记》中曾说："不钻研和不理解黑格尔的全部逻辑学，就不能完全理解马克思的《资本论》，特别是它的第 1 章。因此，半个世纪以来，没有一个马克思主义者是理解马克思的！！"②《哲学笔记》问世一百多年后的今天，我们对马克思历史唯物主义的解读，对历史唯物主义的运用与证明的《资本论》的研究，虽然取得了不少成果，但仍还需要进一步进行理论探索，认识还需深化拓展。

深入耕读马克思的原著，系统研究马克思主义基本理论，从学理上搞清楚历史唯物主义的一些基本理论问题，明确历史唯物主义内在逻辑及其理论意蕴，还原真实的马克思，还原真实的历史唯物主义话语体系，具有非常重要的理论和实践意义。

一、问题的提出

历史唯物主义是在实践基础上对客观世界的正确反映，是科学的真理，

---

① 注：马克思主义学说是马克思和恩格斯共同创立的，恩格斯对创立和捍卫马克思主义学说的历史贡献永远不容抹杀。但本书主要探讨马克思的思想，为了行文的方便，后文在引用两人合写的著作时，也只提马克思。

② 《列宁全集》第 55 卷，人民出版社 1990 年版，第 151 页。

历史唯物主义的科学性是毋庸置疑的。从国内理论界以及现有教材对历史唯物主义的理解和诠释状况来看，对基本理论的诠释无疑是正确的，但是，我们应正视我们现有历史唯物主义话语体系存在以下学理问题。

第一，马克思在《德意志意识形态》中明确指出："我们的出发点是从事实际活动的人"，"这种考察方法不是没有前提的。它从现实的前提出发，它一刻也不离开这种前提。它的前提是人"①。同是在《德意志意识形态》中，马克思又说："这种历史观就在于：从直接生活的物质生产出发阐述现实的生产过程，把同这种生产方式相联系的、它所产生的交往形式即各个不同阶段上的市民社会理解为整个历史的基础"②。在《评阿·瓦格纳的"政治经济学教科书"》中，马克思还说："我的这种不是从人出发，而是从一定的社会经济时期出发的分析方法"③。马克思是一个非常严谨的学者，他对自己学说的逻辑出发点的这些不同说法之间一定是有内在联系或统一的。

从马克思的论述可知，历史唯物主义和马克思主义学说逻辑出发点④的人与物质资料的生产，与划分社会经济时期的依据一定有内在联系或统一，这种联系与统一不是自然人这一范畴可以实现的。从自然人出发，势必造成出发点与马克思学说理论上的矛盾，因为马克思学说理论体系的内容确实与社会物质资料生产有关。如果把社会物质生产作为马克思学说的基础和出发点，又如何解释马克思在自己的著作中多次强调自己学说的出发点是人呢？这是理论界面临的两难选择。我们现有历史唯物主义话语体系逻辑出发点不明确，没有科学地解释马克思对自己学说出发点不同表述的联系或统一。

第二，现有历史唯物主义话语体系，一方面认为社会物质生产是人类社会存在和发展的基础，马克思学说的出发点是现实的人或从事社会物质生产的人，另一方面理论逻辑上从"生产力是生产的物质内容，生产关系是生产的社会形式"开始推导出历史唯物主义基本范畴。学理上说，出发点具有参照点的性质，出发点怎么会是动态的呢？动态的物质生产怎么能作为历史唯

---

① 《马克思恩格斯选集》第1卷，人民出版社1995年版，第73页。
② 《马克思恩格斯选集》第1卷，人民出版社1995年版，第92页。
③ 《马克思恩格斯全集》第19卷，人民出版社1963年版，第415页。
④ 注：历史唯物主义是马克思主义理论基础，历史唯物主义逻辑出发点也是马克思主义学说逻辑出发点。

物主义的逻辑出发点呢？如果把社会物质生产作为历史唯物主义逻辑出发点，就相当于把运动作为宏观物理学的出发点，这显然不科学。

第三，现有历史唯物主义教材说"生产力是生产的物质内容，生产关系是生产的社会形式"，而内容和形式一般是相对于主体而言的，这种说法显然不严谨。

第四，中国人民大学陈先达教授十几年前就指出，现有对历史唯物主义的解读比较抽象，侧重于逻辑结论，疏于理论阐述，对社会生产及在此基础上展开的历史唯物主义体系表述过于简单、抽象。如对于生产关系适应生产力状况的规律，马克思是从复杂的、多重矛盾统一体的社会生产出发，借助于分工这一中介论证的，而我们现有历史唯物主义体系表述过于简单、抽象，展现给人们的往往只有干巴巴的几点结论，不像马克思主义经典作家分析的那样有血有肉。

第五，现有历史唯物主义话语体系，一方面说人的本质是各种社会关系的总和，现有教材用社会的人、具体的人、实践着的人这些关于人的本质和属性的论述去说明马克思学说中的人，另一方面，马克思关于三种发展形态的人与本质是各种社会关系总和的人是什么关系不明确。

第六，现有教材及其解读难以解释，"生产力和社会关系——这二者是社会个人的发展的不同方面"[①]，"机器只是一种生产力。以应用机器为基础的现代工厂才是社会生产关系"[②]，历史唯物主义是"关于现实的人及其历史发展的科学"[③] 等经典作家的一些说法。

这些学理性问题不仅影响马克思主义学说科学性、真理性、整体性的反映，不能完整地反映马克思学说丰富的内涵、厚实的基础和严谨完整的体系，使马克思学说比较抽象，与现实之间联系不直接、不密切，不接地气，而且直接制约实践。如在我党的理论界早已明确企业是"市场主体"情况下，我们知名大学竟然还有教授说"企业怎么会是主体？机器厂房都是客体"，理论已远远落后于实践。这也说明解决这一问题的迫切性。

---

① 《马克思恩格斯全集》第 31 卷，人民出版社 1998 年版，第 101 页。

② 《马克思恩格斯选集》第 1 卷，人民出版社 1995 年版，第 161 页。

③ 《马克思恩格斯选集》第 4 卷，人民出版社 1995 年版，第 241 页。

二、研究的主旨

第一，本书的研究旨在忠实于马克思原著文本研究的基础上，明确历史唯物主义真实的逻辑出发点，明确历史唯物主义基本范畴的真实含义，阐明历史唯物主义关于社会基础、结构、发展规律的真实思想。

本书的研究旨在明确马克思在实现了哲学社会科学最基本范畴主体——人的变革基础上，把社会经济基本单位作为历史唯物主义逻辑出发点，从而解开了"历史之谜"。因为作为社会经济基本单位的微观生产主体是社会结构和功能的细胞。

本书的研究旨在说明马克思在这一出发点基础上，创建了生产力和生产关系、经济基础和上层建筑等一套哲学社会科学新的概念网络，并在这套概念网络基础上建立了历史唯物主义理论体系。马克思把社会经济基本单位看作社会微观生产主体，把民族国家看作宏观生产主体。生产力和生产关系是社会微观生产主体——社会经济基本单位（在资本主义社会就是企业法人为主导的生产组织）的物质内容和社会形式，经济基础和上层建筑是社会宏观生产主体的物质内容和社会形式。社会微观、宏观生产主体内在的以及二者之间的矛盾构成人类社会发展规律，推动人类社会由低级向高级社会形态发展。

第二，本书的研究旨在阐明《资本论》与历史唯物主义之间的学理关系。

抽象的历史唯物主义理论只有在具体社会科学中，在具体实践中得到证明。《资本论》是历史唯物主义在资本主义社会的运用与证明。《资本论》理论部分三卷分别分析了资本主义微观、宏观生产主体内在矛盾以及微宏观生产主体之间矛盾及其发展趋势。《资本论》的逻辑具体反映或再现了历史唯物主义的逻辑。《资本论》的问世使历史唯物主义已经不是假设，而是"科学地证明了的原理"①。

---

① 《列宁选集》第1卷，人民出版社1995年版，第10页。

第三，本书的研究旨在说明历史唯物主义是"关于现实的人及其历史发展的科学"，说明马克思如何从学理上阐明劳动者的历史主体地位与无产阶级的历史使命。

历史唯物主义认为人类社会就是由不同的生产主体或人组成的有机系统。历史唯物主义的理论是围绕人这一中心线索，通过分析这个有机系统中不同层次生产主体——人内在以及之间的关系，揭示了人类社会发展规律。

马克思虽然把作为社会基本经济单位的微观生产主体作为逻辑出发点，但并不否认个体人的作用。马克思认为，"人类历史的第一个前提无疑是有生命的个人的存在"，微观、宏观生产主体内活动着的是自然人主体，微宏观生产主体活动都是通过自然人主体的活动推进的。由于需要是自然人主体的本性，任何情况下个人总是"从自己出发的"，但是在历史唯物主义中，个体的自然人是隶属于一定集体和阶级的，由自然人意愿支配的活动依赖于微观生产主体的物质条件，特别是受既定的或客观的生产力限制。

马克思通过对社会微观、宏观生产主体内在关系的分析，从人与自然关系、人的社会关系视角说明了从事物质资料生产的劳动群众才是创造价值和社会财富的主体，阐明了从事物质资料生产的劳动者阶级是生产力的代表，在社会历史中真正起决定作用。

历史唯物主义揭示了人类社会的内在关系、发展过程及其趋势。人类社会的发展是人自身矛盾运动的历史表现过程，是人自身的发展过程，是人不断摆脱受盲目必然性支配、受物支配的社会状态，从自然关系、社会关系和人自身关系中解放出来的历史过程。无产阶级特殊地位决定了无产阶级是实现人类解放的社会力量。

第四，本书旨在揭示马克思关于人的本质的真实内涵及其认识变革，说明马克思是基于人的本质揭示了不同社会制度的学理基础和核心价值观。

笔者认为，马克思不仅实现了哲学社会科学最基本范畴社会主体——人的认识的根本变革，而且实现了人的本质观念的变革。马克思所说的人是不同层次人的综合体；这里所说的"一切社会关系"是一种综合的关系；这里所说的人的本质是一个关系范畴，反映人的本质关系；"一切社会关系"中最重要的关系是物质资料生产主体中人与人之间的关系；每一个时代人的本质都是具体的历史的。

在对于人的本质认识基础上，本书不同于以前的学者基于人性对社会制度的学理论证，揭示了马克思基于社会生产中人的本质关系——"人的依赖关系"说明了等级或权威是封建社会的学理基础和核心价值观，基于"物的依赖性"关系说明了个人主义或利己主义是资本主义社会的学理基础和核心价值观。"每个人的自由发展是一切人的自由发展的条件"，这句话反映了共产主义社会的学理基础或核心价值观。个体的人之间平等互利，个体与个体、个体与群体利益一致不可分，这是共产主义的学理基础和核心价值观。历史唯物主义论证了共产主义是社会不同层次生产主体——人的关系的发展趋势，马克思从特殊利益与共同利益之间的关系，从"共同体"的性质和发展对共产主义进行了充分论证。

三、研究的意义

本书是把历史唯物主义作为科学，从学理上、逻辑上进行研究，笔者的基本观点与现有历史唯物主义和马克思主义话语体系并不矛盾，只不过使历史唯物主义理论更明确、具体而已。

第一，本书的研究观点使历史唯物主义逻辑出发点具体、清晰，并能在此基础上符合逻辑地推导出历史唯物主义基本范畴，合理地构建历史唯物主义理论体系。

社会主体——人是马克思学说的核心范畴，但是由于这一概念不具体、不明确，因此理论界对这一问题长期存在着争议。本书对历史唯物主义也是马克思学说逻辑出发点的人的范畴给予不同于以往的解释，提出并论证了作为历史唯物主义也是马克思学说逻辑出发点的人是从事社会物质资料生产及相关活动的主体——社会经济基本单位，在工业社会主要是以企业法人为主导的社会基本生产组织。本书的解释客观还原了马克思学说中社会主体——人的概念的真实含义，有利于克服长期以来对这一概念界定抽象、不明确的缺陷，使这一概念更具体、明确、清晰。

本书对历史唯物主义（也是马克思主义学说）逻辑出发点的界定，能够从学理上符合逻辑地推导出生产力和生产关系、经济基础和上层建筑这些基本范畴，并在此基础上合理地构建历史唯物主义理论体系。

第二，本书的研究有利于反映历史唯物主义学说的科学性、真理性、整体性。

本书对历史唯物主义和马克思学说逻辑出发点、基本范畴的界定，对历史唯物主义是基于社会微观和宏观生产主体的自然关系和社会关系（生产力与生产关系、经济基础与上层建筑）内在矛盾以及它们之间矛盾的分析揭示社会历史发展规律的诠释，使历史唯物主义和马克思主义基本范畴明确、具体，理顺了历史唯物主义基本范畴内在逻辑关系，能够反映历史唯物主义内在逻辑的严谨性、内容的真理性、结构和方法的科学性，使历史唯物主义的基础更为坚实，学理性更强，具有更强的逻辑力量和理论说服力。

本书的观点，可以科学地解释"生产力和社会关系——这二者是社会的个人发展的不同方面"，"机器只是一种生产力。以应用机器为基础的现代工厂才是社会生产关系"，马克思学说是"关于现实的人及其历史发展的科学"等经典作家的一些说法。

本书的解读，能够说明《资本论》如何具体反映或再现了历史唯物主义的逻辑性，能够证明"自从《资本论》问世以来，唯物主义历史观已经不是假设，而是科学地证明了的原理"。

本书的诠释能够反映马克思主义哲学、马克思主义政治经济学和科学社会主义三者学理上水乳交融的内在统一性和整体性，能够更好地彰显历史唯物主义和马克思主义学说的科学性和真理性。

第三，本书的研究有利于回击对历史唯物主义和马克思学说的各种攻击，澄清对马克思学说的各种歪曲，纠正对马克思主义的各种误解。

历史唯物主义和马克思学说创立以来，遭遇了来自各方面的攻击。在形形色色对马克思的攻击中，一个重要的表现就是否认历史唯物主义和马克思学说的基础和科学性。如哈耶克认为马克思第一个看到私有财产制度是给人以有限的自由与平等的主要因素之一，而马克思又希望通过消除这个制度来给予人们以无限的自由与平等，所以，马克思学说的基础是不科学的，马克思学说"仅仅是一个人数有限的志同道合的团体的一种抱负"①。波普尔认为马克思主义是历史主义,但是马克思"既没有给历史提供一种选择性的、统一的原则,也没有为历史提供'观点'"②。布热津斯基认为共产主义是被人们的激情所支配的。本书对历史唯物主义和马克思学说中基本范畴和理论的诠释,不仅说明了历史唯物主义和马克思学说的创立有其现实的基础,马克思主义不仅与现实密切联系,而且与历史吻合。从本书观点出发,能够说明马克思"第一次""以自然科学的精确性"说明历史的条件及其变更,可以证明马克思学说不仅逻辑严谨、结构和方法科学、内容反映现实,而且基础坚实,能够有力地回击对历史唯物主义和马克思学说的各种攻击。

本书的观点对驳斥人是马克思学说的核心概念、马克思是人本主义、"两个马克思"、马克思与恩格斯的对立、马克思著作中存在着人学的"空场"或"飞地"、马克思是反人道主义的、马克思思想发展中存在着"认识论的断裂"、马克思拒绝一切主体等歪曲马克思的观点,对纠正以往对历史唯物主义和马克思主义学说的各种误解都具有积极的意义。

第四,本书的研究有利于反映马克思主义学说的现实性、时代性,能够为科学社会主义、为中国特色社会主义建设提供坚实的理论支撑。

由于历史唯物主义和马克思学说逻辑出发点这一概念长期不具体、不明确,造成国内外学术界对历史唯物主义和马克思主义学说长期存在着争议,从而误认为历史唯物主义和马克思学说比较抽象,与现实联系不直接、不密切。

微宏观生产主体间关系问题是近代以来重大的理论和实践问题。占主导地位的生产主体性质与社会制度性质直接相关,宏观、微观生产主体关系与政府、市场的关系交织在一起。微宏观生产主体分别代表市场力量与政府调控。2016 年林毅夫和张维迎围绕产业政策争论,实质上就是关于微宏观生产主体之间关系之争。无论是 20 世纪二三十年代有关计划经济可行性的争论,还是林毅夫和张维迎二位教授围绕产业政策的争论,争论双方的依据主要是西方经济学理论,限于对马克思主义理论完整性理解不足,致使现有马

---

① 哈耶克:《通往奴役之路》,中国社会科学出版社 1997 年版,第 102、110 页。
② 波普尔:《开放社会及其敌人》第 2 卷,中国社会科学出版社 1999 年版,第 401 页。

克思主义话语体系作为主流经济学理论提供不了更多理论支撑而失语。

近百年社会主义成功与失败的实践都与对生产主体的认识问题有关，该问题关系社会主义事业兴衰成败。苏联经济模式和我国在党的十一届三中全会后实行的社会主义市场经济体制都与对主体的认识问题有关。

马克思学说的产生是 19 世纪初资本主义生产方式发展、社会化生产主体发展的必然结果。根据马克思基于社会主体的分析，当时既不是"人的依赖关系"的时代，也不是个人"全面发展"的时代，还是"以物的依赖性为基础的人的独立性"阶段，社会生产主体还是通过货币交换互相联系起来的时代。历史唯物主义不仅产生于这个时代，而且全面、科学地分析了这个时代的特点，把握了这个时代的精神，反映了这个时代的要求。资本主义微观宏观生产主体内在矛盾的状况与发展都证明了马克思预测的正确性，证明了历史唯物主义建立在社会生产主体内在矛盾分析基础上的理论与现实的吻合。历史唯物主义和马克思学说并没有过时，仍具有很强的时代性，对当代实践仍然具有重要的指导意义。

根据本书的诠释，认为人类社会是由不同层次生产主体或人组成的有机系统，历史唯物主义揭示的就是社会这个有机系统中不同层次生产主体——人内在关系以及它们之间的关系，就是现实社会生活中的经济、政治、意识各个方面之间的关系。历史唯物主义和马克思学说与现实关系非常密切，历史唯物主义和马克思学说的内容是非常接地气的。

基于微宏观生产主体内在及其之间矛盾分析构建的历史唯物主义基本原理，结合我国现阶段国情，在微观和宏观经济主体层面上，为中国特色社会主义进行论证；处理好社会有机系统中不同层次生产主体，不同层次人内在及其之间的关系，处理好社会经济、政治、意识形态各个方面之间关系；从全球更广阔的视角探讨宏观与微观生产主体的内在矛盾及其发展趋势——这些对于科学社会主义，特别是为建设中国特色社会主义提供坚实的理论支撑具有非常重要的理论和现实意义。

第五，本书揭示的马克思从学理上对劳动者主体地位和作用的论证有重要意义。

本书提出，马克思之前已有学者研究生产中人与自然的关系，但是他们都是从经济效率视角研究这一问题，马克思第一次从主体作用的视角研究生产中人与自然的关系，提出物质资料生产中自然关系（生产力）决定生产中的社会关系（生产关系），从学理上论证了劳动者主体的地位和作用。群众史观是历史唯物主义理论内在逻辑必然得出的结论，这对党的群众路线理论的确立具有重要的理论意义。

第六，本书揭示的关于人的本质与社会制度的学理基础和核心价值观的关系的观点，在意识形态层面有非常重要的意义。

本书不仅提出马克思实现了哲学社会科学最基本范畴社会主体——人的认识的根本变革，实现了人的本质观念上的升华，还提出马克思所说的人的本质与社会制度和核心价值观的关系。本书对社会制度学理基础和核心价值观的概括，关于共产主义学理基础和核心价值观的论证，对于社会成员树立共产主义理想，坚定共产主义信念，普及社会主义核心价值观都有非常重要的意义。

第一章　历史唯物主义创立的基础与历程

马克思说："人类始终只提出自己能够解决的任务，因为只要仔细考察就可以发现，任务本身，只有在解决它的物质条件已经存在或者至少是在生成过程中的时候，才会产生。"① 历史唯物主义的创立不仅是人类思想理论发展到一定阶段的产物，而且与科学技术、社会生产力发展水平相关，与创立者本人的理论水平有关，与社会实践联系程度有关。

第一节　历史唯物主义的理论渊源与社会基础

历史唯物主义的产生，一方面是对人类历史上"极伟大的代表人物的学说的直接继续"②。马克思哲学作为时代精神的精华，批判地继承了人类历史上一切优秀思想成果，包括德国古典哲学、英国古典政治经济学、法国的空想社会主义、罗马法等法学学派的理论等。另一方面，也是人类社会历史发展到 19 世纪 40 年代的必然产物。

一、历史唯物主义的哲学渊源

对世界本原的认识是早期哲学探究的主要问题，这一问题与主体问题又联系在一起，影响着哲学的发展。特别是文艺复兴以后，人们不再用自然或神去说明历史，而是用人自身去说明人类的历史，人是历史过程主体成为近

---

① 《马克思恩格斯全集》第 31 卷，人民出版社 1998 年版，第 413 页。
② 《列宁选集》第 2 卷，人民出版社 1995 年版，第 309 页。

代哲学思维的主流。但是，对于作为历史过程中的主体——人，哲学家们看法不同。总体来看，西方哲学经历了在实体论基础上建立的古代哲学、在个体主体论基础上建立的近代哲学、马克思开始的在社会主体基础上建立的现代哲学的历程。

（一）建立在实体主体论基础上的古希腊哲学

像古希腊文明是全部西方文明的源头一样，古希腊的哲学也是西方哲学的源头。古希腊哲人们对自然界和社会的认识，对人与自然关系的看法，对人自身的反思，都深刻地影响了之后的西方哲学。恩格斯说："在希腊哲学的多种多样的形式中，几乎可以发现以后的所有观点的胚胎、萌芽。"①

古希腊时期由于科学技术不发达，社会生产力水平和人类征服自然的能力低下，人们总体上还受自然力的盲目统治，人类改造自然的能力或潜在于人自身中的主体力量还没有充分显现出来，适应自然、崇尚自然是希腊人思维方式乃至生活方式的一个基本原则，以世界自身说明世界的自然唯物主义是希腊人的基本态度。

古希腊人还没有充分地注意到人异于物的特殊的主体性，还没有充分认识到人的自我意识和自主能力，还未能充分地意识到人与外部世界的认识与被认识、改造与被改造的关系。古希腊时期人们的实践主要是与自然做斗争，维持自己的生存，这就决定了古希腊哲学中主体与自然实体没有区分开来，主体以实体形式表现出来，主体性被不自觉地赋予了外在的实体形式，主体性的意识潜含于实体的观念中。古希腊的实体主体论，主体与自然客体同一，主客体的矛盾在主体消融于自然客体中得到解决。

柏拉图区分了理念世界和现实世界，首开了西方哲学主客二分的思维模式之先河。亚里士多德由以具体事物作为实体，到后来提出超感性的"本身不动"的"第一推动者"是"最高实体"，以批评柏拉图将世界二重化的"理念"论开始，到退回柏拉图的立场上告终，暴露了他的哲学体系的内在

---

① 《马克思恩格斯选集》第 4 卷，人民出版社 1995 年，第 287 页。

矛盾。亚里士多德哲学体系的矛盾，同时也是整个古希腊哲学的内在矛盾：人与自然截然分开的宗教伦理倾向和人同整个世界密切联系的自然主义倾向共存于一个体系中。

古希腊哲学中所蕴含的精神与物质、主观与客观、主体与客体相分离的思想因素，在中世纪的基督教哲学中被进一步发展为上帝与世界的对立。在中世纪，基督教哲学把人从宇宙万物中提升了出来，但它却把人的主体性异化为上帝的本质属性。因此，上帝与世界的对立也就是精神与物质、主体与客体的对立在中世纪异化条件下的特殊表现，而无限自由的主体，归根到底是上帝自己。上帝作为主体和实体的直接同一，实际上是人的主体能动性和本质力量不自觉地异化的结果。

（二）建立在个体认识主体基础上的近代早期哲学

"主体"这一范畴定位在"人"上是近代以来的事。经过中世纪基督教神学的长期统治，文艺复兴将人的目光从神转向人，主张重视人和现实物质生活。文艺复兴深远的价值和意义在于唤醒了人们的主体意识、积极进取的精神以及科学实验的精神。人们开始认识主体的力量和潜能，认识人在宇宙中的地位，认识人与外部世界的关系。近代西方哲学正是在发现人和世界关系基础上，在对人的主体性的认识过程中，在对主客体关系的不断探索中建立起来的。

近代哲学区分了主体和客体，这标志着人类认识的一大进步，开辟了人类对主体和主客体关系认识的新阶段，西方哲学也从此步入以主客体关系为基本内容的研究轨迹。

近代早期，伴随着地理大发现和文艺复兴以来自然科学的发展，社会生产力的迅速提高，不仅唤起人的主体意识的觉醒和对人与世界的主客体关系认识的热情，同时自然科学收集材料的研究状况及实验科学直观的研究方法使近代早期哲学家们认为：人具有认识能力才成为主体，人的主体作用也主要反映在认识过程中。

在近代早期哲学中，无论是经验论，还是唯理论，都是从个人具有某种认识能力出发的。经验论强调人的感觉能力，肯定知识的经验来源，却对理性思维的作用估计不足，忽视了主体的能动性；唯理论强调人的思维能力，肯定了认识主体的能动性，但却否定理性知识的经验来源，忽视主体的感性因素在形成知识中的作用。就主体而言，近代早期哲学中的主体主要指认识主体，而且认识的主体是单个个人。因此，这一阶段也可以说是个体认识主体论阶段。

（三）建立在个体实践主体基础上的德国古典哲学

随着人类征服自然、改造自然能力的进一步提高和对主客体关系认识的全面深化，单纯从主客体关系认识去思考和解释世界的近代早期哲学很快就被超越了。自康德开始的德国古典哲学进一步深入到实践层面，深化了对哲学中主体问题的认识，从实践层面解释世界。德国古典哲学家们认为人之所以成为主体，是由于人的实践活动，但是他们所说的实践主要是道德实践、精神实践和日常生活实践。

1. 建立在道德实践主体基础上的康德哲学

康德既从本体的存在层面看到了主体与客体的区别，又从认识层面看到了主体对客体认识的有限性。康德一方面肯定知识的感性来源和形成知识的经验条件，另一方面又强调主体的思维能力即自我意识在构成知识中的主导作用，极大地发展了认识主体的能动思想。在康德哲学中，真正的认识主体是先验主体。康德晚年把他哲学探讨的问题归于人是什么的问题。康德的三大批判和主要的著作都是回答这些问题的。康德想把他的哲学构建成为接近于我们今天称之为哲学人类学的一种哲学体系①。康德认为人通过人的自我创造活动表现出来，因此人是什么这一问题实际上是研究人的现实生活，研究人的创造活动。所以，康德哲学探讨的问题不是纯粹的理论问题，而是人的实践问题，是现实的人所面临的现实问题的哲学升华。康德哲学所实现的哥白尼式变革的真实意义就是为哲学研究提供了新的视角，首开了实践哲学的先河，开创了哲学发展的新时代。康德的实践哲学内容比较广泛，但是，道德哲学是其实践哲学的主体。因而，康德有时将道德哲学直接称之为实践

---

① 参见杨祖陶：《康德黑格尔哲学研究》，武汉大学出版社 2001 年版，第 172 页。

哲学，"实践哲学正是广义的道德哲学"①。不过，在康德哲学中，认识主体与实践主体是彼此割裂的，自由只与（道德）实践相关而与知识无关，自由与必然、思维与存在、主体与客体之间从根本上说存在着一条不可逾越的鸿沟，因而主体性尚未在存在的层次即客观世界的内在必然进程中得到确证，尚未真正把握住主体与实体、人与世界的辩证统一。

2. 自我意识主体基础上的费希特哲学

费希特认为认识的主体是"自我"，"自我"创造"非我"、"自我"是世界的创造者。在康德那里仅就形式而言依赖于主体的客体，在费希特哲学中客体就内容和形式而言都依赖于主体。

3. 建立在客观精神主体基础上的谢林哲学

谢林企图克服康德和费希特所特有的主体与客体的矛盾，他引入了主观和客观原初"绝对同一"的概念。"绝对同一"实际上是一个更高的精神实体——绝对精神。在谢林的体系中，"绝对同一"在发展过程中分成主体和客体。谢林在德国古典哲学发展中的贡献，是他在客观唯心主义的范围内恢复了客体。在他的体系中，自然界不依赖于意识着的主体而发展着。但是，由于把"绝对同一"作为出发点，谢林的哲学不能说明主客体分化及认识发展的内在动力。

4. 建立在绝对精神主体基础上的黑格尔哲学

作为德国古典哲学的杰出代表，黑格尔是西方哲学史上主体思想的集大成者。在黑格尔之前，德国古典哲学中康德哲学的主客体关系是以主观形式与客观内容二元对立表现出来的，在费希特那里主客体统一以牺牲"非我"——客体实现的，谢林引入了主观和客观原初"绝对同一"的概念，但是，绝对同一的主体不能说明世界的运动。黑格尔试图通过主体产生客体的方式克服哲学史上二元对立的矛盾。黑格尔并不是没有看到历史中活动的主体是人，黑格尔认为人之所以成为主体，是因为人的精神活动。黑格尔以主实统一的"绝对精神"作为主体，并以绝对精神的运动展开了自己的理论体系。相对于古代的实体主体哲学、近代早期的认识主体哲学、康德的道

---

① 康德：《法的形而上学原理——权利的科学》，商务印书馆 1991 年版，第 22 页。康德在此处加了注解："对此，我已在别的地方加以说明了"，此书的译者又注明"指《判断力批判》(1790)"。

德实践主体哲学，黑格尔建立的是精神实践主体哲学。

黑格尔建立的精神实践主体哲学具有以下特点：第一，黑格尔哲学中的最高概念是"绝对精神"。"绝对精神"是宇宙之源，万物之本，是现实世界的概念化，是精神性的主体。第二，黑格尔哲学中"绝对精神"是宇宙万物之本原，其运动产生自然、人类社会和人的精神现象。第三，黑格尔不仅认为整个自然、社会和精神世界是一个不断运动、变化和发展着的过程，而且突出了主体的能动性，强调主体内部矛盾是发展的源泉。第四，黑格尔在一定程度上已看到主体——人的社会性，已意识到劳动实践的主体作用，意识到劳动在实现人的本质过程中的作用，虽然他所说的劳动是指精神活动。第五，黑格尔哲学中的主体反映了资本主义社会的现实关系。黑格尔在法哲学范围内把主体与所有权结合起来，把所有权看作人与物的关系。

黑格尔把最能反映资本主义现实本质的主体与财产关系作为其法哲学的切入点。在黑格尔看来，法律上的主体就是指与财产关系联系的人格人（Mensch），法学研究的对象就是人格人。黑格尔对其法哲学中的主体——人有非常明确的说明："在法中对象是人（Person），从道德的观点说是主体，在家庭中是家庭成员，在一般市民社会中是市民（即 bourgeois〔有产者〕）。"①

黑格尔法哲学的进步意义在于反映了新兴资产阶级的要求，揭示了世界的矛盾运动与辩证发展，反映了资产阶级的利益，为资本主义制度的合理性作了哲学的论证。

黑格尔哲学的唯心主义性质使得他的法哲学不可能揭示社会生活的本质。正像马克思所批判的，黑格尔哲学中"出发点是被当作主体、当作现实本质的'观念'或'实体'，那现实的主体就只能是抽象谓语的最后谓语"②，"而家庭和市民社会对国家的现实的关系被理解为观念的内在想像活动"③。这样，黑格尔的现实感就消融于他的德国资产阶级的妥协性中，黑格尔哲学的进步意义就被他的唯心主义体系所遮蔽，黑格尔哲学中最接近现实的法哲学部分成为他哲学中最保守的部分。黑格尔不可能真正科学地揭示

---

① 黑格尔：《法哲学原理》，商务印书馆 1961 年版，第 205 页。
② 《马克思恩格斯全集》第 3 卷，人民出版社 2002 年版，第 22 页。
③ 《马克思恩格斯全集》第 3 卷，人民出版社 2002 年版，第 10 页。

劳动和人类活动的本质，不可能发现全部社会生活的基础、结构和规律，这一历史任务只能由马克思来完成。

5. 建立在生活直观主体基础上的费尔巴哈哲学

作为德国古典哲学的最后一个代表，费尔巴哈批判了黑格尔的唯心主义和宗教神学，恢复了唯物主义的权威，创立了人本学唯物主义。

费尔巴哈哲学恢复了唯物主义的权威，其哲学中的主体，既不是先验的"自我"或抽象的精神，也不是机器，而是现实的自然人，是肉体和精神统一体的人，实际上是指日常生活的人。费尔巴哈哲学中的客体是感性直观中所感觉到的自然界。费尔巴哈甚至看到，只有社会的人才成其为人，但是这种社会的人只有"吃和喝""必然是神圣的"①。费尔巴哈把自然、社会和思维在人身上统一了起来，哲学作为研究自然、社会、思维的统一的学问，也成了研究人的学问，哲学也就是人学。确定哲学就是人学，把哲学中的主体与现实的人联系起来，这是费尔巴哈哲学的重大成果。不过费尔巴哈并没有科学地理解人的社会本质和主体的社会意义，他认为人之所以成为主体是由于类特征，他在分析人类活动时也没有贯彻主体的社会性原则。

直观性是费尔巴哈哲学的主要缺点。费尔巴哈不理解生产实践的意义，他对于作为主体的人的理解没有同社会生产实践结合起来，他仅仅把实践理解为需要，理解为日常生活。费尔巴哈哲学中的主体是日常生活实践的主体，他的哲学是建立在生活直观主体基础上的哲学。费尔巴哈哲学的狭隘人类学原则使他不能理解主体的能动性、对象性、辩证性，其哲学没有摆脱形而上学的命运。

总的看来，德国古典哲学家对实践和主体的解释是唯心主义或形而上学的，他们哲学中的主体还是个体主体，他们所说的实践都没有摆脱个体实践的局限性。

虽然德国古典哲学并没有科学地解决社会历史的基本问题，但德国古典哲学家们对历史及其主体的认识比前人大大进步了。德国古典哲学无疑是马克思学说产生以前哲学主体认识的最高成就。德国古典哲学家们对于主

---

① 费尔巴哈：《基督教的本质》，商务印书馆 1984 年版，第 424 页。

体——人的认识，无疑是马克思科学地理解和解决主体问题的基础。

二、历史唯物主义的经济学渊源

系统的经济科学的建立，是在英国古典政治经济学中实现的。历史唯物主义也是在批判继承英国古典政治经济学基础上形成的。

（一）亚当·斯密

亚当·斯密是英国古典政治经济学的创始人。1776年亚当·斯密发表《国民财富的性质与原因的研究》（简称《国富论》）一书，建立起了古典政治经济学的理论体系。

在斯密的经济理论中，创造价值的主体和价值交换的主体——即创造财富的主体和经济活动的主体，是体现人类利己主义本性的个人，即斯密意义上假设的"经济人"。斯密在经济学史上第一次系统地提出了"经济人"假设，并把社会上一切经济现象都看成是这个具有个人利己主义本性的"经济人"活动的结果。在斯密那里，这种"经济人"实际上就是从事经济活动的资本家（也被他称为工场业主）、商人、地主（也被他称为农业家）。斯密认为经济活动主体——"经济人"，从事经济活动的动机是"利己心"，从事经济活动的目的是寻求个人利益最大化。经济主体在"一只看不见的手"引导下进行活动。斯密强调国民财富取决于资本积累，资本积累导致经济的发展，而资本家在资本积累中，从而在生产国民财富和经济增长过程中起决定作用。

由于受资产阶级偏见和历史条件的限制，虽然斯密没有建立科学的、彻底的劳动价值理论，没有正确认识经济活动中的主体，但是斯密建立起了古典政治经济学的理论体系。斯密的价值学说，无论在广度或深度上都超过了他的前辈。斯密在分析分工、交换和货币基础上提出的关于商品的价格由市场决定，由市场决定社会资源分配的价值规律，他所建立的经济学理论，对于马克思分析现实资本主义社会无疑具有重要意义。

（二）大卫·李嘉图

李嘉图是英国资产阶级古典政治经济学的另一个代表人物。李嘉图以批判的形式发展了斯密的劳动价值学说，使英国古典政治经济学达到了资产阶级界限内的高峰。但是，在经济活动的主体问题上他与斯密的观点相同，认为社会和经济活动的主体是资本家。

由于斯密处于英国产业革命蓬勃发展的初期，无产阶级与资产阶级矛盾尚不尖锐，李嘉图在19世纪初叶已经体验到英国社会矛盾的加深和基层劳动者的贫困，他把目光转向现实矛盾。虽然李嘉图与斯密一样重视经济发展和财富问题，但他把注意力转到了经济发展、财富增长与社会三大阶层的关系问题上，认为经济学的基本目的就是研究调节收入在地主、资本家和劳动者之间的分配。李嘉图认为，社会存在三大阶层：资本家、劳动者和地主。经济总收入即总产出作为利润、利息、地租和工资被分配给资本家、地主和劳动者。他在一定程度上看到了工资、利润和地租的对立，即无产阶级和资产阶级、资产阶级和地主阶级之间的对立。他认为资本家的利润是储蓄和积累的唯一源泉，也就是促进经济增长的唯一源泉，所以，资本家在经济发展中的作用是最重要的。地主凭对生产要素的所有权得到地租，地主阶层的活动对于社会财富的增长和经济发展毫无益处，社会如实行有利于地主的收入分配，则会使利润减少、经济增长速率下降。劳动者的工资收入要能维持工人生存。李嘉图的经济学反映了地主阶级已失去其原有的社会政治地位，资本家代表了社会中正在上升的力量。

（三）约翰·斯图亚特·穆勒

英国古典政治经济学的另一个代表人物约翰·斯图亚特·穆勒更概念化地表述了"经济人"假定。他认为"经济人"是会算计、有创造性并能获得自身利益最大化的人。在穆勒那里，"经济人"的利己本性发展为最大化原则。穆勒还区分了分配法则和生产法则。穆勒认为，传统观点中生产法则和分配法则都不随社会结构变化而变化的看法是不正确的，分配法则受特殊的社会和行政安排的影响，随社会改变而改变。虽然穆勒也认为经济活动的主体是"经济人"，是资本家，但是，他倡导工人之间的互助合作，鼓励激发工人的工作积极性，他还作了许多努力企图通过立法、工会及收入再分配政策来改进大众的生活，这些都有积极意义。

罗素谈到近代时说：近代社会"从教会的威信中解放出来，结果使个人主义得到了发展"①。社会实践的基础，资产阶级的个人主义价值观局限，使得近代西方经济学，包括英国古典政治经济学，从内容到方法都表现为个体主义的特征。在内容上，他们认为构成社会活动、经济活动唯一真实的基础是个体的人，资本家、商人不仅是社会经济活动的基础，也是社会经济活动的主体，这些个人的活动是他们研究的对象；在方法上，个体人是他们分析问题的基础，个体活动是他们分析问题的出发点。尽管马克思以前的经济学说存在着自身不能克服的内在缺陷，但是他们理论所包含的闪烁价值的思想，无疑成为马克思主义经济学研究的出发点。

三、历史唯物主义的法学渊源

西方近代法律中涉及主体的民法制度是从罗马法发展而来的。罗马法中有三个关于人的概念：home 指生物学上的人，指人的自然状态，奴隶也属于这个范畴；caput 侧重相对于某一群体中的某一个人，含有个人与群体（如家庭、社会）的归属关系；persona 则表示某种身份，主要用来指权利义务主体的各种身份，后来与 caput 的使用逐渐趋同，均被用来指具有某种身份或社会地位的人，都具有或派生出"人格"的含义。罗马法中关于人的学说已体现出人和人格的分离的思想，已具有生物意义上的人和法律意义上的人不是一个概念的思想。罗马法中的人格学说构成了法律主体的核心与基石。②

在罗马法中，人格这一概念，涉及三种身份：自由人、市民和家庭。罗马的人格权不是人本身的权利。罗马法中所谓的人格，其实质是一个公私法

---

① 罗素：《西方哲学史》（下），商务印书馆 2004 年版，第 5 页。
② 参考张怡、王慧：《法人制度的历史考察及我国法人制度的应然选择》，《南通大学学报（社会科学版）》2005 年第 2 期。

兼容，人格、身份并列，财产关系和人身关系合为一体的概念。罗马法体现了强烈的社会身份规则，早期的身份不是一种个人的特权，特别不能理解为一种法律的权利。在那里，个体的生存与其说是个体权利的实现，不如说是群体权利的实现。

罗马人没有建立起关于法人的理论，还没有现代意义的"法人"概念。这是因为，现代法律上的"人（person）"这个词是指任何能够行使及承担权利与义务的主体，但在罗马法学家那里，"人"这个词没有这样的含义。

最早系统继承罗马法思想的近代法典是1804年颁布的《法国民法典》。《法国民法典》被视为法国革命的产物，一个主权意识的产物。《法国民法典》第8条开创性地规定了"一切法国人均享有民事权利"，从而确立了自然人完全独立而平等的主体资格。《法国民法典》没有设定法人。一般认为，《法国民法典》之所以没有设定法人，是由于当时法国的资本主义发展还处在工场手工业阶段，经济活动以个人经营为主，作为法人的主要形式的股份公司还未充分发展，公司主要是以特许的形式出现的，所以在民法典中没能以法律形式把法人的内容加以规定。有学者认为《法国民法典》对于法人团体有意加以忽略，其意图在于为复兴个人主义，有必要对封建式团体和宗教团体加以敌视。①

另一条与经济活动主体联系的法律发展线索是商法的发展。在中世纪至近代早期，由于商事贸易活动的日益发达，为了满足商人们调整彼此间商事贸易关系的客观需要，逐渐产生了商法。中世纪乃至近代早期的商法是规范商人行为的法律，其主体是商人，所以也就命名为商人法。在当时的西欧，几乎每一个国家，甚至每一个城市都有自己的商法（商人法）。商法的发展经历了从行为模型意义上的习俗、习惯到更为细致地加以界定行为规范的习惯法的过程。拉德布鲁赫说："没有任何领域比商法更能使人清楚地观察到经济事实是如何转化为法律关系的"②。

进入19世纪下半叶，资本主义生产和积累获得了相当的发展，单个资

---

① 参见龙卫球：《民法总论》，中国法制出版社2002年版，第314页。
② 〔德〕拉德布鲁赫：《法学导论》，中国大百科全书出版社1997年版，第74页。

本相互吸引，出现集中趋势。这使得股份公司的特点得到充分发挥和利用。公司的发展为从法律上概括公司形态提供了现实基础。1806 年的《法国商法典》规定了公司这一重要的经济形态。英国的公司也经历了特许阶段、法定阶段，在 19 世纪 40 年代进入注册阶段。《1844 年合作股份公司法》的诞生，是世界上第一部认可公司独立地位的公司法。英国公司法虽然还没有法人这一概念，但已规定了现代公司的本质属性：法人资格与有限责任，这是对现代公司制度的最好概括。英国公司立法所经历的道路，基本上也是世界范围内公司立法演变轨迹的反映，它对其他国家的影响甚为深远。

虽然在古罗马时代就有了无生命的团体也可以具有人格，而成为独立的权利主体的思想，但是，罗马法的个人是"对家庭依附关系的"个人，"在这种秩序中，群体——而非个人——是社会生活的基本单位"①。从古代到近代"其标志乃是独立的、自由的和自决的个人作为社会生活的基本单位而出现"②。在马克思学说产生以前，法律中的主体基本上是指个体主体——自然人，立法中没有企业法人这个概念。在立法中明确企业作为法人主体，则是在马克思学说产生近 50 余年之后——1896 年颁布的《德国民法典》中。

从上面对哲学、经济学和法学的分析可知，马克思以前的近代西方社会主体理论本质上都是个体主体论。

四、历史唯物主义创立的社会基础

在资本主义社会之前，因生产规模狭小、科学技术水平低下，加之学者们受阶级地位或剥削阶级偏见的局限，不可能真正揭示社会历史发展的规律，不可能产生历史唯物主义理论。历史唯物主义的产生，社会历史观的变革，之所以出现在 19 世纪 40 年代，这与当时科学、社会发展的状况直接联系。

---

① E. 博登海默：《法理学、法律哲学与法律方法》，中国政法大学出版社 2004 年版，第 97 页。
② E. 博登海默：《法理学、法律哲学与法律方法》，中国政法大学出版社 2004 年版，第 98 页。

（一）近代以来自然科学的发展

由于文艺复兴极大地解放了人们的思想，使自然科学从天主教会的桎梏下解放了出来，人们开始用现实的、客观的、科学的态度认识自然现象、探索自然规律。哥白尼的太阳中心说开启了近代自然科学革命的先河，牛顿力学奠定了近代自然科学的基石。18 世纪末到 19 世纪初，一方面由于一些国家的资产阶级夺取了政权，为了推动资本主义的发展，对科技采取了鼓励的政策；另一方面，经济的快速发展，也对科技发展产生强烈的需求，这些又推动近代自然科学获得了巨大发展。细胞学说、生物进化论、能量守恒与转化定律的提出，说明了地球上的山川万物、动物、植物，甚至包括人自身不仅是客观物质的而且具有辩证发展的历史。这些科学成就为历史唯物主义对于社会历史的客观物质性和辩证运动的认识奠定了自然科学基础。

（二）资本主义生产方式代替封建生产方式

从 15 世纪末开始，西欧封建制度开始瓦解，商品货币关系日益发展，城市和农村出现了手工业者和农民的急剧分化，资本主义关系在封建社会内部开始萌芽和成长。17 世纪英国，之后法国等国相继发生了资产阶级革命，这些为产业革命奠定了基础，18 世纪后半叶至 19 世纪上半叶，发生了生机勃勃的工业革命。

工业革命对于资本主义制度的确立起了重大的作用，在资本主义发展中具有特别重要的意义。正是通过工业革命，资本主义生产方式代替封建生产方式，引起社会生产方式及其相关方面的巨大变化。

第一，社会生产由农业主导型转变为工业主导型。

在英国产业革命中，社会主要经济部门在很短的时间内发生了重大变化。一批新兴产业部门，先是棉纺织业，继而采矿、冶金、建筑、交通等部门，在很短的时间内，迅速发展，其在国民生产总值中所占的比重、从业劳动力的比重都大幅提高，传统产业则大幅缩水，社会生产各部门之间彼此联系方式，社会生产和分配组织方式都发生了重大变化。

工业革命也改变了传统产业的面貌。如在传统产业农业中，英国在 19

世纪 40 年代已开始有氮肥和无机过磷酸盐，化学肥料在农业中的应用促进了农业的发展。英国传统的毛纺织业在产业革命中采用了新型的动力，有些毛纺企业通过技术改造或改产棉纺等。

第二，机器大工业生产代替传统手工业生产。

产业革命改变了传统的生产方法，特别是工具机的出现，延伸了人的体力，把人从手工的限制中解放出来，大大地提高了人类改造和利用自然的能力。工具机与新的动力和能源在生产中的应用，突破了人的自然能力的限制，使机械化生产成为可能，扩大了社会生产的规模，提高了社会生产的速度，大大提高了社会劳动生产率。据材料记载，1770—1840 年间，英国工人的每一个工作日的生产率平均提高了 20 倍。

机器大工业代替传统手工工业，人们在生产中不再是简单地适应自然，仅仅利用自然的力量，而是突破了人的体力的限制，发挥了主体的力量、主体的主观能动性。

（三）工厂企业代替家庭成为社会生产主体

产业革命不仅带来了社会生产方式的变化，提高了人类改造和利用自然的能力，也使社会生产主体发生了重大变化。建立在个体劳动基础上的前资本主义社会，生产的主体主要是个体和家庭。通过产业革命，社会生产建立在联合劳动或协作劳动基础之上，生产的主体不再是个体、家庭或家庭作坊，而是工厂、企业。

在工业革命中机器被大量地使用，使固定资本的规模和比重大大提高，并具有专用性和不可分性，同时，工厂的劳动生产率大大高于分散的手工生产，竞争优势日益明显。工厂制度固定下来，成为主要的企业组织形式。作为基本生产单位的工厂是与生产中的农户完全不同的生产组织和生产制度，工厂化生产也不同于手工作坊和手工工场，是真正的工业化生产组织和制度。工业化生产是机械化生产与工厂化生产的统一，没有机械化不会有大工业生产，没有工厂化也不会有大工业生产。

工厂化生产作为一种新的生产形式，其本质就在于实现了劳动要素（资本、技术和劳动力）的集中，生产中个人的联合，即生产主体的变化。

　　工厂制度的基本特征是集中生产体制和管理层级制，它只反映企业内部的生产组织形式。由于机器的使用，资本必须专用且不可分，资本规模要求高，这促使单个资本的合作，产生了资本所有权和控制权分离的要求，导致了公司制度的产生。

　　与工厂制度相比，公司制度是企业财产组织形式，它集中反映了资本主义经济中发达的产权关系。早在工业革命前一个多世纪股份公司就出现了，如东印度公司建于1600年。不过，早期的股份公司都是特许公司。股份公司在商业、金融业以及交通运输业中首先发展起来，一直到工业革命期间，工业制造业中很少有公司制企业。在工业革命完成后公司制才与工厂制结合起来，为真正意义上的现代企业制度奠定了基础。

　　资本主义经济制度的基础是私有财产制度。私有财产制度并不是资本主义所独有的现象，奴隶社会、封建社会也有私人财产制度。中世纪封建财产关系的特点是层层占有和层层依附，是一种相互承担义务的"契约"关系，个人的"独立人格"，不论是领主还是农奴，都是不完整的，因而个人的独立财产权也是不完整的。资本主义关系在封建关系内部的发展，核心问题是人从封建的依附关系中解放出来，并独立地占有财产，这就是"产权革命"。在英国工业革命前，拓殖运动、解放运动和圈地运动等一系列历史事件，为形成独立的产权奠定了基础，英国工业革命中建立的一些企业，基本上已具有独立的、较明晰的产权。

（四）逐步建立起一套现代工厂制度的法律法规

　　与主体变化相适应，18世纪末至19世纪初英国逐渐建立起一套适应现代工业工厂制度的法律法规。

　　与产业变革和市场主体变化相适应，为了使企业有自由的经营环境，市场规范化，竞争有序化，17世纪和18世纪上半叶英国政府在制度建设方面做了大量的工作。一方面，废除了妨碍资本主义经济发展、反映封建制度残余的一系列法规。另一方面，又建立起一整套完善的法律体系，保护现代工业的工厂制度，保证市场规范运行。英国开始建立起一套适应现代工业工厂制度的法律法规，并最终完成了从传统经济向市场经济的过渡。

（五）工人阶级力量的壮大及资本主义基本矛盾的加深

产业革命不仅伴随着技术革命，引起了以手工技术和分工为基础的手工工场过渡到以采用机器体系为基础的工厂制度。产业革命还伴随着工人阶级和资产阶级的产生、壮大，引起阶级矛盾的尖锐化和社会经济矛盾的日益加深。

在工业革命中，由于机器的使用和工厂规模的扩大，企业内部的分工进一步扩大，在工场手工业中出现的业主与雇工的分离被固定下来，从而产生了资本主义社会的两大对抗阶级——工人阶级和资本家阶级。随着产业革命的发展、机器在生产中大规模地使用，产业工人的人数迅速增加，到 1851 年，英国全国产业工人已经有 480 万人，此外还有 144 万农业工人。随着产业革命的完成，一支庞大的无产阶级队伍已经形成，工人已经成为社会生产的生力军。

伴随着机器大工业的发展，一方面带来资本对工人的剥削在内涵和外延两方面的加强，另一方面也带来了工人主体意识的增强，工人阶级队伍的成熟。在工厂大工业发展的早期，直到 19 世纪中叶，工人阶级生活和工作条件日益恶化，工人阶级贫困化不断加深，无产阶级与资产阶级之间的鸿沟日益扩大，无产阶级与资产阶级之间的阶级矛盾日趋尖锐化。工人最初反抗资产阶级是从破坏机器开始的，是自发的运动。伴随着机器大工业的发展，工人阶级队伍不断壮大，素质不断提高，工人阶级日益成熟起来。19 世纪 30年代初至 40 年代初爆发的法国里昂工人起义、英国的宪章运动、德国西里西亚纺织工人起义标志着工人阶级反对资产阶级的斗争从自发走向自觉，无产阶级作为独立的、直接反对资产阶级的政治力量登上了历史舞台。

产业革命也使资本主义生产方式所固有的矛盾暴露出来。在 1848 年《共产党宣言》发表以前，以英国为首的西欧资本主义国家先后爆发了三次经济危机，即 1825 年资本主义世界的第一次经济危机、1837—1838 年的经济萧条、1847—1848 年的经济危机。这几次危机自英国开始，涉及社会生产各个行业，波及所有资本主义国家。

在经历了 18 世纪末 19 世纪初的工业革命后，19 世纪三四十年代的西欧，特别是英法等国，工业已代替农业成为国民经济的主导产业，企业已代替家庭或家庭作坊成为社会生产的主要基本单位或主体，无产阶级代替农民成为社会财富的主要直接创造者，成为推动历史前进的真正力量。伴随着人类实践的主体、实践的内容、实践的形式、实践的对象和工具的重大变化，伴随着资本主义基本矛盾的暴露，一种崭新的社会主体——人的理论的产生已成为历史的必然。正如恩格斯所说："在以前的各个时期，对历史的这些动因的探究几乎是不可能的，因为它们和自己的结果的联系是混乱而隐蔽的，在我们今天这个时期，这种联系已经简化了，以致人们有可能揭开这个谜了。"[①]

第二节　马克思创立历史唯物主义真实的心路历程

任何一个理论的产生，不仅取决于客观的历史条件，也与创建人自身的素质有关。历史唯物主义的创立也离不开马克思本人的禀赋，他的博学多才、敏锐的洞察力、勇于自我批判，以及不畏艰险在科学的大道上勇于攀登、勇于献身的精神。马克思创立历史唯物主义经历了一个艰苦的探索历程。这个历程是马克思从黑格尔走向费尔巴哈，再从费尔巴哈到创立自己理论的历程。这个历程也是马克思通过自我批判不断超越自我的过程，既是马克思"撕裂自己的心"，挣脱枷锁，实现两个转变的过程，又是马克思探索解开"历史之谜"的过程。这个过程是以对社会主体——人为主线进行的，对主体——人的认识过程反映了马克思探索"历史之谜"的心路历程。

一、博士论文具有以自我意识为主体的唯心主义哲学倾向

1835 年马克思中学毕业进入波恩大学法学专业学习。马克思在大学初期，一度热衷于诗歌写作，在哲学上倾向于康德和费希特，接受了他们的理性主义。1836 年 10 月马克思由波恩大学转入柏林大学。在柏林大学浓厚的哲学氛围中，马克思的兴趣转向了哲学和历史。他在 1837 年 11 月 10 日写给父亲的一封长信中说，他本来是应当研究法学的，但首先想在哲学方面试

---

① 《马克思恩格斯选集》第 4 卷，人民出版社 1995 年版，第 249 页。

一试自己的力量。国内有学者认为，"马克思在法律系学习，吸引他的与其说是法，不如说是法哲学"①。笔者非常赞同这种说法，法哲学的研究对马克思创立自己的学说具有重要的影响。

柏林大学是当时研究和传播黑格尔学说的中心。黑格尔哲学对青年马克思产生了巨大影响，马克思向黑格尔的转变是在"博士俱乐部"完成的。在"博士俱乐部"，马克思参加了青年黑格尔派关于哲学、宗教、政治等问题的讨论，系统研究了自亚里士多德到康德、黑格尔等西方著名思想家的著作，这时的马克思是"博士俱乐部"中一名活跃的青年黑格尔派成员。

马克思于1841年3月完成了题为《德谟克利特的自然哲学和伊壁鸠鲁的自然哲学的差别》的博士论文。马克思的博士论文学术性很强，主要探讨古代哲学，也反映了马克思这时受青年黑格尔派影响，希望借助于古希腊的自我意识哲学表现其反对神学、争取个性自由等政治要求以及革命民主主义者的立场。

第一，马克思在博士论文中指出伊壁鸠鲁自然哲学与德谟克利特自然哲学的根本差别是主体性哲学与实体性哲学的差别。马克思从三方面论述了德谟克利特的自然哲学和伊壁鸠鲁的自然哲学的一般差别：一是关于科学的可靠性和科学对象的真实性的理论见解上；二是两个人的不同的科学活动和实践；三是思想同存在的关系的反思形式。在马克思看来，造成这些差别是因为两种哲学的出发点不同。德谟克利特是从"唯一实在的客体"、对象出发的，注重实体。伊壁鸠鲁是从主体出发的，注重主体的感受。德谟克利特哲学与伊壁鸠鲁哲学是两种不同性质的学说：伊壁鸠鲁哲学是主体性哲学，德谟克利特哲学是实体性哲学。

第二，马克思高度地赞扬伊壁鸠鲁的自我意识哲学，把自我意识看作其哲学的最高原则和主体。马克思称伊壁鸠鲁派、斯多葛派和怀疑派为"自我意识的哲学家"。在马克思看来，德谟克利特注重的是原子的物质存在——质料，而伊壁鸠鲁则说明了原子的概念本身——它的质料和形式，以及它的存在和本质。伊壁鸠鲁哲学的最高原则是自我意识，自我意识是真实的原则、

① 陈先达、靳辉明：《马克思早期思想研究》，北京出版社1983年版，第17页。

绝对的原则。马克思在论文中高度地称颂伊壁鸠鲁自我意识哲学，称"伊壁鸠鲁是最伟大的希腊启蒙思想家"①，并且说；"在伊壁鸠鲁那里，包含种种矛盾的原子论作为自我意识的自然科学业已实现和完成"②。马克思把自我意识看作最高原则、最高的神性，看作主体，看作世界万物的决定力量，而物质只是自我意识的自然形式。这明显地留下了黑格尔唯心主义的印记。

第三，马克思在博士论文中分析了自我意识的能动本性，并说明了能动性的根源，揭示了伊壁鸠鲁哲学独特的积极意义。黑格尔辩证法最重要的思想是把事物看作主体自我发展、自我实现、自我完善的辩证过程，马克思继承了这一原则，并用它解读伊壁鸠鲁的"原子偏斜运动"。马克思认为，德谟克利特把原子仅仅理解为纯粹的质料，缺乏自身的形式规定性和能动性，所以他只看到原子在虚空中的直线式的下降和众多原子的冲击运动，把原子运动变成了一种强制性的运动，变成了一种盲目必然性。伊壁鸠鲁的原子概念不仅是指空间中的一个点，只具有空间的规定性，而且包含着独立性和自由，个体性和自身完整性。在马克思看来，伊壁鸠鲁哲学独特的积极意义是用原子脱离直线作偏斜运动的论点纠正了德谟克利特的机械决定论，打破了命运的束缚，从而企图从自然的角度来阐明个人的意志自由、个性和独立性。

第四，博士论文反映了青年马克思彻底的、战斗的无神论精神和强烈的现实主义倾向。马克思在论文中批判了黑格尔宗教思想的保守性，继承和捍卫了伊壁鸠鲁的无神论思想，对宗教神学和黑格尔哲学进行了猛烈的抨击。黑格尔"对神的存在的证明不外是空洞的同义反复"③，是徒劳的企图，而青年马克思则反对调和哲学与宗教，反对一切关于上帝存在的证明，反对一切天上的和地上的神灵，表现出彻底的、战斗的无神论精神。

在哲学与现实世界的关系问题上，马克思不同意伊壁鸠鲁抽象发展了人的主体性和能动的方面，把自由主要看作是逃避现实、返归内心的精神自由和心灵宁静或无声的内心反抗。马克思不愿做隐居山林的隐士，而要做盗火的普罗米修斯。他批评伊壁鸠鲁的脱离现实定在的自由观，认为自由是定在

① 《马克思恩格斯全集》第 1 卷，人民出版社 1995 年版，第 63 页。
② 《马克思恩格斯全集》第 1 卷，人民出版社 1995 年版，第 64 页。
③ 《马克思恩格斯全集》第 1 卷，人民出版社 1995 年版，第 100 页。

中的自由，人的自由只有在社会的抗争中才能实现。同时，马克思也反对黑格尔把哲学封闭在自己的思想体系之中的做法，还反对青年黑格尔派将二者对立起来的观点，马克思强调二者之间的相互作用和辩证统一。总的看来，马克思在哲学和现实世界的关系上的观点还是受黑格尔唯心主义的影响，认为"哲学的实践本身是理论的。正是批判根据本质来衡量个别的存在，根据观念来衡量特殊的现实"①。

博士论文期间的马克思受黑格尔唯心主义和主观辩证法影响，基本思想具有以自我意识为主体的唯心主义哲学倾向。但是，作为政治上激进的革命民主主义者，马克思具有强烈的现实感，是彻底的无神论者，马克思思想中又存在着潜在的唯物主义倾向。这些反映了青年马克思对黑格尔的超越和与青年黑格尔派的分歧，说明马克思当时属于青年黑格尔派，但又从来不是一个完全的青年黑格尔主义者。马克思思想中以自我意识、理性为基础的唯心主义观点与关注现实的唯物主义倾向之间的矛盾，为他思想的进一步发展留下了空间。

作为人类思想史上最伟大的思想家之一，黑格尔把整个自然、社会和精神世界描写为一个过程的思想，绝对理念能动运动的观点，黑格尔哲学中深厚的历史感以及矛盾分析的方法，对马克思学说的形成，对马克思一生的学术研究都有重要的影响。黑格尔主义是马克思思想发展历程中的一个阶段，在一定意义上说，没有马克思所经过的黑格尔主义这个阶段，就不可能有马克思主义。马克思正是接受了黑格尔，又批判地扬弃了黑格尔，从而走向了历史深处，创立了自己的学说。

二、《黑格尔法哲学批判》向客观现实主体转变

大学毕业之后，马克思 1842 年 5 月开始为《莱茵报》撰稿，同年 10 月马克思移居科隆担任《莱茵报》主编。这期间，马克思的世界观和政治立场开始发生转变，直接推动这一转变的是马克思在《莱茵报》期间的现实社会斗争实践。马克思在这里第一次亲身接触各种社会问题和经济问题，要

---

① 《马克思恩格斯全集》第 1 卷，人民出版社 1995 年版，第 75 页。

对当时最紧迫的政治问题表明态度，每天要分析社会舆论对社会各阶层提出的基本政治主张和经济要求的不同反映，对资产阶级、反对派和其他社会阶层提出的基本政治主张和经济要求有了直接的了解和切身的体会。他正是在具体分析和解决大量的现实社会和政治问题中，在为劳动人民的利益而斗争中，初次接触到经济问题，认识了当时存在的共产主义学说，思想中出现了唯物主义的最初因素。这些唯物主义因素使他与青年黑格尔派发生裂痕，逐步确立了自己的政治理论观点，开始了向唯物主义和共产主义立场转变。

在理论上，这时的马克思仍然是一个黑格尔主义者。他在为《莱茵报》写的文章中关于法律、国家的观点还受到黑格尔的影响。但是，理论与实践的矛盾，使马克思感到困惑，1843年3月马克思辞去《莱茵报》主编职务，从公开的社会舞台退回到书房。

毅然回到书房的马克思，要走出精神上的困惑，必须解决现实世界与他的唯心主义哲学之间的矛盾。马克思对自己原来的信仰——黑格尔唯心主义哲学产生了怀疑，受费尔巴哈的启发，马克思找到了一条用费尔巴哈现实人本主义去批判黑格尔唯心主义哲学的道路。马克思1843年在克罗茨纳赫写下的《黑格尔法哲学批判》一文中，围绕主体问题分析黑格尔唯心主义法哲学体系，同时阐发了唯物主义的社会主体思想，这些思想概括起来主要有以下几点：

第一，马克思批判了黑格尔颠倒主体和客体的关系，把观念作为主体、作为出发点的唯心主义体系。

马克思说："在这里，主体是意志的纯自我规定，是简单概念本身"①，"既然出发点是被当作主体、当作现实本质的'观念'或'实体'，那现实的主体就只能是抽象谓语的最后谓语"②。由于黑格尔把主体变成了观念，变成了自我意识，而"现实的主体""则变成它们的简单名称"③，这就"使自在和自为互相分离、使实体和主体互相分离，这是抽象的神秘主义"④。

---

① 《马克思恩格斯全集》第3卷，人民出版社2002年版，第45页。
② 《马克思恩格斯全集》第3卷，人民出版社2002年版，第22页。
③ 《马克思恩格斯全集》第3卷，人民出版社2002年版，第16页。
④ 《马克思恩格斯全集》第3卷，人民出版社2002年版，第79页。

在《黑格尔法哲学批判》这部著作中，马克思揭露了黑格尔法哲学与其形而上学逻辑体系的内在联系，使马克思从黑格尔体系化哲学的架构中摆脱出来，实现了主体由观念向现实行动的人的转变，初步创立了自己学说的基本观点和方法。

第二，马克思批判了黑格尔把国家观念作为独立主体的思想，指出市民社会、家庭才是现实的主体，并阐述了国家与市民社会、家庭的关系。

马克思批判了黑格尔在社会领域颠倒主体和谓语的关系，认为不是国家和法决定市民社会，而是市民社会决定国家和法，提出了市民社会才是主体、国家则是谓语的论断。对此，马克思明确指出："家庭和市民社会是国家的现实的构成部分，是意志的现实的精神存在，它们是国家的存在方式。家庭和市民社会使自身成为国家。它们是动力。"① 马克思在这里把被黑格尔颠倒了的市民社会和国家的关系重新颠倒了过来，通过对黑格尔唯心主义的否定，明确了法、国家是从属的东西，而市民社会、经济关系的领域是决定性的因素，从而确定了从市民社会到国家和法的唯物主义哲学路线，奠定了自己唯物主义哲学基础。

第三，马克思具体分析了市民社会的财产关系决定着法和国家制度。

"私有财产成了意志的主体，意志则成了私有财产的单纯的谓语"②。马克思认为，法和国家的全部内容乃是财产，法和财产的关系可以表述为法是财产关系的外在表现形式，财产关系则是法的内容。马克思通过具体分析黑格尔的长子继承制说明，不是政治国家决定着私有财产和长子继承制，而是私有财产决定着政治国家和长子继承制。黑格尔在私有财产和法的关系上，是倒因为果，倒果为因，把被决定性因素变成决定性因素。马克思说："在这里，财产之存在，不再是'因为我把我的意志置于财产之中'，而我的意志之存在，则是'因为它就在财产之中'"③。这可以说是马克思的经济决定理论的思想的最初表述。

私有财产决定着国家和法的思想，是市民社会决定法和国家这一思想的

---

① 《马克思恩格斯全集》第 3 卷，人民出版社 2002 年版，第 11 页。
② 《马克思恩格斯全集》第 3 卷，人民出版社 2002 年版，第 125 页。
③ 《马克思恩格斯全集》第 3 卷，人民出版社 2002 年版，第 126 页。

深化和发展。显然，当马克思从社会物质生活领域这一视角来研究法和国家时，越来越注重经济领域，在一切社会关系中越来越注重物质的生产关系，并且实现了物质生产关系同思想关系的分离，得出物质关系决定思想关系的结论。这向人们昭示马克思的世界观已经开始转变到唯物主义的立场上。

第四，在国家与个人关系问题上，马克思提出了不同于黑格尔的看法。

马克思说，黑格尔解决国家与个人关系的原则，实际上只能得出个人须无条件服从国家的结论。马克思认为，黑格尔关于国家与个人关系的错误之处，就在于黑格尔抽象地、单独地考察国家的职能和活动，把人的个体性与国家视作对立物。实际上，"全体性不是某种使单个人失去抽象单一性的规定的东西，而只是由单一性构成的全数"，"国家成员……是国家的一部分，国家把他们看作自己的一部分。"①

《黑格尔法哲学批判》在马克思思想发展史上有着非常重要的意义，其内容反映了马克思对于自己学说起点和基础——社会主体——人的最初思考，其基本思想规定了马克思学说之后发展的方向。首先，马克思在在批判黑格尔唯心主义哲学基础上确立了自己学说的基础和出发点。在1859年《政治经济学批判〈序言〉》中，马克思回顾他在1843—1844年间的研究成果时写道："为了解决使我苦恼的疑问，我写的第一部著作是对黑格尔法哲学的批判性的分析，这部著作的导言曾发表在1844年巴黎出版的《德法年鉴》上。我的研究得出这样一个结果：法的关系正像国家的形式一样，既不能从它们本身来理解．也不能从所谓人类精神的一般发展来理解，相反，它们根源于物质的生活关系，这种物质的生活关系的总和，黑格尔按照18世纪的英国人和法国人的先例，概括为'市民社会'，而对市民社会的解剖应该到政治经济学中去寻求。"② 马克思在这一时期虽然还没有明确提出"经济基础"和"上层建筑"的概念，但马克思已批判了黑格尔的国家学说，马克思不是到被黑格尔描绘成"大厦之顶"的国家中，而是到黑格尔所蔑视的"市民社会"中去寻找解开历史之谜的钥匙，用现实的主体——市民社会和家庭代替了政治国家观念主体，把被黑格尔颠倒了的关系重新颠倒了

---

① 《马克思恩格斯全集》第3卷，人民出版社2002年版，第145、146页。
② 《马克思恩格斯全集》第31卷，人民出版社1998年版，第412页。

过来。其次，马克思走出黑格尔受到费尔巴哈的影响，这些在马克思对黑格尔主谓关系颠倒的批判，对人的主体地位的强调中都可以看到。但是，马克思一开始就区别于费尔巴哈。马克思超越了理论化的研究视域和方式，把理论活动的主体转变为现实行动着的主体，得出市民社会决定国家的结论，开辟了以现实行动的人为主体的哲学研究的新方向。这是长期处于穷乡僻壤、远离政治和现实生活的费尔巴哈不可能理解的。再次，马克思在这里使用了市民社会决定法和国家的提法，虽然马克思在建立了自己的体系后，很少再使用市民社会这一概念，但是这一概念作为马克思最初创立自己学说的出发点，与马克思在 1845 年后对于其思想体系的表述并不矛盾。

三、《德法年鉴》期间无产阶级主体地位与马克思学说性质和任务的确立

1843 年 10 月，马克思去巴黎与卢格一起筹办《德法年鉴》，1844 年初《德法年鉴》创刊。在接触社会现实，并对黑格尔《法哲学原理》进行批判性研究的基础上，马克思在《德法年鉴》上公开发表了《论犹太人问题》和《〈黑格尔法哲学批判〉导言》两篇文章。

《论犹太人问题》是马克思同青年黑格尔派公开论战的文章。马克思反对布·鲍威尔把社会政治问题仅仅归结为神学问题，从市民社会决定法这一命题出发，指出社会政治问题决不是单纯的神学抽象，宗教不是政治压迫的原因，而是它的表现，并提出要克服宗教狭隘性，必须先消灭政治压迫。马克思阐明了政治解放和人的解放的内容和性质，说明了资产阶级革命和共产主义革命的区别。与《黑格尔法哲学批判》比较，马克思在《论犹太人问题》中对于社会基础和社会主体的认识更具体一些。这里，马克思认为市民社会的一般成员，社会中一般的人是社会的基础，是社会的主体，"这种人，市民社会的成员，是政治国家的基础、前提"①。但是，马克思这时还没有明确指出推翻现代资本主义社会的力量和途径。

---

① 《马克思恩格斯全集》第 3 卷，人民出版社 2002 年版，第 187 页。

《〈黑格尔法哲学批判〉导言》则通过对黑格尔唯心主义哲学的进一步批判，把关于社会基础和社会主体的思想大大推进了一步，发现了实现人的解放的社会主体——无产阶级，提出了无产阶级的历史使命问题。马克思在《〈黑格尔法哲学批判〉导言》中指出，"德国解放的实际可能性""就在于形成一个被戴上彻底的锁链的阶级，一个并非市民社会阶级的市民社会阶级……在于形成一个若不从其他一切社会领域解放出来从而解放其他一切社会领域就不能解放自己的领域……社会解体的这个结果，就是无产阶级这个特殊等级。"① 无产阶级的社会地位不仅表明它能彻底代表普遍利益，而且表明它是能够为消灭任何奴役而斗争的阶级。这里马克思第一次提出人的解放的历史必然性以及实现人的解放的前提和动力问题。马克思阐明了无产阶级肩负的历史任务不是去实现一定阶级和阶层的受历史制约的局部解放，而是实现人的解放，指明了无产阶级是变革社会实现人类解放的主体力量，确立了无产阶级的社会主体地位。

在《〈黑格尔法哲学批判〉导言》中，马克思不仅第一次提出了无产阶级的历史使命和主体地位问题，还提出了自己哲学的任务，阐述了自己的哲学与无产阶级解放和人类解放的关系："哲学把无产阶级当作自己的物质武器，同样，无产阶级也把哲学当作自己的精神武器"，"德国人的解放就是人的解放。这个解放的头脑是哲学，它的心脏是无产阶级。哲学不消灭无产阶级，就不能成为现实；无产阶级不把哲学变成现实，就不可能消灭自身。"② 这表明，马克思已站在新的历史制高点上，在这里已基本完成了从唯心主义世界观到唯物主义世界观，从革命民主主义到共产主义的两个转变。

四、《1844 年经济学哲学手稿》——从劳动者主体出发构建思想体系

《1844 年经济学哲学手稿》（以下简称 1844 年《手稿》）是马克思思想发展过程中的一部重要文献，它集中体现了马克思在巴黎时期经济研究的主

---

① 《马克思恩格斯全集》第 3 卷，人民出版社 2002 年版，第 213 页。
② 《马克思恩格斯全集》第 3 卷，人民出版社 2002 年版，第 214 页。

要成果，代表了马克思同恩格斯合作之前理论认识上的最高成就。

（一）《1844年经济学哲学手稿》中的主要思想

第一，社会主体从抽象的人到具体的从事物质资料生产劳动的工人。

在1844年《手稿》中，马克思继续批判黑格尔哲学颠倒主体和客体之间的关系，把主体理解为自我意识的绝对主体。马克思认为历史是作为一个当作前提的主体的人的现实历史，主体是现实的主体，现实的人，"人始终是主体"①。

马克思在1844年《手稿》中是通过劳动来规定人，规定现实主体的本质。既然劳动是人的本质的确证，人的类本质只有通过人的劳动才能实现，那么作为从事物质资料生产劳动的人就是社会的主体。马克思实现了历史主体观的突破，看到了劳动和创造财富的真正主体，在文中对工人这一伟大的主体的劳动活动给予了高度的评价。马克思历史观的奠基正是由此开始的。

马克思在文中肯定了英国古典经济学家把财富的主体本质归结为劳动，也肯定了黑格尔辩证法的伟大之处在于"他抓住了劳动的本质"，"他把劳动看作人的本质，看作人的自我确证的本质"②。在马克思看来，国民经济学把劳动仅仅理解为财富的本质，财富成为了真正的主体，以此来说明私有制的合理性。所以马克思指出："国民经济学虽然从劳动是生产的真正灵魂这一点出发，但是它没有给劳动提供任何东西，而是给私有财产提供了一切。"③

马克思比国民经济学家和黑格尔在一个更广阔的领域考察工人劳动的作用，看待劳动是人的本质的表现。马克思在整个历史的大视野中把无产者即工人看作历史的主体，看作推动历史进步的决定力量。

第二，工人及其劳动既是社会的基础也是马克思研究问题的出发点。

马克思在1844年《手稿》中进一步提出物质生产决定法、国家和意识等领域，社会物质资料的生产是社会的决定因素。马克思指出："私有财产

① 《马克思恩格斯全集》第3卷，人民出版社2002年版，第310页。
② 《马克思恩格斯全集》第3卷，人民出版社2002年版，第320页。
③ 《马克思恩格斯全集》第3卷，人民出版社2002年版，第277页。

的运动——生产和消费——是迄今为止全部生产的运动的感性展现，就是说，是人的实现或人的现实。宗教、家庭、国家、法、道德、科学、艺术等等，都不过是生产的一些特殊的方式，并且受生产的普遍规律的支配"，"对社会主义的人来说，整个所谓世界历史不外是人通过人的劳动而诞生的过程"①。

在马克思看来，社会历史的基础也是社会历史的出发点，马克思说："无论是劳动的材料还是作为主体的人，都既是运动的结果，又是运动的出发点（并且二者必须是这个出发点，私有财产的历史必然性就在于此）"②。社会历史的出发点也是理论的出发点，"整个革命运动必然在私有财产的运动中，即在经济的运动中，为自己既找到经验的基础，也找到理论的基础"③。马克思明确了应该从现实的经济事实出发，从物质生产主体及其活动出发去说明历史，揭示历史发展的规律。

与市民社会作为社会基础比较起来，社会物质生产作为社会的基础，作为出发点，这使社会的基础和出发点以更直观、具体的形式出现，能够更深刻地反映社会的关系。

第三，现实主体的状况及其异化的分析。

异化是 1844 年《手稿》的核心概念，在文中马克思是用异化说明作为创造财富的主体，作为社会历史主体的工人的现实生活和工作状况。马克思说，"我们且从当前的经济事实出发"④，当前的经济事实是怎么样的呢？"工人生产的财富越多，他的产品的力量和数量越大，他就越贫穷。工人创造的商品越多，他就越变成廉价的商品。物的世界的增值同人的世界的贬值成正比。"⑤ 马克思从工人同他的劳动产品相异化、劳动活动本身的异化、人同人的本质相异化、人与人相异化这四个方面具体分析了在资本主义条件下异化的表现。

马克思分析异化劳动的目的是为了揭露异化劳动的本质。生产的主体不

---

① 《马克思恩格斯全集》第 3 卷，人民出版社 2002 年版，第 298、310 页。
② 《马克思恩格斯全集》第 3 卷，人民出版社 2002 年版，第 298—301 页。
③ 《马克思恩格斯全集》第 3 卷，人民出版社 2002 年版，第 298 页。
④ 《马克思恩格斯全集》第 3 卷，人民出版社 2002 年版，第 267 页。
⑤ 《马克思恩格斯全集》第 3 卷，人民出版社 2002 年版，第 267 页。

是社会财富的主体，生产财富的工人贫困潦倒，"对劳动生疏"、"站在劳动之外"的资本家占有工人创造的财富，所以异化本质上反映的是工人与资本家的关系，是资本家对工人的剥削关系，反映了整个资本主义制度的不平等、不合理性。而国民经济学不考察工人（劳动）同产品的直接关系，目的就在于掩盖劳动本质异化这种不合理现象。

通过对异化劳动的分析，马克思还揭示了异化劳动与私有财产之间的关系，"私有财产一方面是外化劳动的产物，另一方面又是劳动借以外化的手段，是这一外化的实现。"① 马克思在这里已认识到异化劳动的根源是私有财产，但马克思这时还把私有财产看作异化劳动的结果，这种思想上的矛盾后来被马克思所克服。

第四，对现实主体的分析与对共产主义的论证。

在 1844 年《手稿》中，马克思是通过对现实主体异化的分析来论证共产主义的必然性的。揭示资本主义社会人的自我异化和这种异化在共产主义制度下的克服是 1844 年《手稿》中的两大主题。马克思认为异化是一定历史阶段的必然现象。随着大工业时代的到来，劳动异化的过程大大加快，异化的程度也大大加深。马克思分析了资本主义社会各种矛盾与冲突、对立与分裂，指出解决这些对立的根本出路就在于彻底消灭异化劳动和私有制。在此基础上，马克思进一步揭示了无产阶级革命的客观必然性。"社会从私有财产等等解放出来、从奴役制解放出来，是通过工人解放这种政治形式来表现的，这并不是因为这里涉及的仅仅是工人的解放，而是因为工人的解放还包含普遍的人的解放；其所以如此，是因为整个的人类的奴役制就包含在工人对生产的关系中，而一切奴役关系只不过是这种关系的变形和后果罢了。"② 马克思在这里已超越费尔巴哈人本主义，已不是用空洞的、抽象的"人性"和"人"的解放，而是从"工人同生产的关系"来论证无产阶级的解放。同时，既然资本主义社会工人"劳动"是"异化劳动"，若要把这颠倒的一切重新颠倒过来，那就得用自由自觉的劳动代替资本主义的异化劳动，实现人的本质的全面占有，因此共产主义社会就将成为历史的必然。共

---

① 《马克思恩格斯全集》第 3 卷，人民出版社 2002 年版，第 277 页。
② 《马克思恩格斯全集》第 3 卷，人民出版社 2002 年版，第 278 页。

产主义不仅是对私有财产的积极扬弃，而且是人向自身的复归。这正是马克思异化劳动理论的逻辑结论。

1844 年《手稿》的主旨是批判资产阶级经济学说和资本主义经济制度，论证资本主义制度必将被共产主义代替的客观真理和途径。异化劳动理论是这一时期马克思分析资本主义必将灭亡的历史必然性的理论武器。当时在马克思看来，只有抓住异化劳动才能抓住私有财产的本质，只有研究异化劳动的本质和发展才能找到扬弃劳动异化的道路，这正是马克思发现唯物史观和制定科学社会主义理论的思想线索。

（二）《1844 年经济学哲学手稿》的历史地位

自 1932 年《1844 年经济学哲学手稿》公开发表以来，国际思想理论界掀起了研究手稿热，时至今日，这股热潮仍方兴未艾。人们或是片面夸大它的地位，如有些西方学者认为由于它保持了同黑格尔、费尔巴哈在思想上的血缘联系，保持了同世界哲学、世界文明的联系，因此，它成为马克思哲学的思想高峰，将之看作贯穿全部马克思主义的理论基础；或是贬低它的地位，认为成熟的马克思彻底抛弃了"异化"概念。之所以对这部著作有如此多不同的观点，引起如此多的争论，这与这部著作在马克思主义形成中的地位有关。

1. 马克思主义学说的基本理论在 1844 年《手稿》中已有表述，但马克思还没有发现对其基本思想有内在逻辑的表达方式

一方面，1844 年《手稿》内容丰富、思想深刻，马克思主义学说的基本理论在这部著作中已有表述，是马克思探索构建自己理论体系的最初成果。另一方面，虽然 1844 年《手稿》已经具有马克思学说的基本思想，但是，它仍是一部不成熟的著作。在 1844 年《手稿》中马克思还受到费尔巴哈人本主义哲学的影响。马克思还借用黑格尔、费尔巴哈用过的术语来表述自己的思想。马克思还没有发现对其基本思想有内在逻辑的表达方式，没有形成展开自己思想的逻辑体系。

1844 年《手稿》在马克思主义发展史上这种特殊地位决定了它的历史命运。作为马克思思想体系构建的初次尝试，包含着马克思主义学说中的基

本理论,以其丰富的内容、精辟而详尽的分析,深刻而独到的思想,使得它在学界享有历久不衰的盛誉;作为不成熟的著作,它还保持了同黑格尔、费尔巴哈在思想上的血缘联系。这就使得这部手稿留给后人广阔的发挥空间,引起诸多争议。

2. 个体主体思想反映了1844年《手稿》是马克思思想尚未成熟时期的著作

1844年《手稿》是马克思第一次对自己思想体系的探索性表述,是马克思构建自己理论体系的最初尝试,是马克思思想尚未成熟时期的文稿。1844年《手稿》之所以是马克思思想尚不成熟时期的著作,最根本的原因在于马克思在这里还没有建立构建自己学科的基础和逻辑起点——科学的社会主体——人的范畴。

马克思《1844年经济学哲学手稿》中的社会主体——人的思想受费尔巴哈哲学影响,《手稿》中的人指个体的、感性的、自然的人。

《1844年经济学哲学手稿》没有形成科学的社会主体——人的概念,马克思还未科学地论证和建立自己的逻辑体系。

马克思要建立的理论是从现实的经济事实出发,从现实的经济活动和经济关系出发,对社会历史作一种全新的解释。但是,由于1844年《手稿》中把社会主体——人看作个体的、感性的、自然的人,这就存在着起点的人是一个自然范畴而他们的活动和关系是社会的这样一个内在的逻辑矛盾。

由于把社会主体——人看作个体的人、感性的人、自然的人,就不能科学地概括出社会的规律。马克思要建立一种揭示社会历史规律的理论,如果仅从单个人活动出发,历史就是一个杂乱无章的过程。

由于没有形成科学的社会主体——人的概念,马克思还没有发现对其基本思想有内在逻辑的表达方式,没有形成展开自己思想的逻辑体系,对共产主义的论证还带有思辨的性质。

马克思在《手稿》中是用个体和类矛盾的解决,用人性的复归论证共产主义的必然性。马克思说:"共产主义是私有财产即人的自我异化的积极的扬弃,因而是通过人并且为了人而对人的本质的真正占有;因此,它是人向自身、向社会的即合乎人性的人的复归,这种复归是完全的,自觉的和在以往发展的全部财富的范围内生成的。"① 这一理论对资本主义制度的批判和对共产主义学说的阐发，不能不带有思辨性、空想性。马克思这时对共产主义的论证受到费尔巴哈哲学的影响。费尔巴哈就是用个体和类的矛盾来说明社会问题。马克思认为，扬弃了私有财产即人的自我异化的共产主义，是"作为完成了的自然主义 = 人道主义，而作为完成了的人道主义 = 自然主义，它是人和自然界之间、人和人之间的矛盾的真正解决，是存在和本质、对象化和自我确证、自由和必然、个体和类之间的斗争的真正解决"②。这里明显地可以看到费尔巴哈的影子。

（三）《1844 年经济学哲学手稿》的意义

虽然马克思在 1844 年《手稿》中还没有建立科学的社会主体概念，没有找到马克思主义学说的真正出发点，马克思学说体系在文中还没有得到科学的表述。但是，1844 年《手稿》对马克思建立科学的社会主体概念，对马克思科学体系的建立都有极为重要的意义。

与之前的著作比较，马克思在 1844 年《手稿》中，对无产阶级的主体地位进行了论述，对社会基础的认识也有了重大突破。马克思已明确把社会物质资料的生产作为社会的基础，指出历史就是作为社会主体的人及其活动的发展过程，并且第一次尝试阐述自己的思想体系，论证了对物质生产中异化劳动的扬弃必然导致共产主义。这说明马克思对社会历史基础已从宏观的认识进入到微观的把握，从静态的剖析进入到动态的分析，这与把市民社会作基础比较起来，不仅更具体，而且更科学，在认识上更深刻了。

总之，马克思在 1844 年《手稿》中真正开始突出劳动主体的地位，把社会历史的发展看作是社会主体物质生产活动的发展，并在此基础上开始探索建立自己的理论体系。但也应当看到，1844 年《手稿》是一部马克思思想尚未成熟时期的探索性文稿，是马克思构建自己理论体系的最初尝试。此时，马克思思想不成熟的表现就在于主体概念的不科学，马克思关于人的理解还受费尔巴哈哲学的影响，马克思对人的主体本质还是从人和动物的比较

---

① 《马克思恩格斯全集》第 3 卷，人民出版社 2002 年版，第 297 页。
② 《马克思恩格斯全集》第 3 卷，人民出版社 2002 年版，第 297 页。

中立论的，人的主体本质是超历史性、抽象性的。正是由于出发点的错误，使得 1844 年《手稿》存在着内在的矛盾和问题：用本质是自然特性的人作为起点去说明他们客观的社会的活动和关系；也正是由于出发点的错误，决定了 1844 年《手稿》从根本上未能跳出唯心史观的泥坑。后来马克思所说的把"从前的哲学信仰清算一下"，其中就包含对 1844 年《手稿》主体思想的清算。

五、《神圣家族》——开始重视历史中劳动者群众主体的作用

《神圣家族》是马克思与恩格斯于 1844 年 8 月在巴黎见面后合著的第一部著作。这部论战性的著作，实现了马克思在 1844 年《手稿》的序言中表示的批判以鲍威尔为代表的青年黑格尔派的愿望，发展了马克思 1844 年《手稿》中的社会主体——人的思想。

第一，批判鲍威尔的主观唯心主义主体观，重视历史中劳动者群众主体的作用。

在《神圣家族》中，马克思批判了鲍威尔一伙以"自我意识"与"实体"的对立为哲学根据，把精神与群众绝对对立起来，把自我意识说成是无限的，是世界的创造者的观点。马克思批驳说："批判的批判什么都没有创造，工人才创造一切，甚至就以他们的精神创造来说，也会使得整个批判感到羞愧。英国和法国的工人就很好地证明了这一点。工人甚至创造了人，批判家却永远是不通人性的人"①。

相对于《1844 年经济学哲学手稿》，马克思在《神圣家族》中开始重视历史中群众的主体作用。马克思提出并论证了历史的活动是群众的事业，群众是历史的创造者这一历史唯物主义基本原理。马克思指出："历史活动是群众的事业，随着历史活动的深入，必将是群众队伍的扩大。"②

第二，明确提出物质生产是全部历史的发源地，第一次使用了"生产方式"概念，并接近得出"生产关系"概念。

---

① 《马克思恩格斯全集》第 2 卷，人民出版社 1957 年版，第 22 页。
② 《马克思恩格斯全集》第 2 卷，人民出版社 1957 年版，第 104 页。

在 1844 年《手稿》中马克思已开始提出物质生产是社会历史的基础这个问题，说社会历史不过是人通过人的劳动而诞生的过程。历史的发源地问题在历史观中是个很重要的问题，历来的唯心主义者都没有解决这个问题。马克思指出：历史的发源地不在"天上的云雾中"，而在"尘世的粗糙的物质生产中"①。人类社会的历史就是物质生产的历史，是生产活动的历史。

马克思在《神圣家族》中第一次提出了生产方式的概念。马克思说，"难道批判的批判以为，它不去认识（比如说）某一历史时期的工业和生活本身的直接的生产方式，它就能真正地认识这个历史时期吗？"② 虽然马克思还未形成生产方式的科学范畴，还没有明确生产方式的内涵，但是，这里的论述表明马克思关于社会物质生产、物质利益关系是认识现实的逻辑起点的观点比 1844 年《手稿》中更为清晰。马克思在《神圣家族》中还接近得出"生产关系"概念。

第三，马克思开始强调经济关系的客观必然性，指出"共产主义是唯物主义哲学的逻辑结论"。

在《神圣家族》中，马克思虽然没有完全克服费尔巴哈人本主义的影响，但是，马克思这时开始强调经济关系的客观必然性。马克思说："的确，私有制在自己的经济运动中自己把自己推向灭亡，但是它只有通过不以它为转移的、不自觉的、同它的意志相违背的、为客观事物本性所制约的发展，只有通过无产阶级作为无产阶级……的产生，才能做到这点。"③

马克思在《神圣家族》中对法国唯物主义两个派别、近代唯物主义发展史以及唯物主义与"形而上学"的关系进行了探讨。马克思提出，法国共产主义者也"把唯物主义学说当做现实的人道主义学说和共产主义的逻辑基础加以发展"④。马克思是通过分析共产主义与唯物主义的关系，证明共产主义是建立在客观现实基础上，共产主义是唯物主义哲学的逻辑结论。所以列宁称"对法国唯物主义的批判的战斗"这部分内容是《神圣家族》全

---

① 《马克思恩格斯全集》第 2 卷，人民出版社 1957 年版，第 191 页。
② 《马克思恩格斯全集》第 2 卷，人民出版社 1957 年版，第 191 页。
③ 《马克思恩格斯全集》第 2 卷，人民出版社 1957 年版，第 44 页。
④ 《马克思恩格斯全集》第 2 卷，人民出版社 1957 年版，第 167—168 页。

书中最有价值的部分之一。

在《神圣家族》中，我们仍能发现费尔巴哈哲学的影响。在"序言"部分，第一句话就是："在德国，对真正的人道主义说来，没有比唯灵论即思辨唯心主义更危险的敌人了。"① 这里人道主义包含费尔巴哈的人本主义。在文中，他们把无产阶级和资产阶级都看成是人的自我异化，对资本主义制度仍停留在道德批判上，对费尔巴哈给予过高的评价，马克思还没有建立自己学说的话语体系，还借用黑格尔、费尔巴哈用过的术语来表述共产主义。但和1844年《手稿》比较，关于人的本质异化和复归的思想已不占据中心地位。《神圣家族》进一步推进了对群众主体、历史的发源地、人民群众的作用、经济关系的客观必然性、共产主义与唯物主义的关系等问题的认识。特别是通过对蒲鲁东经济思想的剖析，接近形成生产关系的思想。恩格斯晚年充分肯定《神圣家族》在唯物史观形成中的作用，他说："对抽象的人的崇拜，即费尔巴哈的新宗教的核心，必定会由关于现实的人及其历史发展的科学来代替。这个超出费尔巴哈而进一步发展费尔巴哈观点的工作，是由马克思于1845年在《神圣家族》中开始的。"②

六、《关于费尔巴哈的提纲》到《哲学的贫困》——从社会生产主体出发构建思想体系

在《关于费尔巴哈的提纲》之前，由于把个体的人作为主体，这时马克思思想中存在着内在的矛盾。一方面，马克思认为社会历史中决定性的因素是客观的，是客观现实的主体以及他们的活动；另一方面，马克思把个体的人作为主体，即使这种个体的人是生产的主体，个体的人本身是主观的，主观的个体是历史过程的能动性根源，是历史活动的作用者，归根结底社会历史还是主观的因素在起作用。由于没有解决社会主体的客观性问题，在《关于费尔巴哈的提纲》出版之前的马克思在社会历史观上仍然没有摆脱历史唯心主义的束缚。马克思意识到了这一矛盾，并且解决了这一矛盾，实现

---

① 《马克思恩格斯全集》第2卷，人民出版社1957年版，第7页。
② 《马克思恩格斯选集》第4卷，人民出版社1995年版，第241页。

了社会主体的客观性与能动性的统一，实现社会主体的唯物基础与历史辩证法的统一，创立了历史唯物主义。这一工作始于《关于费尔巴哈的提纲》，展开于《德意志意识形态》，完成于《哲学的贫困》。

（一）《关于费尔巴哈的提纲》提出了社会主体——人的问题

1845 年春，马克思在比利时的布鲁塞尔写下了《关于费尔巴哈的提纲》（以下简称《提纲》）。《提纲》虽然只有短短的 11 条，但蕴含着丰富的内容。

在《提纲》中马克思开始批判费尔巴哈。马克思批判了费尔巴哈唯物主义的直观性和不彻底性，从而提出了马克思的新哲学和以往一切唯物主义（包括费尔巴哈的唯物主义）相区别的根本点。马克思对费尔巴哈哲学批判的过程，即是马克思超越费尔巴哈的过程，也是马克思新世界观诞生的过程，这一过程是围绕主体与主体的活动展开的。

第一，《提纲》提出对主体——人及人的活动的理解是新旧唯物主义的主要区别。

在《提纲》第一条，马克思开门见山地指出："从前的一切唯物主义（包括费尔巴哈的唯物主义）的主要缺点是：对对象、现实、感性，只是从客体的或者直观的形式去理解，而不是把它们当作感性的人的活动，当作实践去理解，不是从主体方面去理解。"[①] 马克思这段话反映了《提纲》的一个核心思想，即对主体——人及其实践活动的理解是新旧唯物主义的根本区别。因此，马克思实现的哲学上的变革是从对主体和主体活动的全面认识开始的，或者说是从对人和人的活动的认识开始的。

第二，《提纲》指出了新旧唯物主义在对主体——人及其本质认识上的差异。

费尔巴哈认为，哲学研究的对象不是绝对精神，而是人和自然。马克思批判了费尔巴哈抽象的人的理论。费尔巴哈离开人类历史的发展，离开社会关系研究人，因此他所讲的人是抽象的人，生物学意义上的人，不是生活在

---

① 《马克思恩格斯选集》第 1 卷，人民出版社 1995 年版，第 54 页。

一定社会里的现实的人。马克思说，费尔巴哈撇开历史的进程，假定出一种抽象的、孤立的、人类个体，但是这种人是不存在的，其实"他所分析的抽象的个人，是属于一定的社会形式的"①。

马克思还批判了费尔巴哈把人的本质归纳为类本质，是对人的本质的抽象化和庸俗化。马克思指出，费尔巴哈把宗教的本质归结于人的本质，"撇开历史的进程，把宗教感情固定为独立的东西，并假定有一种抽象的——孤立的——人的个体"，"本质只能被理解为'类'，理解为一种内在的、无声的、把许多个人自然地联系起来的普遍性。"② 费尔巴哈所理解的社会是从人的本质中派生出来的，离开人的社会关系，把人的本质归结为人的自然属性，看成人生来就有的不可改变的无声无息的东西，这就把人的本质庸俗化了。

马克思在批判费尔巴哈错误观点的同时，提出了自己关于主体——人的基本观点。马克思认为，人的本质不能归结为纯粹的自然属性，也不能归结为人的自然性和简单化的社会性的结合，其基础是社会关系。马克思在《提纲》第六条中指出："费尔巴哈把宗教的本质归结于人的本质。但是，人的本质不是单个人所固有的抽象物，在其现实性上，它是一切社会关系的总和。"③ 马克思在这里提出了自己对社会主体——人的本质理解的基本思想，人的本质在于其社会属性，而不在于其自然属性，这一思想区别于包括费尔巴哈的旧唯物主义。

第三，《提纲》还提出了新旧唯物主义在对主体——人的活动认识上的不同。

费尔巴哈"在《基督教的本质》中仅仅把理论的活动看作是真正人的活动，而对于实践则只是从它的卑污的犹太人的表现形式去理解和确定。因此，他不了解'革命的'、'实践批判的'活动的意义"④。马克思所说的实践既不同于黑格尔的精神活动，也不同于费尔巴哈的生活和商业活动，也不

---

① 《马克思恩格斯选集》第1卷，人民出版社1995年版，第56页。
② 《马克思恩格斯选集》第1卷，人民出版社1995年版，第56页。
③ 《马克思恩格斯选集》第1卷，人民出版社1995年版，第56页。
④ 《马克思恩格斯选集》第1卷，人民出版社1995年版，第54页。

同于 18 世纪法国唯物主义者认为的纯适应环境的活动。马克思认为自己哲学中的主体——人的活动，即实践活动，其最重要的特征就是改造人和改造世界。马克思说："环境的改变和人的活动或自我改变的一致，只能被看作是并合理地理解为革命的实践。"① 只有革命的实践才是改变环境和人的基础和力量，实践活动也就是改造人和改造世界的活动。

第四，马克思在《提纲》中进一步明确了所要建立的新哲学的性质和任务。

马克思所要建立的新哲学其主体不同于以往哲学，这就决定了马克思所要建立的新哲学的性质和任务也不同于以往哲学。"哲学家们只是用不同的方式解释世界，问题在于改变世界。"② 新世界观的根本任务在于推翻旧世界，使世界革命化，使哲学现实化。新旧唯物主义哲学的立足点不同，性质也不同，"旧唯物主义的立脚点是市民社会，新唯物主义的立脚点则是人类社会或社会的人类。"③ 以费尔巴哈为代表的旧唯物主义把抽象的人作为立足点，是基于生活和商业活动，甚至犹太人的利己主义活动而建立起来的，其性质是资产阶级哲学，它反映了资产阶级的利益、愿望和要求。与此相反，马克思主义哲学把具体的、现实的人作为立足点，联系马克思在《〈黑格尔法哲学批判〉导言》中提出的自己哲学的任务，"哲学把无产阶级当作自己的物质武器，同样，无产阶级也把哲学当作自己的精神武器"④，马克思所要建立的新哲学是共产主义的世界观，它反映了无产阶级的利益、愿望和要求。这样，由于哲学的主体不同，出发点不同，马克思所要建立的新哲学同旧唯物主义哲学在性质、任务和阶级基础方面都完全不同，甚至是根本对立的。

恩格斯称《提纲》是"包含着新世界观的天才萌芽的第一个文件"⑤。马克思在完成对黑格尔思辨哲学批判的基础上，在《提纲》中旗帜鲜明地批判了费尔巴哈和一切旧唯物主义的缺陷，阐述了自己新哲学的纲领。马克

---

① 《马克思恩格斯选集》第 1 卷，人民出版社 1995 年版，第 55 页。
② 《马克思恩格斯选集》第 1 卷，人民出版社 1995 年版，第 57 页。
③ 《马克思恩格斯选集》第 1 卷，人民出版社 1995 年版，第 57 页。
④ 《马克思恩格斯全集》第 3 卷，人民出版社 2002 年版，第 214 页。
⑤ 《马克思恩格斯选集》第 4 卷，人民出版社 1995 年版，第 213 页。

思在《提纲》中称自己的哲学为新哲学，新哲学区别于旧哲学的显著特征具体表现在：新的哲学主体、新的哲学主体的新的实践活动、建立在对主体及主体活动不同理解基础上的新哲学理论、新哲学的新任务。如果认真研究《提纲》，我们就会发现，《提纲》中的十一条都是围绕主体，说明新旧哲学中的主体——人的特征、活动以及以主体为基础构建的新哲学的特点。

虽然马克思在《提纲》中提出了新哲学的社会主体——人的范畴不是直观的，不是孤立的、个体的人，指出了主体的活动是实践，指出了人的本质在于其社会性，但是，《提纲》并没有具体界定这一主体——人是什么，实践又具体是什么实践，这一任务是在《德意志意识形态》中阐述的。

（二）《德意志意识形态》揭示了社会主体——人的内涵，阐述了历史唯物主义基本理论

1845 年至 1846 年马克思和恩格斯合著的《德意志意识形态》① 一书，在马克思主义思想发展史中具有特殊的意义。英国马克思主义研究专家戴维·麦克莱伦称这部著作在当时是"一个惊人的成就"，"马克思后来从未如此长篇地、如此细致地叙述他的历史唯物主义概念。今天，它仍然是具有信服力和明晰性的一部杰作。"②

在《德意志意识形态》中，马克思批判了青年黑格尔学派和费尔巴哈在人的问题上的认识错误，对自己以前的哲学进行了全面清算，实现了社会主体认识的理论转向，在新的出发点——"现实的个人"的基础上，第一次全面而系统地阐述了历史唯物主义学说的基本原理。

第一，《德意志意识形态》提出从事物质资料生产的人是"现实的个人"，现实的个人不是个体的人、人类学意义的自然的人，而是从事社会生产的人。

马克思在批判费尔巴哈抽象的人、施蒂纳的"唯一者"，以及"真正的社会主义者"的基础上，超越了以往一切关于人的学说，科学地解决了人的

---

① 《德意志意识形态》一书虽为马克思和恩格斯合著，但是其主要章节第一章为马克思所写。中文《马克思恩格斯选集》第 1 卷第 52 条注释注明这一章的笔迹是马克思的。参见《马克思恩格斯选集》第 1 卷，人民出版社 1995 年版，第 789 页。

② 戴维·麦克莱伦：《卡尔·马克思传》，中国人民大学出版社 2005 年版，第 142 页。

问题。马克思在《德意志意识形态》中多次强调，自己所说的人是"现实的个人"或"现实中的个人"。这种"现实的个人"绝不是法国唯物主义的"机械人"，也不是费尔巴哈仅仅限于感情范围承认的"单独的、肉体的人"。马克思说："这里所说的个人不是他们自己或别人想象中的那种个人，而是现实中的个人，也就是说，这些个人是从事活动的，进行物质生产的，因而是在一定的物质的、不受他们任意支配的界限、前提和条件下活动着的。"① "个人怎样表现自己的生活，他们自己就是怎样。因此，他们是什么样的，这同他们的生产是一致的——既和他们生产什么一致，又和他们怎样生产一致。因而，个人是什么样的，这取决于他们进行生产的物质条件。"②

第二，《德意志意识形态》强调"现实的个人"是社会历史的真正主体。

在《德意志意识形态》中，马克思所说的"现实的个人"是作为社会主体理解的。马克思在文中批判施蒂纳把本来是由人们的相互作用产生的力量，解释为"作为主体的社会"，"从而把所有前后相继、彼此相联的个人想象为从事自我产生这种神秘活动的唯一的个人。"③ 施蒂纳所说的主体是思想的主体。马克思在批判费尔巴哈人的观点的同时，阐述了自己的观点，马克思指出："这种考察方法不是没有前提的。它从现实的前提出发，它一刻也不离开这种前提。它的前提是人，但不是处在某种虚幻的离群索居和固定不变状态中的人，而是处在现实的、可以通过经验观察到的、在一定条件下进行的发展过程中的人。只要描绘出这个能动的生活过程，历史就不再像那些本身还是抽象的经验论者所认为的那样，是一些僵死的事实的汇集，也不再像唯心主义者所认为的那样，是想象的主体的想象活动。"④ 马克思在这里表明了对人的理解，只有从人的活动，从人的活动的能动的过程理解，把人作为活动的主体来理解，这样历史才不会像直观唯物主义所认为的那样是一些僵死的事实的汇集，也不再像唯心主义者所认为的那样是想象的主体

① 《马克思恩格斯选集》第 1 卷，人民出版社 1995 年版，第 71—72 页。
② 《马克思恩格斯选集》第 1 卷，人民出版社 1995 年版，第 67—68 页。
③ 《马克思恩格斯选集》第 1 卷，人民出版社 1995 年版，第 90 页。
④ 《马克思恩格斯选集》第 1 卷，人民出版社 1995 年版，第 73 页。

的想象活动，而是现实的主体活动。

第三，《德意志意识形态》明确提出社会主体或"现实的个人"的活动——物质资料生产是社会生活的基础，是社会历史的基础。

在马克思创立科学的世界观之前，唯心主义和旧唯物主义都不能科学地揭示社会历史的基础。由于马克思科学地揭示了社会历史的主体及其活动，从而科学地说明了社会历史的基础。在《德意志意识形态》"历史"部分，马克思和恩格斯指出：科学的唯物史观就在于："从直接生活的物质生产出发阐述现实的生产过程，把同这种生产方式相联系的、它所产生的交往形式即各个不同阶段上的市民社会理解为整个历史的基础，从市民社会作为国家的活动描述市民社会，同时从市民社会出发阐明意识的所有各种不同理论的产物和形式，如宗教、哲学、道德等等，而且追溯它们产生的过程。"① 马克思使历史观从虚无缥缈的"天国"转到了丰富多彩的"尘世"，为唯物史观的创立奠定了活生生的、坚定的现实基础。正是在这一"基础"上，马克思把实践作为事物和现实的根基，创立了"把感性理解为实践活动的唯物主义"，开辟了唯物主义的新视野。

第四，《德意志意识形态》提出从事物质资料生产的人是马克思主义学说的前提和出发点。

马克思在深刻揭露德国思辨哲学的唯心主义实质的同时，确立了自己学说的逻辑出发点。马克思在《德意志意识形态》的第一卷第一章中多次提到这种从事物质资料生产的人是他的学说的前提和出发点。马克思指出："我们的出发点是从事实际活动的人"②。"这种考察方法不是没有前提的。它从现实的前提出发，它一刻也不离开这种前提。它的前提是人，但不是处在某种虚幻的离群索居和固定不变状态中的人，而是处在现实的、可以通过经验观察到的、在一定条件下进行的发展过程中的人。"③ "现实的个人"即从事物质资料生产的个人。所以，从事物质资料生产的个人是马克思主义学说的前提和出发点。

---

① 《马克思恩格斯选集》第 1 卷，人民出版社 1995 年版，第 92 页。
② 《马克思恩格斯选集》第 1 卷，人民出版社 1995 年版，第 73 页。
③ 《马克思恩格斯选集》第 1 卷，人民出版社 1995 年版，第 73 页。

（三）《哲学的贫困》明确了社会主体——人的概念，完善了历史唯物主义理论

《哲学的贫困》在马克思主义发展史中具有重要意义，该文明确了社会主体——人的范畴，即明确了生产关系这一范畴，从而使马克思学说在鲜明、准确、科学方面迈出了关键的一步。

第一，《哲学的贫困》批判了蒲鲁东颠倒现实与范畴之间的关系，否认现实主体的错误。

在《哲学的贫困》中马克思用了很大篇幅批判蒲鲁东把理性或范畴看作社会历史发展的基础和动力，马克思说，"真正的哲学家蒲鲁东先生把事物颠倒了，他认为现实关系只是一些原理和范畴的化身"①。蒲鲁东"忽略了生产关系（范畴只是它在理论上的表现）的历史运动，既然我们只想把这些范畴看作是观念、不依赖现实关系而自生的思想，那么，我们就只能到纯理性的运动中去找寻这些思想的来历了"②。蒲鲁东不仅颠倒现实与范畴之间的关系，而且把经济范畴看作是永恒的，在他那里经济范畴是永恒的理性。蒲鲁东之所以提出如此谬误的观点，其根本原因是他不了解"现代社会制度"，"完全不理解人类的历史发展"，"不能理解经济发展"③。

第二，马克思明确了现实的主体——"现实的个人"的概念，并指明了生产力、生产关系的含义。

与蒲鲁东忽略生产关系，只能到纯理性的运动中去寻找思想的来历不同，马克思科学地说明了现实与范畴之间的关系，说明了现实的经济范畴是现实社会关系的理论表现，是对现实社会关系的反映。马克思认为经济学家的材料不是蒲鲁东这类经济学家的教条，"经济范畴只不过是生产的社会关系的理论表现，即其抽象。""人们按照自己的物质生产率建立相应的社会关系，正是这些人又按照自己的社会关系创造了相应的原理、观念和范畴。"④

马克思批判蒲鲁东，"根据他的意见，创造历史的，正是抽象、范畴，

---

① 《马克思恩格斯选集》第 1 卷，人民出版社 1995 年版，第 141 页。
② 《马克思恩格斯选集》第 1 卷，人民出版社 1995 年版，第 138 页。
③ 《马克思恩格斯选集》第 4 卷，人民出版社 1995 年版，第 531、532 页。
④ 《马克思恩格斯选集》第 1 卷，人民出版社 1995 年版，第 141、142 页。

而不是人"①。马克思则认为创造历史的不是抽象，不是范畴，而是人。

在批判蒲鲁东的同时，马克思阐述了自己对于经济范畴的看法，实际上也是马克思关于社会历史基本范畴主体——人的观点。

马克思指出，任何范畴都是其时代的产物，它属于特定的时代，马克思具体分析了不同时代的人的范畴。马克思说："每个原理都有其出现的世纪。例如，权威原理出现在 11 世纪，个人主义原理出现在 18 世纪。因而不是原理属于世纪，而是世纪属于原理。换句话说，不是历史创造原理，而是原理创造历史。"② 为什么该原理出现在 11 世纪或者 18 世纪，而不出现在其他世纪，马克思进一步分析说，"我们就必然要仔细研究一下：11 世纪的人们是怎样的，18 世纪的人们是怎样的，他们各自的需要、他们的生产力、生产方式以及生产中使用的原料是怎样的"③。

在《哲学的贫困》中，马克思指出了他说的经济范畴是人，是人在不同历史阶段的发展形态，这种作为生产主体的人是由"人与人之间的关系"决定的，而且第一次具体明确了社会生产主体——人的范畴，阐明了生产力、生产关系的含义。马克思说："机器正像拖犁的牛一样，并不是一个经济范畴。机器只是一种生产力。以应用机器为基础的现代工厂才是社会生产关系，才是经济范畴。"④ 马克思在这里说明了资本主义社会生产主体——人是资本主义社会生产的基本组织，其社会形式——生产关系是"以应用机器为基础的现代工厂"。这是马克思第一次明确生产关系概念，马克思在这里明确了生产关系是生产主体的社会形式，在资本主义社会这种社会形式就是现代工厂。

---

① 《马克思恩格斯选集》第 4 卷，人民出版社 1995 年版，第 539 页。
② 《马克思恩格斯选集》第 1 卷，人民出版社 1995 年版，第 146 页。
③ 《马克思恩格斯选集》第 1 卷，人民出版社 1995 年版，第 146 页。
④ 《马克思恩格斯选集》第 1 卷，人民出版社 1995 年版，第 161 页。

第二章　历史唯物主义的研究
对象与逻辑出发点

历史唯物主义研究对象与逻辑出发点一直是有争议的问题。关于历史唯物主义研究对象，理论界有学者认为是社会或社会存在，有学者认为是社会发展的一般规律，有学者认为是现实的人及其发展，有学者认为是劳动、实践等人类活动，还有学者认为是主客体关系，等等。关于历史唯物主义逻辑出发点，有学者认为是生产劳动，有学者认为是人，有学者认为是社会存在，还有学者认为是社会主客体关系问题，等等。

学科的研究对象与逻辑出发点关系到一门学科的性质和基础，是学科重大的基础理论问题。历史唯物主义研究对象与逻辑出发点长期存在着争议，甚至出现截然相反的观点，这不能不引起我们的思考。从学理上明确这些问题也是非常必要和重要的。

第一节　历史唯物主义的研究对象

科学研究中的研究对象是首先要确定的事情，对一门科学研究对象的理解和界定直接影响其在科学中的分类及其在整个科学体系中的地位。

一门科学的研究对象是什么，有些一开始就明确，如医学、生物学等，有些是随着科学研究的深入才逐渐具体明确。如物理学随着科学的发展才逐渐具体明确宏观物理学研究对象是宏观物体，微观物理学研究对象是微观物体。再如光学，人类先发现光这一现象，若干年之后才发现光子。历史唯物主义和马克思主义学说的研究对象是什么，理论界不是从一开始就明确的，有一个认识深化的过程。

一、关于科学研究的对象与视角

学术界对自然科学的研究对象的认识已有共识，基本无异议，但对哲学社会科学研究对象的认识并未达成共识。之所以对社会科学的研究对象的认识有不同的看法，笔者认为是因为没有区分人文社会科学研究的对象与视角。

一般而言，一门科学的研究对象应是其研究的标的。作为研究标的的事物的质是多方面的，从某一方面对对象进行研究，揭示事物的本质和运动的规律，这就涉及研究视角。

研究对象是研究视角的载体，研究视角涉及研究对象的部分、属性或关系。研究对象的存在是科学研究活动进行的前提，没有研究对象，研究活动就成了无本之木、无源之水，研究的领域、范围也就没法界定。例如，宏观物理学研究对象是宏观物体，现代物理学研究对象是微观物体，脱离宏观物体不可能有宏观物理学，脱离微观物体不可能有现代物理学。化学是研究分子运动规律的科学，其研究对象是分子，脱离分子不可能研究化合或者分解。思维科学研究的载体是人脑，脱离思维的载体就不会有思维。研究视角不能脱离研究对象，但是没有研究视角，研究活动就如盲人摸象，无从下手。

我们常说经典物理学是研究宏观物体运动规律的科学，也说经典物理学是研究力的作用的科学，是研究运动的科学。宏观物体是宏观物质世界运动的主体，是经典物理学研究和分析的标的或对象，但是，经典物理学是通过或借助于对力的作用的考察，通过对运动的考察，分析宏观物体内在矛盾——作用力和反作用力，揭示宏观物体矛盾运动的规律。力或运动不能脱离物体独立存在，不能脱离物体成为独立的研究标的或研究对象，力或运动只能是经典物理学研究的视角，运动着的宏观物体才是经典物理学研究的对象。因此，在自然科学中，说经典物理学是研究宏观物体运动规律的科学，也有说经典物理学是研究力的作用或运动的科学。

对象是"观察或思考的客体；也指行动的目标"①。哲学是对自然、社会和思维科学的概括与总结，特别是在西方早期自然科学还没有从哲学中分离出去，哲学的研究对象是宽泛的。但是，近现代哲学社会科学主要是把作为主体的人作为研究对象或研究标的②。

作为哲学社会科学研究对象或标的的人有自身的特殊性。在物质世界中，人是最特殊的研究对象。人不仅具有自然属性，也具有社会属性；人不仅是认识和实践的主体，也是哲学社会科学研究的客体。主体性是人最突出的特征。主体——人始终是哲学社会科学研究的主题，不同的哲学社会科学从不同视角研究作为主体的人的本质、属性或关系。

二、对"主体"、"人"的一般释义

"主体"一词直接或间接译自拉丁语词 Subjectum，它是动词 Subjecere 的目的分词，而这个动词由前缀 sub（在下，向下）和词干 jecere（抛，掷）组合演变而成。因此，"把某物抛掷在下"、"使某物处在下面"、"把某物摆在前面"是"主体"的主要本原含义。在《辞海》中主体一词有三种释意：一是指事物的主要部分；二是"在哲学上同'客体'相对，构成认识论的一对基本范畴，主体指认识者（人），客体指作为主体认识对象或实践对象的客观事物"；三是"'法律关系主体'的简称"③。

因此，从词源学看，"主体"的本原含义是指动作的发出者，并由此引申出占有（者）、支配（者）、统治（者）、征服（者）、控制（者）、驾驭（者）、居中心地位（者）、起决定作用（者）等含义，而社会主体则指社会实践的承担者、发动者，支配者、起决定作用者。

对于人这一概念，《辞海》中有多种释意：指"人类"、"某种人"、"每人"、"泛指民众"、"人才"、"人体"等。《人学词典》中对人的界定

---

① 《辞海》，上海辞书出版社 1989 年版，第 193 页。
② 哲学的研究对象更宽泛一些，但是随着近代自然科学从哲学中分立出去，近现代哲学主要研究（不同层次的）人的本质、关系或属性。
③ 《辞海》，上海辞书出版社 1989 年版，第 3142 页。

是："人是一种只有在一定的社会物质生活条件下，彼此结成一定的社会关系和联系，不断地从事社会实践（最基本的是物质生产），以满足自己的不断增长的物质文化需要，从而不断地获得更多的自由，才能不断地生存和发展的高级物质生命。"① 在法学上，人分为自然人和法人。

社会主体范畴与自然人有直接联系，但有区别，并不完全统一。一方面，自然人是主体，但另一方面主体并非仅仅就是自然人。法律意义上的主体包括自然人和法人，法律意义上的人是自然人和法人的集合。

现代法学对法律主体有严格的界定，民事主体是指能够参与民事法律关系、享有民事权利和承担民事义务的人。民事主体是一定社会经济条件的产物。民事主体具有法律地位平等、主体意志自主，必须得到国家法律确认的特征。法律上的主体包括自然人和法人。自然人②是指基于自然生理规律出生、依法享有民事权利和承担民事义务的人；"法人是具有民事权利能力和民事行为能力，依法独立享有民事权利和承担民事义务的组织。"③

早在罗马时期，罗马法学家就已经注意到除了自然人主体外还存在另一类主体，即法人。罗马法承认公共团体、私团体和财团的主体地位。马克思曾指出："罗马法虽然是与交换还很不发达的社会状态相适应的，但是，从交换在一定的范围内已有所发展来说，它仍能阐明法人，进行交换的个人的各种规定，因而能成为工业社会的法的先声（就基本规定来说）"④。在现代法学中，法人是相对于自然人而言的另一类民事主体。我国《民法通则》规定："法人是具有民事权利能力和民事行为能力，依法独立享有民事权利和承担民事义务的组织。"根据《民法通则》，法学界对法人有不同的解释。一种观点认为，在我国，凡经国家法定程序核准，拥有必要的独立财产，设有一定的组织机构，能够以自己的名义享有民事权利和承担民事义务的组织，即为法人。⑤ 还有一种观点认为，所谓法人，是指由法律规定具有民事

---

① 黄楠森、夏甄陶、陈尚志：《人学词典》，中国国际广播出版社 1990 年版，第 16 页。
② 除了引用文字外，作者在本文中所用自然人均指法律定义的自然人。
③ 参见《中华人民共和国民法通则》第三十六条。
④ 《马克思恩格斯全集》第 30 卷，人民出版社 1995 年版，第 200 页。
⑤ 参见佟柔主编：《中国民法》，法律出版社 1990 年版，第 92 页。

权利能力的人合组织体和财合组织体。① 有学者认为法人是被法律赋予民事权利能力的自然人团体以及设有章程和管理机构的独立财团，其理由是《民法通则》将法人定义为一种"组织"，而"组织"一词不足以涵盖财团，财团无成员可言，故而难谓其为组织。② 也有学者认为，法人就是团体人格。③立法中明确界定企业法人则是在 1896 年公布的《德国民法典》中。

三、历史唯物主义研究对象是作为生产主体的人

根据以上对哲学社会科学研究对象的分析，认为社会科学都是以作为主体的人为研究对象，历史唯物主义是一门社会历史哲学，研究人类社会本质和规律，其研究对象是作为不同层次生产主体的人。

第一，作为生产主体的人是历史唯物主义研究对象，是研究问题的载体。

历史唯物主义研究人类社会本质和规律。社会是人组成的，作为主体的人的存在是人类社会存在的前提，这是历史唯物主义研究的前提。离开了作为主体的人及其活动，不可能研究人类社会及其历史。历史唯物主义的研究对象不是一般意义的人，而是从事物质资料生产的人，是作为从事物质资料生产主体的人。离开了作为生产主体的人及其活动不可能研究物质资料的生产活动以及在此基础上建立的政治和思想上层建筑。作为生产主体的人是有层次的，有自然人层面的生产主体，集体人层面的生产主体，整体人层面的生产主体。这些不同层次生产主体的人是历史唯物主义研究的标的，是历史唯物主义研究问题的载体，没有作为生产主体的人这一研究对象的存在，历史唯物主义研究活动根本无法进行，研究的领域、范围没法界定。

第二，历史唯物主义研究视角。

前面我们分析了一门学科的研究对象是其研究的标的，作为研究标的的事物的质是多方面的，从某一方面对对象进行研究，这涉及研究视角。研究

---

① 参见梁慧星：《民法总论》，法律出版社 1996 年版，第 116 页。
② 参见梁慧星：《民法总论》，法律出版社 1996 年版，第 116 页。
③ 参见张俊浩主编：《民法学原理》，中国政法大学出版社 1991 年版，第 164 页。

对象的存在是科学研究活动进行的前提，研究视角是研究问题的切入点。

作为生产主体的人是历史唯物主义研究的标的和研究问题的载体，没有作为生产主体的人这一研究对象的存在，历史唯物主义研究活动根本无法进行，研究的领域、范围没法界定。

生产是动态的，是一个过程，不是一个标的，不能作为研究对象，但可以作为研究问题的视角。这就如同自然科学经典物理学（或宏观物理学）中宏观物体与运动的关系一样。如果能理解经典物理学中宏观物体与运动的关系，我们就容易理解历史唯物主义中生产主体与生产的关系。历史唯物主义通过或借助于生产活动中不同层次生产主体内在（自然、社会）关系——生产力与生产关系、经济基础与上层建筑之间关系考察社会主体的运动，揭示社会主体矛盾运动的规律。

第三，马克思恩格斯的论述和历史唯物主义理论内容本身说明不同层次的生产主体是历史唯物主义的研究对象。

马克思在《关于费尔巴哈的提纲》中说："旧唯物主义的立脚点是市民社会，新唯物主义的立脚点则是人类社会或社会的人类。"[1] 在《德意志意识形态》中说："全部人类历史的第一个前提无疑是有生命的个人的存在。因此，第一个需要确认的事实就是这些个人的肉体组织以及由此产生的个人对其他自然的关系。"[2] "这种考察方法不是没有前提的。它从现实的前提出发，它一刻也不离开这种前提。它的前提是人"[3]。马克思这些论述说明人是人类历史的前提，人和人类社会是历史唯物主义研究问题的前提和立脚点，正如没有反映对象不可能有反映一样，没有一定社会发展阶段上人的存在就不可能研究人类社会。

马克思1859年在《〈政治经济学批判〉序言》中对自己的学说作了经典的表述："人们在自己生活的社会生产中发生一定的、必然的、不以他们的意志为转移的关系，即同他们的物质生产力的一定发展阶段相适合的生产关系。这些生产关系的总和构成社会的经济结构，即有法律的和政治的上层

---

① 《马克思恩格斯选集》第1卷，人民出版社1995年版，第57页。
② 《马克思恩格斯选集》第1卷，人民出版社1995年版，第67页。
③ 《马克思恩格斯选集》第1卷，人民出版社1995年版，第73页。

建筑竖立其上并有一定的社会意识形式与之相适应的现实基础。物质生活的生产方式制约着整个社会生活、政治生活和精神生活的过程。不是人们的意识决定人们的存在，相反，是人们的社会存在决定人们的意识……"① 这里，从事生产的"人们"是个体的自然人；"生产力"和与"生产力的一定发展阶段相适合的生产关系"构成社会经济基本单位的生产主体——集体的、人格的人；"生产关系的总和构成社会的""基础"与"法律和政治上层建筑"构成生产主体的整体的人。马克思这段关于历史唯物主义的经典表述，清楚地表明历史唯物主义内容就是关于不同层次生产主体——人之间关系的理论，其研究对象不仅有从事生产的个体自然人，也包括作为生产力和生产关系统一体的微观生产主体的人，还包括作为经济基础和上层建筑统一体的宏观生产主体的人。

历史唯物主义以作为生产主体的人为研究对象，通过对这些对象的活动和关系的研究，揭示了人类社会存在的基础、发展动力及其规律，揭示了人类社会发展与人自身发展的规律。

黑格尔说：对于一门科学的研究对象，"为了懂得提问题也须要一定的修养为前提，至于哲学的对象，为了取得不同于问题无价值那样的答案，尤其须要一定的修养为前提"②。列宁在《黑格尔〈逻辑学〉一书摘要》中对黑格尔的这一认识给予了很高的评价，批注说："说得好！"③ 历史唯物主义研究对象的确定确实显示了马克思深厚的学术修养。

第二节　历史唯物主义的逻辑出发点

主体是社会历史过程的能动性根源，是任何社会历史思想体系得以建立和展开的前提和根据。对社会历史理论而言，逻辑起点与社会主体联系在一起。学科的主体之争往往表现为学科的逻辑出发点（又称逻辑起点）之争，

---

① 《马克思恩格斯全集》第31卷，人民出版社1998年版，第412页。
② 黑格尔：《逻辑学》（上），商务印书馆1966年版，第153页。
③ 《列宁全集》第55卷，人民出版社1990年版，第96页。

社会历史理论对主体——人的界定不同，学科的逻辑出发点或起点就不同。学科逻辑出发点或起点的主体或人不同，决定了学科的性质和方向不同。

在历史上，每一个伟大的思想家的学说体系都有其出发点。如古希腊亚里士多德的学说以"第一实体"为出发点，中世纪托马斯·阿奎拉的哲学以"上帝"为出发点，近代笛卡儿的学说以"我思"为出发点，黑格尔哲学以"存在"的逻辑概念为出发点，等等。作为伟大的思想家，马克思非常重视自己学说的逻辑起点。但是，关于历史唯物主义和马克思主义学说的逻辑出发点或逻辑起点究竟是什么，这是一个颇有争议的问题。笔者认为历史唯物主义和马克思学说的逻辑出发点是理解历史唯物主义和马克思学说的关键，是理论上要解决的首要问题。

一、对逻辑出发点的一般释义

逻辑出发点又称逻辑起点，指的是某理论赖以建立的最基本的范畴或命题，该理论的体系就是在该范畴基础上展开的。每一门科学的理论，都有逻辑起点、逻辑中介和逻辑终点，只有了解这些，才能理解一门科学的理论体系。科学的理论之所以有一个逻辑起点，是因为科学的理论要求有严密的逻辑体系，而在建立这种理论体系时，必须根据客观事物的本来面目，科学地安排各个概念、范畴、命题的排列顺序和联系方式。在这个作为逻辑出发点的范畴或命题基础上，所有的范畴、命题和结论都能按照有序、有层次的系统组合成一个有机的整体，它们的合理性都可以从逻辑上加以推演和证明。概而言之，逻辑出发点是一门科学构建的基础，决定其科学理论各个概念、范畴、命题的有机联系，决定其科学理论内在的逻辑。

在哲学思想史上，黑格尔第一次较为全面地在其《逻辑学》中论述了哲学的逻辑起点问题。黑格尔认为科学的逻辑起点是客观的，不是主观臆造的，是由研究对象的性质以及研究方法的需要决定的。根据黑格尔的说法，当运用从抽象上升到思维中的具体的方法时，科学的逻辑起点或开端必须具备三个主要特征：第一，逻辑起点必须是本原。这种本原是事物的"绝对基础"，是"一种准则"。黑格尔说："本原应当也就是开端，那对于思维是首要的东西，对于思维过程也应当是最初的东西。"① 黑格尔把"绝对观念"看作世界的本原，把世界看作思维的运动过程，所以认为对于思维是首要的东西，对于思维过程也应当是最初的东西。黑格尔的出发点是错误的，但是，对于事物是首要的东西，对于事物过程也应当是最初的东西，这个观点是符合事物的本真的。第二，逻辑起点是"最直接"的东西，又包含"间接"的东西，它必须是整个研究对象中最简单、最基本、最普遍的东西，它本身所包含的内在矛盾是以后整个发展过程中一切矛盾的萌芽。黑格尔认为哲学的开端是哲学自己保持的基础，也是一切后继者的基础，"哲学的开端，在一切后继的发展中，都是当前现在的，自己保持的基础，是完全长留在以后规定的内部的东西"②。开端的东西不仅是基础，同时它也是结果，是根据。"最初的东西又同样是根据，而最后的东西又同样是演绎出来的东西，因为从最初的东西出发，经过正确的推论，而到最后的东西，即根据，所以根据就是结果。"③ 在黑格尔看来"前进就是回溯到根据，回溯到原始的和真正的东西，并用作开端的东西，就是依靠这种根据，并且实际上将是由根据产生的"。"最后的东西，即根据，也是最初的东西所从而发生的那个东西，它首先作为直接的东西出现"④。开端的东西实际上构成了以后一切发展的根据，而以后的一切发展也不过是改变了的根据。所以列宁肯定黑格尔哲学描述认识运动的特征是："从简单的规定性开始，继之而来的规定性就愈益丰富、愈益具体"⑤。第三，逻辑起点必须与研究对象的历史起点相一致。在科学上是最初的东西，应该在历史上也是最初的东西。

黑格尔《逻辑学》第一篇第一部分的题目就是"必须用什么作科学的开端"，并提出"要找出哲学中的开端，是一桩困难的事"⑥。黑格尔认为在思想未成熟之前，要找到能够说明以后一切之发展的根据是很困难的。

---

① 黑格尔：《逻辑学》（上），商务印书馆1966年版，第52页。
② 黑格尔：《逻辑学》（上），商务印书馆1966年版，第56页。
③ 黑格尔：《逻辑学》（上），商务印书馆1966年版，第55页。
④ 黑格尔：《逻辑学》（上），商务印书馆1966年版，第55、56页。
⑤ 《列宁全集》第55卷，人民出版社1990年版，第199页。
⑥ 黑格尔：《逻辑学》（上），商务印书馆1966年版，第51页。

二、历史唯物主义逻辑出发点是作为社会经济基本单位的生产主体

每一门科学的理论都有逻辑出发点，历史唯物主义也有自己的逻辑出发点。历史唯物主义和马克思主义学说就是从这个最基本的范畴或命题为起点，合乎逻辑地推出其他范畴、命题和结论，从而构建马克思主义理论体系。

（一）历史唯物主义逻辑出发点的表述

马克思在《德意志意识形态》中指出，"我们的出发点是从事实际活动的人"，"这种历史观就在于：从直接生活的物质生产出发阐述现实的生产过程"，在《评阿·瓦格纳的"政治经济学教科书"》中又说："我的这种不是从人出发，而是从一定的社会经济时期出发的分析方法"。在《〈政治经济学批判〉导言》中，马克思在说明自己的研究方法时也说："在社会中进行生产的个人，——因而，这些个人的一定社会性质的生产，当然是出发点。"① 马克思是一个非常严谨的学者，他在不同地方，甚至在同一文中的这些不同说法一定有其内在的关联和统一。

根据马克思对主体、对人的界定，根据马克思分析问题的逻辑出发点，根据马克思学说的内在逻辑，又基于民法对主体——人的规定，笔者认为虽然马克思从不同意义上使用人和主体的概念，马克思学说中的人包括作为社会主体的自然人和法人，但是，作为历史唯物主义也是马克思学说逻辑出发点的主体——人的概念有其特定的含义。作为历史唯物主义和马克思主义学说逻辑出发点的主体——人是"从事社会物质资料生产及相关活动的主体——社会经济基本单位，不同历史阶段社会经济基本单位的具体表现形式不同。在工业社会，这种社会主体——人就是以企业法人为主导的基本经济组织"②。

把作为社会经济基本单位的生产主体作为历史唯物主义逻辑出发点，马

---

① 《马克思恩格斯全集》第 30 卷，人民出版社 1995 年版，第 22 页。
② 李云峰：《马克思主义学说中人的概念》，人民出版社 2007 年版，第 166 页。

克思对自己学说逻辑出发点的不同说法之间不会产生矛盾，实现了内在的联系和统一。因为作为社会经济基本单位的生产主体在工业社会就是以企业法人为主导的基本经济组织，是人格化的人。

（二）马克思常用生产单位、生产主体或生产组织代替经济基本单位

既然作为历史唯物主义和马克思学说逻辑出发点的人是从事社会物质资料生产及相关活动的主体——社会经济基本单位，为什么马克思在其著作中用生产单位、生产主体或生产组织的概念呢？马克思在《〈政治经济学批判〉导言》中专门列出"生产与分配、交换、消费的一般关系"一节，具体地论述了经济生活中生产、交换、分配、消费这四个环节之间的关系。马克思指出："生产直接是消费，消费直接是生产"，"分配本身是生产的产物，不仅就对象说是如此，而且就形式说也是如此"，"流通本身只是交换的一定要素"，"交换就其一切要素来说，或者是直接包含在生产之中，或者是由生产决定"①。总之，"一定的生产决定一定的消费、分配、交换和这些不同要素相互间的一定关系"②。马克思认为生产决定消费、分配和交换，消费、分配和交换可以看作是与生产有关的活动。因此，马克思在其著作中常用生产单位、生产主体或生产组织代替经济基本单位（本书在行文时也表述为生产的主体、生产的单位或生产的组织）。

（三）马克思对自己学说逻辑出发点不同表述的一致性

用本文所界定的历史唯物主义逻辑出发点去分析马克思对自己学说出发点的不同表述，就会发现马克思的不同表述在逻辑上是不矛盾的，这些不同的表述在逻辑上是一致的，在本质上是内在同一的。

第一，社会生产主体——人、生产关系、生产组织——马克思在相同意义上使用的不同概念。

作为马克思学说出发点的社会主体——人，是指具有民事权利能力和民事行为能力，依法独立享有民事权利和承担民事义务的社会基本经济单位，

① 《马克思恩格斯全集》第30卷，人民出版社1995年版，第32、36、40页。
② 《马克思恩格斯全集》第30卷，人民出版社1995年版，第40页。

这种基本经济单位在工业社会主要是民法中所说的法人组织。在马克思的著作中主体、人、生产关系、生产组织这些概念的表述具有内在联系。

根据以上论述，作为生产主体——经济关系人格化的人——生产组织是同一对象的不同表述应该比较容易理解，容易被接受，对于生产关系与这些概念在相同意义上使用可能不那么容易理解，这正是长期困扰我们对马克思社会主体——人的理解的关键，也正是长期困扰我们对历史唯物主义和马克思主义逻辑出发点理解的关键。生产关系是社会生产主体的社会形式，用生产关系指代生产主体、生产组织、人就如用一个人的名字——他的社会形式或社会符号指代他一样。

资本主义社会生产主体是企业法人为主导的社会生产组织，马克思在他的著作中许多地方都把工厂或企业与社会主体——人在同一意义上使用。例如，马克思在《德意志意识形态》中已提到："每当工业和商业的发展创造出新的交往形式，例如保险公司等等，法便不得不承认它们都是获得财产的方式。"① 保险公司是一种新的社会形式，是资本主义生产关系的一种新的表现形式，是法律上承认的一种"获得财产的方式"。马克思在《德意志意识形态》中还用"交往形式"这一概念表示后来的生产关系范畴，因此，马克思这里就是用生产关系表示保险公司这种生产的社会形式。马克思在《资本论》以及其他许多地方，在指工厂或企业的地方也用"社会劳动组织"② 或"劳动的组织"③ 概念代替。马克思在自己的著作中，有时用资本这一概念替代以资本为基础的企业，用资本的活动替代企业的活动。如马克思在自己的著作中多次使用"资本的生产力"④，马克思所说的资本实际上就是指以资本为基础的企业，资本的存在就是指企业的存在，资本的活动就是指企业的活动，资本表现为一切社会生产能力的主体，实际上是说企业就是资本主义社会生产的主体，就是社会生产基本单位。

第二，作为主体的人与主体的活动——特定意义的表述。

① 《马克思恩格斯选集》第1卷，人民出版社1995年版，第134页。
② 马克思：《资本论》第2卷，人民出版社1975年版，第395页。
③ 《马克思恩格斯选集》第1卷，人民出版社1995年版，第161页。
④ 马克思：《资本论》第1卷，人民出版社1975年版，第370、372、399、563页。马克思：《资本论》第3卷，人民出版社1975年版，第53页。

马克思在不同地方，甚至在同一文中既说自己学说的出发点是人，又说自己学说从社会物质生产出发，如果把人理解为自然人，这就存在矛盾。如果我们把历史唯物主义和马克思主义学说逻辑出发点的主体——人理解为具有民事权利能力和民事行为能力，依法独立享有民事权利和承担民事义务的生产组织，理解为人格化的人，这两种说法是可以理解的。

说历史唯物主义逻辑出发点是人，这是对唯物主义逻辑出发点的静态表述，这个出发点就是从事生产的主体——生产组织——人格化的人。但是，作为生产主体的人的根本属性是进行生产活动，如果停止生产社会就失去存在的基础。研究社会历史不能停留在静态状态，必须通过对生产主体的动态状态——生产主体的生产活动的研究，才能考察社会历史的关系，揭示社会历史的规律。因此，从直接生活的物质生产出发，这是对逻辑出发点的动态表述。历史唯物主义逻辑出发点是人或是社会物质生产，这是对主体及其活动不同意义的表述。

这里需要说明的是出发点具有参照点的性质，从学理上说动态的生产不可以作为历史唯物主义逻辑出发点。生产不能代替生产主体，特定意义的表述不能代替本尊。

三、马克思对历史唯物主义逻辑出发点的人的特点的论述

历史唯物主义逻辑出发点是作为社会经济基本单位的生产主体，不同历史阶段社会经济基本单位的具体表现形式不同。马克思称他生活的时代——资本主义社会作为社会经济基本单位的生产主体的人为"现实的个人"。马克思在自己的著作中对"现实的个人"有充分的论述，这些论述说明了作为历史唯物主义逻辑出发点的人的特点。

（一）作为逻辑起点的人是生产中的"社会人"，是经济范畴的人格化

在《德意志意识形态》中，马克思批判费尔巴哈从感性直观出发把人的本质仅仅归结为人的自然属性的做法，说费尔巴哈"仅仅限于在感情范围

内承认'现实的、单个的、肉体的人'"①，不理解"他所分析的抽象的个人，是属于一定的社会形式的"②。

马克思在《评阿·瓦格纳的"政治经济学教科书"》一文中指出："那末出发点是，应该具有社会人的一定性质，即他所生活的那个社会的一定性质"③。

马克思关于人的论述最具代表性的是《资本论》第一卷第一版序言中的这段话："这里涉及的人，只是经济范畴的人格化，是一定的阶级关系和利益的承担者。我的观点是把经济的社会形态的发展理解为一种自然史的过程。不管个人在主观上怎样超脱各种关系，他在社会意义上总是这些关系的产物。同其他任何观点比起来，我的观点是更不能要个人对这些关系负责的。"④

"现实的个人"所具有的社会形式是一定的生产组织形式，"这些不同的形式同时也是劳动组织的形式，从而也是所有制的形式。"⑤"直接从生产和交往中发展起来的社会组织，这种社会组织在一切时代都构成国家的基础以及任何其他的观念的上层建筑的基础"⑥。

这些论述充分地说明了作为历史唯物主义逻辑出发点的社会主体——人不是自然人，而是经济范畴的人格化，是属于一定社会形式的"社会人"。

（二）作为逻辑出发点的人是从事物质资料生产活动的能动主体

马克思在《关于费尔巴哈的提纲》中批评费尔巴哈等旧唯物主义，"对对象、现实、感性，只是从客体的或者直观的形式去理解，而不是把它们当作感性的人的活动，当作实践去理解，不是从主体方面去理解"⑦。在《德意志意识形态》中，批评费尔巴哈没有认识到这种社会物质生产的主体以及他们的活动。

---

① 《马克思恩格斯选集》第 1 卷，人民出版社 1995 年版，第 78 页。
② 《马克思恩格斯选集》第 1 卷，人民出版社 1995 年版，第 56 页。
③ 《马克思恩格斯全集》第 19 卷，人民出版社 1963 年版，第 404 页。
④ 《马克思恩格斯全集》第 44 卷，人民出版社 2001 年版，第 10 页。
⑤ 《马克思恩格斯选集》第 1 卷，人民出版社 1995 年版，第 115 页。
⑥ 《马克思恩格斯选集》第 1 卷，人民出版社 1995 年版，第 131 页。
⑦ 《马克思恩格斯选集》第 1 卷，人民出版社 1995 年版，第 54 页。

（三）作为逻辑出发点的主体——人是客观的，是由生产的物质条件决定的

马克思说："现实的个人""他们是什么样的，这同他们的生产是一致的——既和他们生产什么一致，又和他们怎样生产一致。因而，个人是什么样的，这取决于他们进行生产的物质条件。"① 每一个时代的人都是由其时代的特点决定的，不同历史条件下的人的特点不同。

马克思认为，"每一代都立足于前一代所达到的基础上，继续发展前一代的工业和交往，并随着需要的改变而改变它的社会制度"②。

（四）作为马克思学说出发点的人的本质是一种社会关系，生产资料所有权关系是其核心关系

马克思与前人的区别不是看到了人的社会性，而是把人看作社会的主体，看到了"社会人"。马克思说："人的本质不是单个人所固有的抽象物，在其现实性上，它是一切社会关系的总和。"③ 把人的本质理解为一种社会关系是马克思在《关于费尔巴哈的提纲》中思想变化的一个关键。在马克思看来，人的本质是一个关系范畴，社会生产关系才反映人的本质。

马克思在自己的著作中说明了生产资料所有权关系（或产权关系）是资本主义社会的社会主体中核心的关系。在资本主义社会，社会主体——人，乃至整个社会都是以对物的占有关系为基础的。马克思说："每个个人以物的形式占有社会权力。如果从物那里夺去这种社会权力，那么你们就必然赋予人以支配人的这种权力。"④

马克思在 1866 年 7 月 7 日给恩格斯的信中说："我们的关于生产资料决定劳动组织的理论，在哪里能比在杀人工业中得到更为显明的证实呢？"⑤

---

① 《马克思恩格斯选集》第 1 卷，人民出版社 1995 年版，第 68 页。
② 《马克思恩格斯选集》第 1 卷，人民出版社 1995 年版，第 76 页。
③ 《马克思恩格斯选集》第 1 卷，人民出版社 1995 年版，第 56 页。
④ 《马克思恩格斯全集》第 30 卷，人民出版社 1995 年版，第 107 页。
⑤ 《马克思恩格斯选集》第 4 卷，人民出版社 1995 年版，第 574 页。

（五）作为逻辑出发点的主体——人是从事社会生产和经营活动，独立核算的社会经济基本单位

在《德意志意识形态》中马克思称其学说的逻辑出发点是"单个人"。在私有制社会里，这种"单个人"在经济上是独立的，是不同利益的生产主体，是社会中从事不同分工的生产者。"分工和私有制是相等的表达方式，对同一件事情，一个是就活动而言，另一个是就活动的产品而言。"①

在《资本论》"交换过程"这一章中，马克思提出商品不能自己到市场去，不能自己去交换，商品具有监护人即商品所有者的角色。

四、作为逻辑出发点的"现实的个人"与民法中法人主体的比较

把作为历史唯物主义逻辑出发点的"现实的个人"与现代民法中作为社会生产和经营的主体——企业法人主体加以比较可知：第一，一种社会组织、人格化的人——马克思学说中"现实的个人"与民法中企业法人具有相同的特征；第二，从事物质资料生产及其相关活动——马克思学说中"现实的个人"与民法中企业法人具有相同的活动；第三，产权关系——马克思学说中"现实的个人"与民法中企业法人具有相同的基础；第四，具有民事权利能力和民事行为能力——马克思学说中"现实的个人"与民法中法人具有存在的相同基本条件。由此可见，历史唯物主义逻辑出发点的"现实的个人"应该诠释为现代民法中作为社会生产和经营的主体——企事业法人。

五、马克思在自己著作中已使用法人概念

马克思在自己的著作中并没有给出像后来《德国民法典》中那样一个明晰的法人概念，马克思在使用主体这个概念时，并没有像我们今天把自然人主体和法人主体区分得那么清晰。追究其原因，笔者认为，在马克思那个

---

① 《马克思恩格斯选集》第1卷，人民出版社1995年版，第84页。

时代，法学上还没有给作为生产主体的企业法人一个明确的概念，1896 年颁布的《德国民法典》才对企业法人给予明确的界定，才形成了现代民法中自然人与法人并立的二元主体制度。法人主体概念的明确，现代民法中自然人、法人并立的二元主体制度的确立，是一个浩大的工程①，马克思当时的主要任务是揭示社会历史的规律，创建科学的马克思主义学说体系，马克思没有把精力花费在概念的文法界定上。但是，马克思的文本中的确存在着法人主体的概念，马克思已经区分了自然人主体与法人主体。

本书第一章已说明了西方近代法律中涉及主体的民法制度是从罗马法发展而来的，但罗马法并没有确立起现代意义的法人概念。这是因为，现代法律上的"人（person）"这个词是指任何能够行使及承担权利与义务的主体，但在罗马法那里"人"这个词没有这样的含义。但是，马克思在自己的著作中，在《资本论》及其手稿中已使用了具有现代意义的"法人"概念。

马克思在《资本论》及其手稿中几次提到罗马法中关于法人的阐述。虽然罗马法中法人概念与现代法人概念不同，但是为现代法人概念的确立建立了基础。马克思说："在罗马，特别是在罗马帝国——它的历史正是古代共同体解体的历史——，法人的规定，交换过程的主体的规定，已得到阐述，资产阶级社会的法就其基本规定来说已经制定出来，而首先为了和中世纪相对抗，它必然被当作新兴工业社会的法被提出来。"②"罗马法规定奴隶是不能通过交换为自己取得任何东西的人，这是有道理的（见《法学阶梯》）。由此也可以明白，罗马法虽然是与交换还很不发达的社会状态相适应的，但是，从交换在一定的范围内已有所发展来说，它仍能阐明法人，进行交换的个人的各种规定，因而能成为工业社会的法的先声（就基本规定来说）"③。

马克思已经区分了自然人主体与法人主体，在《资本论》及其手稿中已明确使用了具有现代意义的"法人"概念。如马克思在《资本论》第 3 卷说："因此在这里，量的分割不会转变为质的分割。在所有者偶然地是由

---

① 参见［德］马尔夫·克尼佩尔：《法律与历史——论〈德国民法典〉的形成与变迁》，法律出版社 2003 年版，第 17—53 页。
② 《马克思恩格斯全集》第 31 卷，人民出版社 1998 年版，第 362 页。
③ 《马克思恩格斯全集》第 30 卷，人民出版社 1995 年版，第 200 页。

若干法人组成的场合，才会发生这种分割，否则是不会发生这种分割的。"①
马克思在《资本论》手稿中说："同活劳动能力相对立的价值的独立的自为
存在——从而价值作为资本的存在；劳动的客观条件对活劳动能力……已经
达到如此地步，以致这些条件以资本家的人格的形式，即作为具有自己的意
志和利益的人格化，同工人的人格相对立；财产即劳动的物质条件同活劳动
能力的这种绝对的分裂和分离——以致劳动条件作为他人的财产，作为另一
个法人的实在，作为这个法人的意志的绝对领域，同活劳动能力相对立，因
而另一方面，劳动表现为同人格化为资本家的价值相对立的，或者说同劳动
条件相对立的他人的劳动；财产同劳动之间，活劳动能力同它的实现条件之
间，对象化劳动同活劳动之间，价值同创造价值的活动之间的这种绝对的分
离——从而劳动内容对工人本身的异己性"②。马克思在这些地方使用的法
人概念，显然是指作为生产主体的企业或工厂。

第三节　逻辑出发点是自然人就摆脱不了历史唯心主义局限

列宁曾经深刻地分析了历史唯心主义存在的两个缺陷："第一，以往的
历史理论至多只是考察了人们历史活动的思想动机，而没有研究产生这些动
机的原因，没有探索社会关系体系发展的客观规律性，没有把物质生产的发
展程度看作这些关系的根源；第二，以往的理论从来忽视居民群众的活动，
只有历史唯物主义才第一次使我们能以自然科学的精确性去研究群众生活的
社会条件以及这些条件的变更。"③ 历史唯心主义存在的这两个缺陷是紧密
联系不可分割的两个方面，其根本原因就是其逻辑出发点是作为个体的自然
人。只要逻辑出发点是作为个体的自然人，就必然是历史唯心主义，必然是
英雄史观。

---

① 马克思：《资本论》第 3 卷，人民出版社 1975 年版，第 418 页。
② 《马克思恩格斯全集》第 30 卷，人民出版社 1995 年版，第 443—444 页。
③ 《列宁选集》第 2 卷，人民出版社 1995 年版，第 425 页。

一、自然人的活动是由意识指导的

在古代，由于受科学技术和生产力发展水平的限制，人们往往借助于神、上帝等超自然的神秘的力量说明人类社会历史，认为人间的一切秩序都是由"神"安排的，都取决于"天意"，从而把历史自身的必然性和现实的因果关系纳入神学的宿命论。例如，中国的"天命"、"天道"观，西方基督教的神学观，认为上天或上帝是世界万物的最高"主宰"，世界万物都是由上天或上帝的意志安排决定的。在欧洲，"文艺复兴"开启了从"神"到"人"的历史性转折，人们用人代替神，用"人权"代替神权说明历史。被称作"历史哲学之父"的意大利思想家维柯主张社会是人创造的，强调社会历史是不断发展的并且有规律可循，但是他只是按照生物个体发育的进程来描绘社会历史，并且把人类历史描绘成永远在一个封闭的圆圈内循环的历史。这种描述包含着浓厚的主观杜撰的成分。18 世纪法国唯物主义者，一方面提出"人是环境的产物"，另一方面又提出了"意见支配世界"，归根结底他们还是认为意志是支配世界的决定力量。黑格尔在历史上第一次把人类的历史描写为一个过程，并试图揭示这一过程的内在规律。但是，黑格尔是一个唯心主义者，他把历史发展的原因归之于绝对精神，认为历史的规律是由绝对精神本身发展的必然性所决定的。费尔巴哈抛弃了黑格尔的唯心主义体系，恢复了唯物主义应有的权威，但直观性的特点使费尔巴哈在历史观上甚至大大地落后于黑格尔。虽然也有许多杰出的思想家试图用某些物质的原因来说明社会历史现象，并提出过一些有价值的观点和推测，但总体来看，马克思主义学说产生之前的历史理论都是唯心主义的。

之所以马克思主义学说产生之前的历史理论都是唯心主义的，重要的原因是因为在马克思之前，各门哲学社会科学的逻辑出发点基本上都是作为个体的自然人，马克思以前的近代西方哲学社会科学本质上都是个体主体论，都是从个体自然人出发构建其理论的。个体的自然人是有意识有思想的，他为什么要做一件事情，怎么去做一件事情，都是在其意识指导下进行的，这必然导致作为主体的人的活动是由意识决定的。因此，只要主体还仅仅是作为个体的自然人，这种意识起决定作用的情况都会存在，就摆脱不了历史观上的唯心主义。

二、历史人物的思想动因在历史中作用更为明显

如果逻辑出发点是作为个体的自然人，必然导致作为主体的人的活动是由意识决定的，从而重视思想的作用。马克思在《神圣家族》中批评鲍威尔和青年黑格尔派，从整个历史运动过程中排除了人同自然的关系，排除了自然科学和工业，他们无法真正认识历史，无法认识某一个历史时期的工业和生活本身的直接生产方式，认为：“历史的发源地不在尘世的粗糙的物质生产中，而是在天上的云雾中。”[①]

如果不在尘世的粗糙的物质生产中，只在思想领域寻找历史的动因，不仅只重视思想的作用，而且只重视思想主体的作用。在马克思主义学说产生以前，剥削阶级在社会生活中长期居于统治地位，决定了他们必然夸大精神的作用，贬低物质生产的意义；抬高思想主体的地位，贬低物质生产主体的地位。加之奴隶社会、封建社会等级森严，人们看到的是高高在上的“人物”以及他们的意志的作用，所以，历史人物的思想动因在历史中的作用更为明显一些，人民群众的作用往往被屏蔽了。因此，历史唯心主义者一般都坚持英雄史观。马克思在《德意志意识形态》中说：“一切唯心主义者，不论是哲学上的还是宗教上的，不论是旧的还是新的，都相信灵感、启示、救世主、奇迹创造者”[②]。

三、从自然人出发难以把握历史的规律

人类社会的历史是通过自然人主体的活动推进的。但是，如果从个体自然人活动出发看社会历史，社会历史是杂乱无章的过程。列宁指出，在马克思学说产生以前，“社会学家在错综复杂的社会现象中总是难于分清重要现

①《马克思恩格斯全集》第2卷，人民出版社1957年版，第191页。
②《马克思恩格斯全集》第3卷，人民出版社1960年版，第630页。

象和不重要现象（这就是社会学中主观主义的根源），找不到这种划分的客观标准"①。在马克思以前，人们"局限于思想的社会关系（即通过人们的意识而形成的社会关系）"，因此"不能发现各国社会现象中的重复性和常规性，他们的科学至多不过是记载这些现象，收集素材"②。

恩格斯在1886年发表的《路德维希·费尔巴哈和德国古典哲学的终结》中说："无论历史的结局如何，人们总是通过每一个人追求他自己的、自觉预期的目的来创造他们的历史，而这许多按不同方向活动的愿望及其对外部世界的各种各样作用的合力，就是历史。"③ 恩格斯在1890年9月给约·布洛赫的信中还说："历史是这样创造的：最终的结果总是从许多单个的意志的相互冲突中产生出来的，而其中每一个意志，又是由于许多特殊的生活条件，才成为它所成为的那样。这样就有无数互相交错的力量，有无数个力的平行四边形，由此就产生出一个合力，即历史结果，而这个结果又可以看作一个作为整体的、不自觉地和不自主地起着作用的力量的产物。因为任何一个人的愿望都会受到任何另一个人的妨碍，而最后出现的结果就是谁都没有希望过的事物。"④ 任何一个作为单个自然人的个体主体的活动都是在自己的愿望、目的支配下进行的，其愿望、目的不仅会受到其他人的妨碍，而且还受客观条件的制约，最后出现的结果可能是其没有希望过的事物。所以，从作为自然人个体主体出发不可能把握住历史的规律。

四、历史唯物主义为什么不以劳动者主体作为逻辑出发点

上面我们讨论了只要把自然人作为逻辑出发点就摆脱不了历史唯心主义的局限，同样，如果从作为自然人的劳动者主体出发，也摆脱不了历史唯心主义的局限。

马克思曾经有过从劳动者主体出发建立自己理论体系的尝试。在《1844年

---

① 《列宁选集》第1卷，人民出版社1995年版，第8页。
② 《列宁选集》第1卷，人民出版社1995年版，第8页。
③ 《马克思恩格斯选集》第4卷，人民出版社1995年版，第248页。
④ 《马克思恩格斯选集》第4卷，人民出版社1995年版，第697页。

经济学哲学手稿》中，马克思就是从自然人劳动者主体出发建立自己理论体系的。

在1844年《手稿》中，马克思所说的主体——人更为具体，已超越了《黑格尔法哲学批判》中泛泛的人、《论犹太人问题》中市民社会的一般成员。马克思在1844年《手稿》中提出"人始终是主体"①，并把从事物质资料生产劳动的人作为社会的主体。马克思说："对社会主义的人来说，整个所谓世界历史不外是人通过人的劳动而诞生的过程"②，"工业的历史和工业的已经生成的对象性的存在，是一本打开了的关于人的本质力量的书，是感性地摆在我们面前的人的心理学"③。

在1844年《手稿》中，与对主体的认识从抽象的人进入到具体的从事物质资料生产的工人相一致，马克思对社会基础的认识也从《黑格尔法哲学批判》中空泛的市民社会转变为物质资料生产。马克思指出："私有财产的运动——生产和消费——是迄今为止全部生产的运动的感性展现，就是说，是人的实现或人的现实。宗教、家庭、国家、法、道德、科学、艺术等等，都不过是生产的一些特殊的方式，并且受生产的普遍规律的支配"④。马克思在这里已经提出物质生产是社会的基础，社会生产决定政治和思想上层建筑的问题，虽然，马克思这时还没有确立经济基础和上层建筑的概念。

马克思在1844年《手稿》中把劳动的主体及其活动看成是整个社会历史的基础，也看作社会历史的出发点。马克思说："无论是劳动的材料还是作为主体的人，都既是运动的结果，又是运动的出发点（并且二者必须是这个出发点，私有财产的历史必然性就在于此）"⑤。"我们的出发点是经济事实即工人及其产品的异化。"⑥ 社会历史的出发点也是理论的出发点，"整个革命运动必然在私有财产的运动中，即在经济的运动中，为自己既找到经验的基础，也找到理论的基础"⑦。马克思明确了应该从物质生产主体及其活

---

① 《马克思恩格斯全集》第3卷，人民出版社2002年版，第310页。
② 《马克思恩格斯全集》第3卷，人民出版社2002年版，第310页。
③ 《马克思恩格斯全集》第3卷，人民出版社2002年版，第306页。
④ 《马克思恩格斯全集》第3卷，人民出版社2002年版，第298页。
⑤ 《马克思恩格斯全集》第3卷，人民出版社2002年版，第298—301页。
⑥ 《马克思恩格斯全集》第3卷，人民出版社2002年版，第275页。
⑦ 《马克思恩格斯全集》第3卷，人民出版社2002年版，第298页。

动出发去说明历史，构建自己的理论。

马克思在 1844 年《手稿》中对主体——人的理解上还受到费尔巴哈的影响，《手稿》中的劳动者指个体的、感性的、自然的人。例如，在解释作为人的本质的劳动时，马克思认为劳动是人的"有意识的生命活动"，"自由的有意识的活动恰恰就是人的类特性"①。马克思从人的自然属性解释人的本质，说"人直接地是自然存在物"②，不是把人看成是一切社会关系的总和，而是把人看成单个自然人先天固有的自然属性，即"人的类本质"，或者如马克思后来批判的那种"单个人所固有的抽象物"。

马克思在 1844 年《手稿》中还是把感性作为构建科学理论的基础。马克思说："感性（见费尔巴哈）必须是一切科学的基础。科学只有从感性意识和感性需要这两种形式的感性出发，因而，科学只有从自然界出发，才是现实的科学。可见，全部历史是为了使'人'成为感性意识的对象和使'人作为人'的需要成为需要而作准备的历史（发展的历史）。历史本身是自然史的即自然界生成为人这一过程的一个现实部分。"③

1844 年《手稿》已包含着马克思主义学说的基本理论，马克思主义学说的基本原则在这里已表述得十分清楚。但是，由于把作为自然人的劳动者主体及其活动看作社会历史的出发点，这使得 1844 年《手稿》仍然把感性作为构建自己学说的基础，以普遍的、一般的、纯自然的、永恒的人性去说明人的社会历史，没有摆脱人是在意识指导下进行活动，意识最终起决定作用的历史唯心主义局限。因此，1844 年《手稿》不仅明显留有费尔巴哈哲学的影响，保持着同黑格尔、费尔巴哈哲学在思想上的血缘联系，对共产主义的论证还带有思辨的性质。

总之，在以自然人劳动者主体为逻辑出发点基础上，不可能形成对社会生产是整个社会历史基础这一基本思想有内在逻辑的科学表达方式，不可能构建科学的历史唯物主义逻辑体系。

---

① 《马克思恩格斯全集》第 3 卷，人民出版社 2002 年版，第 273 页。
② 《马克思恩格斯全集》第 3 卷，人民出版社 2002 年版，第 324 页。
③ 《马克思恩格斯全集》第 3 卷，人民出版社 2002 年版，第 308 页。

第三章 历史唯物主义逻辑出发点与解开 "历史之谜" 之 "锁钥"

我们在本书第二章已阐述了，一门科学的逻辑出发点指的是其理论赖以建立的最基本的范畴或命题。一方面，逻辑起点是一门学科理论体系的基石，其学说是在这一基本概念基础上建构和展开的；另一方面，由于这一基本范畴是对这门科学研究对象本质联系的反映，这一基本范畴又是认识研究对象的关节点，是解开认识对象之谜的钥匙。

第一节 生产劳动不是马克思解开 "历史之谜" 之 "锁钥"

一、马克思思想发展历程反映生产劳动不是解开 "历史之谜" 之 "锁钥"

马克思在《1844 年经济学哲学手稿》中已把社会生产这一经济事实作为自己思想的出发点，马克思已看到社会物质资料生产的作用，看到工人的作用。马克思在《1844 年经济学哲学手稿》中说："对社会主义的人来说，整个所谓世界历史不外是人通过人的劳动而诞生的过程，是自然界对人来说的生成过程"[①]。这说明马克思在 1845 年《关于费尔巴哈的提纲》之前已看到社会物质生产在社会生活中的基础决定作用，已经看到了工人的作用。

---

① 《马克思恩格斯全集》第 3 卷，人民出版社 2002 年版，第 310 页。

在《1844 年经济学哲学手稿》中，马克思提出了劳动是人的本质的内在规定的观点。马克思指出，劳动的本来意义是人的"生命活动"，是"自由的有意识的活动"，"而自由的有意识的活动恰恰就是人的类特性"①。这就是说，马克思已意识到劳动是人的最基本的现实活动，是人区别于动物的根本特征。

马克思在 1859 年《〈政治经济学〉序言》中说："当 1845 年春他也住在布鲁塞尔时，我们决定共同阐明我们的见解与德国哲学的意识形态的见解的对立，实际上是把我们从前的哲学信仰清算一下。"② 1845 年马克思思想发生了重大变革，马克思解开"历史之谜"之钥匙不可能与 1845 年前著作中已有的观点相同，一定区别于 1845 年前著作中的观点。

二、解开"历史之谜"之钥匙是与生产劳动有关的因素

长期以来，理论界认为生产劳动是马克思解开"历史之谜"之钥匙，其理由主要有以下几点：一是马克思肯定社会物质生产劳动在社会生活中的决定作用。在《德意志意识形态》中马克思强调，"第一个历史活动就是生产满足这些需要的资料，即生产物质生活本身，而且这是这样的历史活动，一切历史的一种基本条件"③。马克思在 1868 年 7 月致库格曼的信中说："任何一个民族，如果停止劳动，不用说一年，就是几个星期，也要灭亡，这是每一个小孩都知道的。"④ 二是肯定社会物质生产劳动在社会生活中的决定作用，被看作是马克思的第一个伟大发现的基石。恩格斯在《卡尔·马克思》一文中，在马克思墓前的讲话中都谈到了这一点。第三，在《路德维希·费尔巴哈与德国古典哲学的终结》中恩格斯谈到马克思主义这一新世界观时指出，马克思主义正是由于抓住了劳动这一社会生活中最基本的事实，并揭示出它的全部意义，从而"在劳动发展史中找到了理解全部社会史的

---

① 《马克思恩格斯全集》第 3 卷，人民出版社 2002 年版，第 273 页。
② 《马克思恩格斯全集》第 31 卷，人民出版社 1998 年版，第 413—414 页。
③ 《马克思恩格斯选集》第 1 卷，人民出版社 1995 年版，第 79 页。
④ 《马克思恩格斯选集》第 4 卷，人民出版社 1995 年版，第 580 页。

锁钥"①。

以上论述能说明劳动是马克思解开"历史之谜"的钥匙吗？笔者认为不然。笔者认为以上论述只能说明马克思解开"历史之谜"的钥匙肯定与社会生产劳动有关，但是不能归结为社会物质生产劳动。

第一，从马克思学说区别以往学说的特点看，不能说生产劳动是马克思解开"历史之谜"之锁钥。

从马克思学说的特点来看，马克思并不是研究社会物质生产的第一人，马克思以前的学者也研究社会物质生产，马克思在《1844年经济学哲学手稿》中说"国民经济学""从劳动是生产的真正灵魂这一点出发"②。马克思在1868年7月致库格曼的信中说："任何一个民族，如果停止劳动，不用说一年，就是几个星期，也要灭亡，这是每一个小孩都知道的。"③ 如果把"每一个小孩都知道的"事实作为马克思的发现，那也未免把马克思学说太庸俗化了。物质生产劳动并不是马克思主义学说区别以往学说的根本特点。

第二，从历史唯物主义理论逻辑看，不能说生产劳动是马克思解开"历史之谜"之锁钥。

把劳动说成是马克思解开"历史之谜"的钥匙说法的依据是恩格斯在马克思墓前的讲话中的一段话。恩格斯说：正像达尔文发现有机界的发展规律一样，马克思发现了人类历史的发展规律，即"人们首先必须吃、喝、住、穿，然后才能从事政治、科学、艺术、宗教等等"④，正是因为马克思的这个伟大发现，使"历史破天荒"第一次被安置在它的真正基础上。但是，不管是从恩格斯这段话本身，还是从马克思学说的内在逻辑上看，社会物质生产是人类社会存在和发展的基础，这是马克思的一个重大发现，这一重大发现是马克思对人类社会历史研究得出的一个结论，是马克思学说中的一个基本观点，是马克思理论中的重要内容，而解开"历史之谜"的钥匙是原因，不是结果，因果不能混淆，结果不能代替原因，因此，不能说劳动

---

① 《马克思恩格斯选集》第4卷，人民出版社1995年版，第258页。
② 《马克思恩格斯全集》第3卷，人民出版社2002年版，第277页。
③ 《马克思恩格斯选集》第4卷，人民出版社1995年版，第580页。
④ 《马克思恩格斯选集》第3卷，人民出版社1995年版，第776页。

是马克思解开"历史之谜"的锁钥。

第三，依据"在劳动发展史中找到了理解全部社会史的锁钥"的说法，也得不出生产劳动是马克思解开"历史之谜"锁钥的结论。

恩格斯说他们是"在劳动发展史中找到了理解全部社会史的锁钥"，这说明劳动在创立马克思主义学说中确实有重要作用，但是，我们应注意恩格斯是说他们"在劳动发展史中"找到了"理解全部社会史的锁钥"，而不是说劳动就是"理解全部社会史的锁钥"。因此，笔者认为对恩格斯这句话的正确理解应该是：解开"历史之谜"的钥匙与劳动有关，是与劳动有关的因素，但并不能理解为劳动本身。

第二节 真实的逻辑出发点才是马克思解开 "历史之谜"之"锁钥"

解开"历史之谜"的钥匙不在历史之外，而在历史本身。马克思"在劳动发展史中找到了理解全部社会史的锁钥"，但是劳动本身不是马克思解开"历史之谜"之钥匙。马克思实现了作为自己学说逻辑出发点的社会主体——人的范畴的认识变革才创立了自己的理论，马克思正是在作为社会经济基本单位的微观生产主体基础上建立了历史唯物主义。作为历史唯物主义逻辑出发点的社会生产主体——人的范畴是马克思认识社会现象之网的网上纽结，是马克思揭示社会关系和历史辩证运动及其规律的关键，是马克思解开"历史之谜"的钥匙。

一、基于科学的逻辑出发点历史唯物主义才得以创立

实现作为自己学说出发点的社会主体——人的范畴的认识变革，马克思在理论上超越了自我、超越了前人，最终创立了自己的学说。对于这一问题的理解，我们不能离开学说的学术背景、发展线索，应将其放在一定的情境和语境中理解。

从马克思学说形成的学术背景看。在马克思学说产生之前古代社会把主体等同于客体。近代以来，随着文艺复兴时期"人"的发现，哲学、经济学和法学都是以个人作为主体。这些主体思想都是特定历史条件下的产物，有其特定的历史价值，但是都没有科学地解决主体问题。马克思在人类历史上第一次把从事物质资料生产的"现代工厂"——人格化的人作为主体，这种作为社会生产主体的人克服了自然人的局限性，又与自然人主体密切联系；既克服了个体人的局限性，又不是脱离个体人的"社会人"；既是主体，同时又是客体；既是客观的，也是能动的主体。这种关于社会主体——人的思想，不仅是哲学，也是整个人类思想史上主体——人的认识的根本变革。马克思超越了前人，并以此为出发点创立了历史唯物主义。

从马克思思想发展历程看。作为伟大的思想家，马克思非常重视自己学说的逻辑起点，并经历了艰苦的探索历程。马克思在博士论文期间受黑格尔唯心主义和主观辩证法影响，以自我意识为主体，在《黑格尔法哲学批判》中认为市民社会、家庭是现实社会的主体，在《1844 年经济学哲学手稿》中把劳动者——工人看作主体，在《关于费尔巴哈的提纲》中提出了主体是社会实践的主体的思想。伴随着对主体——人认识的深入，马克思在《1844 年经济学哲学手稿》中尝试构建自己的学说，但由于没有科学的出发点，1844 年《手稿》还留有费尔巴哈哲学的影响，这次尝试是不成功的。马克思在《关于费尔巴哈的提纲》中开始批判个体主体思想，提出了主体是社会实践的主体，人的本质是"一切社会关系的总和"，在《德意志意识形态》中以这种"现实的个人"为出发点构建了历史唯物主义基本体系。

伴随着对主体的认识经历自我意识主体——现实主体——个体生产主体——社会生产主体，在不同的出发点基础上，马克思对社会规律的认识经过了从黑格尔哲学抽象的理性，到费尔巴哈的"人"的应该，再到社会人内在矛盾关系展开的必然，马克思思想发展的脉络非常清楚。

从历史唯物主义的研究方法看。马克思在《德意志意识形态》中明确表示他的学说的出发点是"从事实际活动的人"或"现实的人"或"进行物质生产的"人。马克思从这种社会人格化的人——社会生产组织出发，透视社会的结构和本质，揭示社会发展的规律。在《〈政治经济学批判〉导言》中，马克思明确指出："人体解剖对于猴体解剖是一把钥匙。反过来说，低等动物身上表露的高等动物的征兆，只有在高等动物本身已被认识之后才能理解。因此，资产阶级经济为古代经济等等提供了钥匙。"① "资产阶级社会是最发达的和最多样性的历史的生产组织。因此，那些表现它的各种关系的范畴以及对于它的结构的理解，同时也能使我们透视一切已经覆灭的社会形式的结构和生产关系。"② 马克思正是从社会生产主体——社会生产基本单位出发，通过对社会微观宏观生产主体内部和其之间矛盾分析的方法，揭示社会结构的本质关系和发展趋势，才创立了历史唯物主义。

胡乔木在《人道主义与异化问题》中非常精辟地指出，正是因为实现了出发点的变革，马克思才创立了历史唯物主义。胡乔木说："出发点的变化，新的出发点的发现，是人类思想史上划分时代的根本变革和伟大发现的开端。有了新的出发点，才能产生唯物主义的历史观，建立'工人阶级政治经济学'，形成科学的社会主义学说，就是说，才能有马克思主义。如果停留在旧的出发点上，无论怎样变换形式，也不可能跳出资产阶级人道主义历史观的窠臼，不可能有马克思主义。"③

二、基于科学的逻辑出发点才得以揭示社会的基础、结构及其关系

马克思学说区别于以往社会历史学说，马克思实现人类思想史上的变革，不仅在于突破了以往学者仅仅把社会主体——人看作实体的人、自然的人的做法，把社会生产的基本组织或单位作为社会基本主体，而且在此基础上把社会划分为微观与宏观生产主体。生产力和生产关系、经济基础和上层建筑是社会微观和宏观生产主体的自然物质关系与社会关系，是其物质内容和社会形式。作为社会经济基本单位的微观生产主体是社会的基础，微观和宏观两个层次生产主体以生产关系为中介涉及三个方面内容④：经济领域、

---

① 《马克思恩格斯全集》第30卷，人民出版社1995年版，第47页。
② 《马克思恩格斯全集》第30卷，人民出版社1995年版，第46页。
③ 胡乔木：《关于人道主义和异化问题》，人民出版社1984年版，第11—12页。
④ 注：生产关系既是微观生产主体的社会形式又是宏观生产主体的物质内容。

政治领域和思想领域，即经济基础、政治上层建筑和思想上层建筑。这三个方面构成人类社会的有机结构，决定社会的基本面貌。

在把作为社会经济基本单位的微观生产主体作为自己学说逻辑出发点基础上，马克思明确了社会的基础，揭示了社会有机结构内在的关系，明确了存在于经济、政治、思想等生活领域的各种社会关系中的本质联系，使得看似错综复杂的社会历史领域关系明晰，主次清楚。这样才能透过变幻纷纭的社会历史现象，抓住其中根本的、决定的、主要的，即实质性的东西，揭示社会历史的真实关系，并有可能根据社会关系划分社会形态，对不同社会形态中社会关系进行比较、分析，发现人类社会历史发展的重复性和规律性。

三、基于科学的逻辑出发点才得以揭示社会辩证运动的规律

马克思在 1859 年《〈政治经济学批判〉序言》中对自己学说进行了精辟的概括，马克思说："我所得到的、并且一经得到就用于指导我的研究工作的总的结果，可以简要地表述如下：人们在自己生活的社会生产中发生一定的、必然的、不以他们的意志为转移的关系，即同他们的物质生产力的一定发展阶段相适合的生产关系。这些生产关系的总和构成社会的经济结构，即有法律的和政治的上层建筑竖立其上并有一定的社会意识形式与之相适应的现实基础。物质生活的生产方式制约着整个社会生活、政治生活和精神生活的过程。不是人们的意识决定人们的存在，相反，是人们的社会存在决定人们的意识。社会的物质生产力发展到一定阶段，便同它们一直在其中运动的现存生产关系或财产关系（这只是生产关系的法律用语）发生矛盾。于是这些关系便由生产力的发展形式变成生产力的桎梏。那时社会革命的时代就到来了。随着经济基础的变更，全部庞大的上层建筑也或慢或快地发生变革。"[①] 列宁认为马克思的这一概括描述了马克思对历史唯物主义学说的推论过程。历史唯物主义推论过程的基本范畴是生产力和生产关系，马克思从生产力和生产关系的矛盾运动揭示社会历史的运动及其规律，揭示了物质生

---

① 《马克思恩格斯全集》第 31 卷，人民出版社 1998 年版，第 412—413 页。

活的生产方式制约着整个社会生活、政治生活和精神生活的过程。而生产力和生产关系是作为历史唯物主义逻辑出发点的社会经济基本单位——社会微观生产主体的内容和形式,是作为历史唯物主义逻辑出发点的社会经济基本单位——社会微观生产主体的自然关系和社会关系。作为社会经济基本单位的社会微观生产主体是生产力与生产关系的载体,没有作为历史唯物主义逻辑出发点的社会经济基本单位——社会微观生产主体范畴的概括就没有生产力和生产关系的概念,也不可能有经济基础和上层建筑的概念,马克思也就不可能揭示人类社会历史辩证运动的规律。

四、基于科学的逻辑出发点才得以揭明人类社会历史是一个自然历史过程

在马克思之前,已有很多学者对社会历史进行过研究,但是,正像列宁所说的,这些学者"不善于往下探究像生产关系这样简单和这样原始的关系,而直接着手探讨和研究政治法律形式,一碰到这些形式是由当时人类某种思想产生的事实,就停了下来;这样一来,似乎社会关系是由人们自觉地建立起来的。但这个充分表现在《社会契约论》思想(这种思想的痕迹,在一切空想社会主义体系中都是很明显的)中的结论,是和一切历史观察完全矛盾的"[1]。

马克思在人类历史上第一次提出人类社会发展的动因不是人们的思想或意识,而是作为社会经济基本单位——社会微观生产主体的自然关系或物质内容即社会的生产力。而生产力是不依人的意志为转移的客观物质力量。"人们不能自由选择自己的生产力——这是他们的全部历史的基础,因为任何生产力都是一种既得的力量,是以往的活动的产物。"[2] 生产力这种不能按照人的主观意志去控制的客观特性,决定了生产力的发展是一个连续的、渐进的自然历史过程。内容决定形式。作为社会微观生产主体的物质内容生产力是客观的,那么,其社会形式生产关系也必然是客观的。

---

① 《列宁选集》第1卷,人民出版社1995年版,第7页。
② 《马克思恩格斯选集》第4卷,人民出版社1995年版,第532页。

人们不能自由地选择生产力，同样也不能任意地选择生产关系，任何生产关系都是一定历史发展阶段上的特殊条件的产物，都是与特定历史阶段的生产力状况相适应的。"手推磨产生的是封建主的社会，蒸汽磨产生的是工业资本家的社会。"① 生产力发展连续、渐进的性质决定了生产关系的发展也是一个连续的、渐进的自然历史过程。马克思正是从生产力、生产关系的客观性，从生产力、生产关系的发展是一个连续的、渐进的自然历史过程，说明了人类社会历史的发展是一个自然历史的过程。作为社会经济基本单位的社会微观生产主体是生产力与生产关系的载体，没有作为历史唯物主义逻辑出发点的社会经济基本单位——社会微观生产主体范畴的概括就没有生产力和生产关系的概念，马克思就不可能揭示人类社会历史是一个自然历史过程。

列宁说："把马克思同达尔文相比是完全恰当的"，"达尔文推翻了那种把动植物物种看作彼此毫无联系的、偶然的、'神造的'、不变的东西的观点，探明了物种的变异性和承续性，第一次把生物学放在完全科学的基础之上。同样，马克思也推翻了那种把社会看作可按长官意志（或者说按社会意志和政府意志，反正都一样）随便改变的、偶然产生和变化的、机械的个人结合体的观点，探明了作为一定生产关系总和的社会经济形态这个概念，探明了这种形态的发展是自然历史过程，从而第一次把社会学放在科学的基础之上。"②

第三节　谜底：基本经济单位是社会结构和功能的细胞

为什么作为社会经济基本单位的微观生产主体是马克思学说逻辑出发点？为什么作为社会经济基本单位的微观生产主体是马克思解开"历史之谜"的钥匙？谜底是作为社会经济基本单位的微观生产主体是社会结构和功能的细胞。

---

① 《马克思恩格斯选集》第 1 卷，人民出版社 1995 年版，第 142 页。
② 《列宁选集》第 1 卷，人民出版社 1995 年版，第 9、10 页。

细胞是构成生命体及进行生命活动的基本单位。发现生物体基本结构和功能单位的细胞是科技史上的重大贡献，发现社会基本结构和功能单位的细胞同样是科技史上的重大贡献。马克思发现了社会基本结构和功能单位的细胞，并在此基础上建立了自己的理论。

一、自然人不是社会结构和功能的基本单位或细胞

细胞是生物体基本的结构和功能单位，是构成生命体及进行生命活动的基本单位。每个生命体都是由细胞生长分化而来，细胞生长在生命体诞生、死亡及生命物种延续发展和维护个体生命中均起着重大作用。生命体的最高形式是人类社会，社会基本结构和功能单位的细胞在社会产生、发展及社会延续中也起着重大作用。

结构指组成整体的各部分的搭配和排列。功能指物质系统所具有的作用、能力和功效。结构与功能是相互作用的。

自然人是社会的基本生物体，是社会的生物细胞，但是同一国家内部有不同种族、不同年龄、不同性别的自然人，即自然人不是社会区分为不同区域、国家、省、县等空间结构的决定要素。社会自然形态的细胞是作为个体的自然人，但是不同种族、不同年龄、不同性别的自然人在不同领域从事着不同的活动，即自然人不是社会划分为政治、经济、思想意识不同领域的因素，不是划分社会制度的因素。自然人不是社会有机系列中的一个环节，不是社会制度的基本单位，不是构成社会基本结构和功能的基本单位或细胞。

二、血缘家庭也不是社会结构和功能的基本单位或细胞

马克思在对摩尔根《古代社会》一书所做的笔记中提出，血缘家庭是社会第一个有组织的社会形式。马克思说，一旦原始群为了生存必须分为较小的集团，它就从杂交转变为血缘家庭，所以，"血缘家庭是第一个'有组

织的社会形式'"①。在研究"希腊人的氏族"时，针对一些资产阶级学者认为家庭是希腊罗马社会基本单位的观点，马克思说："不仅格罗特，而且尼布尔、瑟尔沃尔、梅恩、蒙森以及所有其他古典派的博学的学者们，对于父权制类型的专偶制家庭都采取一个相同的立场，即认为它在希腊罗马的体制中是社会赖以建立的单位。"② 马克思批判了这些资产阶级学者认为家庭是希腊罗马社会基本单位的观点，指出："家庭，即使是专偶制家庭，不可能成为氏族社会的自然基础，就象现在在公民社会中它不可能是政治体制的单位一样。国家由州组成，它只认州为单位，州认区为单位，但是区并不以家庭为单位；同样，民族认部落为单位，部落认胞族为单位，胞族认氏族为单位，但氏族并不以家庭为单位。"③

马克思认为血缘家庭不是社会结构和功能的基本单位和细胞，是因为血缘家庭不是社会体制的基础，不是社会制度的基本单位，不是社会制度有机系列中的一个环节。马克思说："在氏族社会的组织中，氏族是基本组织，它既是社会体制的基础，也是社会体制的单位；家庭也是一种基本组织，它比氏族古老。血缘家庭和普那路亚家庭在时间上早于氏族而存在；但家庭不是〔社会制度的〕有机系列中的一个环节。"④

三、社会经济基本单位是社会结构和功能的细胞

（一）摩尔根把氏族组织作为原始社会经济与社会基本单位，社会基本单位的变化引起社会形态的变化，在主要点上得出了与马克思相同的结论

《古代社会》是 1877 年美国人类学家摩尔根出版的一部著作，马克思和恩格斯对该书高度重视并给予了很高评价。马克思为该书写了详细的摘要和批语，并计划联系唯物主义历史研究所得出的结论阐述摩尔根研究成果写一

---

① 《马克思古代社会史笔记》，人民出版社 1996 年版，第 142 页。
② 《马克思古代社会史笔记》，人民出版社 1996 年版，第 294 页。
③ 《马克思古代社会史笔记》，人民出版社 1996 年版，第 294 页。
④ 《马克思古代社会史笔记》，人民出版社 1996 年版，第 294—295 页。

部书，遗憾的是马克思没有来得及完成这个计划。恩格斯的《家庭、私有制和国家的起源》也是执行马克思的遗言，就摩尔根的研究成果而作的。

摩尔根作为一个资产阶级学者，不可避免地持有一些唯心主义观点。比如把世界不同地区的民族都循着一致的途径从低级阶段向高级阶段发展的原因，归之于"人类心理一致"。一百多年前，恩格斯就说，"摩尔根的某些假说便被动摇，或甚至被推翻了"，但是，摩尔根深入实际，以毕生精力从事对美国印第安人社会历史的调查研究，对古代希腊、罗马所作的长期考察和研究，在对这些考察、调研资料进行科学分析的基础上提出的观点仍具有重要的意义。摩尔根不仅发现原始社会的社会结构，证明氏族是原始社会的基本单位，而且把氏族社会和阶级社会的发展看作人类历史的普遍规律，而且根据氏族和阶级的发展很有远见地指出："现在，财富的增长是如此巨大，它的形式是这样繁多，以致这种财富对人民说来已经变成一种无法控制的力量。'人类的智慧在自己的创造物面前感到迷惘而不知所措了。然而，总有一天，人类的理智一定会强健到能够支配财富…… 单纯追求财富不是人类的最终的命运。……社会的瓦解，即将成为以财富为唯一的最终目的的那个历程的终结，因为这一历程包含着自我消灭的因素……这（即更高级的社会制度）将是古代氏族的自由、平等和博爱的复活，但却是在更高级形式上的复活。'"①单纯追求财富的当代资本主义社会不是社会进步发展的最终成就，社会的最终发展将消灭以单纯追求财富为基础的阶级社会。正是在此意义上，恩格斯在《家庭、私有制和国家的起源》一书中说："摩尔根在美国，以他自己的方式，重新发现了40年前马克思所发现的唯物主义历史观，并且以此为指导，在把野蛮时代和文明时代加以对比的时候，在主要点上得出了与马克思相同的结果。"②

（二）马克思在对摩尔根《古代社会》所作的笔记中阐述了社会基本经济单位是社会结构和功能的细胞

马克思在对摩尔根《古代社会》一书所做的笔记中，肯定了摩尔根发

---

① 《马克思古代社会史笔记》，人民出版社1996年版，第192页。
② 《马克思恩格斯选集》第4卷，人民出版社1995年版，第1页。

现原始社会的社会结构——氏族组织的观点。马克思在文中始终围绕氏族组织是原始社会基本结构的单位记录，展开、论述问题。马克思在"血缘家族"章节笔记中说，"血缘家庭是第一个'有组织的社会形式'"①。在"普那路亚家庭"章节笔记中说："在澳大利亚，我们就看到这样一个事实：在那里，氏族（实际上）是和一个先行的、更古老的组织有联系的，这种组织仍然是社会制度的单位"②。在第三篇关于一夫一妻制家族笔记中，马克思指出："因为各个部分都必须加入整体，所以家庭不能成为氏族组织的单位，这个地位为氏族所占有。"③马克思在第二篇谈到"加诺族系其他诸部落的氏族"时说，更重要的在于详细了解氏族发展的中级阶段（野蛮期中级阶段），16 世纪时在定居的印第安人中存在着这一阶段，"然而西班牙殖民者却错过了了解这种社会状态的绝好机会，所以他们不能察知其单位（即氏族）"④。在第二篇第八章"希腊氏族"中，马克思说："佩拉斯吉人和希腊人都组织成氏族、胞族……和部落；这一有机的序列有时并不完备，但氏族到处都是｛社会｝组织的单位。"⑤ "地域部落之下的单位则是乡区或街区"⑥。"氏族一旦产生，就继续是社会制度的单位，而家庭则发生巨大的变化。""国家由州组成，它只认州为单位，州认区为单位，但是区并不以家庭为单位；同样，民族认部落为单位，部落认胞族为单位，胞族认氏族为单位，但氏族并不以家庭为单位。"⑦马克思在第二篇第十章"希腊政治社会的建立"中说，雅典人"他们的社会制度的单位在地域方面和在性质方面都变得不稳定了"⑧。在第二篇第十一章"罗马氏族"中，谈到罗马的克兰组织时，马克思说："但是这些克兰组织从一开始就不被看作独立的社会团体，而是被看作政治共同体（civitas populi）的组成部分。它首先是几个同世系、

---

① 《马克思古代社会史笔记》，人民出版社 1996 年版，第 142 页。
② 《马克思古代社会史笔记》，人民出版社 1996 年版，第 146 页。
③ 《马克思古代社会史笔记》，人民出版社 1996 年版，第 160 页。
④ 《马克思古代社会史笔记》，人民出版社 1996 年版，第 272 页。
⑤ 《马克思古代社会史笔记》，人民出版社 1996 年版，第 288 页。
⑥ 《马克思古代社会史笔记》，人民出版社 1996 年版，第 290 页。
⑦ 《马克思古代社会史笔记》，人民出版社 1996 年版，第 294 页。
⑧ 《马克思古代社会史笔记》，人民出版社 1996 年版，第 316—317 页。

同语言、同风俗的克兰村落的结合"①。（这段话还被译为"但是这些克兰组织从最初起就不认为是独立的社会单位，而是政治团体的组成部分。它首先是几个克兰村落的总和"②。）

马克思在对摩尔根《古代社会》一书所做的笔记中，不仅肯定了摩尔根发现原始社会的氏族组织是其社会结构基本单位的观点，而且还说明了原始社会基本结构单位也是原始社会功能的基本单位，阐述了物质资料生产的状况决定社会基本单位的状况，社会基本单位的状况和发展决定社会管理（政治上层建筑）和思想上层建筑的状况和发展。

马克思在第一篇阐述了由于物质领域的发明和发现而带来社会的发展。第一篇第一章阐述了人类社会经历的蒙昧、野蛮时代和文明时代的分期是依据发明及发现。如蒙昧时代的中级阶段发明了燧石取火，高级阶段能够制造工具。野蛮时代的低级阶段已能制造陶器，已栽种玉蜀黍和其他植物；中级阶段已有天然金属如青铜的使用，驯养家畜，利用灌溉栽种农作物；高级阶段具有冶铁技术，早期的文字。第一篇第二章则说明人们"生存的技术"③或"生活资料的生产方式"④是社会的基础，在社会发展中起决定作用。马克思在这一章开门见山地指出："人类在地球上获得统治地位的问题完全取决于他们（即人们）在这方面——生存的技术方面——的巧拙。一切生物之中，只有人类可以说达到了绝对控制（?!）食物生产的地步。人类进步的一切伟大时代，是跟生存资源扩充的各时代多少直接相符合的"⑤。

马克思在第三篇中具体分析了与物质资料生产发展相适应最基本社会组织——家庭的发展：古老的家庭、血缘家庭、普那路亚家庭、对偶制家庭、专偶制家庭。最古老的家庭是过着群团生活实行杂乱的性交，只有母权。"一旦原始群为了生存必须分为较小的集团，它就从杂交转变为血缘家庭；血缘家庭是第一个'有组织的社会形式'。"⑥普那路亚家庭还没有达到氏族

---

① 《马克思古代社会史笔记》，人民出版社 1996 年版，第 331 页。
② 马克思：《摩尔根〈古代社会〉一书摘要》，人民出版社 1965 年版，第 205 页。
③ 《马克思古代社会史笔记》，人民出版社 1996 年版，第 125 页。
④ 马克思：《摩尔根〈古代社会〉一书摘要》，人民出版社 1965 年版，第 4 页。
⑤ 《马克思古代社会史笔记》，人民出版社 1996 年版，第 125—126 页。
⑥ 《马克思古代社会史笔记》，人民出版社 1996 年版，第 142 页。

组织的阶段，家庭集团还不大，"实际需要迫使他们划分成较小的集团以获得食物和互相保护"①。"随着栽培玉蜀黍和其他植物而来的食物的改善，促进了家庭的普遍发展（在美洲土著中）。……对偶制家庭是在蒙昧时代和野蛮时代之交产生的，在被专偶制家庭的低级形式取代以前，对偶制家庭在野蛮时代中级阶段和大部分晚期阶段是一直存在的。"② 父权的萌芽是与对偶制家庭一同产生的，"当财产开始大量产生和传财产于子女的愿望把世系由女系改变为男系时，便第一次奠定了父权的真正基础。"③因财产继承的原因，对偶制家庭又发展成为专偶制家庭即一夫一妻制家庭。家庭发展的这一过程是与物质领域的发明和发现的顺序有关，即与"生存的各种技术"有关，社会制度的发展也是如此。"发明和发现一个接着一个出现；关于绳索的知识一定在弓箭以前，就象关于火药的知识在火枪以前、关于蒸汽机的知识在铁路和轮船以前一样；因此，生存的各种技术都是经过长时间的间隔而相继出现的，人类的工具经过用燧石和石头制造的阶段才达到用铁制造的阶段。社会制度也是如此。"④

因为氏族是建立在家庭或家族基础之上的，马克思分析家庭形式的发展，实际上是说明物质资料生产的状况决定社会基本单位的状况。但是，马克思还是明确指出："家庭不能成为氏族组织的单位，这个地位为氏族所占有。"⑤ "familia 一词的原义与成婚的配偶或他们的子女并没有关系，而是指从事劳动以维持家庭并处于家庭之父（pater familias）的权力支配下的奴隶和仆役的团体。"⑥

马克思指出财产的增长是与发明和发现的进展齐头并进的，财富的数量及继承财产的法规、习俗与社会生产组织的状况和水平有关。"最早的财产观念"，"是和获得生活资料这种基本需要紧密相联的。财产的对象，在每一个'顺序相承的文化时期'自然都随着生活资料所依赖的生存技术的增

---

① 《马克思古代社会史笔记》，人民出版社 1996 年版，第 141 页。
② 《马克思古代社会史笔记》，人民出版社 1996 年版，第 157 页。
③ 《马克思古代社会史笔记》，人民出版社 1996 年版，第 161 页。
④ 《马克思古代社会史笔记》，人民出版社 1996 年版，第 172 页。
⑤ 《马克思古代社会史笔记》，人民出版社 1996 年版，第 160 页。
⑥ 《马克思古代社会史笔记》，人民出版社 1996 年版，第 160 页。

进而增加起来；因此，财产的增长是与发明和发现的进展齐头并进的。由此可见，每一个文化时期都比前一时期有着显著的进步，这不仅表现在发明的数量上，而且也表现在由这些发明造成的财产的种类和总额上。财产形式增加，关于占有和继承的某些法规也必然随之发展。关于占有和继承财产的这些法规所依据的习俗，是由社会组织的发展状况和水平决定的。由此可见，财产的增长是与标志着人类进步的各个文化时期的各种发明和发现的增多以及社会制度的改善有着密切关系的。"①

马克思说明了私人对财富的占有是社会生产主体内对立和对抗的根源。马克思说："当财产开始大量产生和传财产于子女"②，把世系由女系改变为男系时，产生了专偶制即一夫一妻家庭，这时社会已出现了对立和对抗。"在这个阶段上产生了奴隶制；它与财产的产生有直接的联系。"③ "现代家庭在萌芽时，不仅包含着 servitus（奴隶制），而且也包含着农奴制，因为它从一开始就是同田野耕作的劳役有关的。它以缩影的形式包含了一切后来在社会及其国家中广泛发展起来的对抗。"④

不仅社会经济的状况和发展水平决定社会管理（政治上层建筑）和思想上层建筑的状况，随着社会经济基本单位的变化，社会管理组织和思想也会发生变化。马克思说："无论怎样高度估计财产对人类文明的影响，都不为过甚。财产曾经是把雅利安人和闪米特人从野蛮时代带进文明时代的力量。管理机关和法律建立起来，主要就是为了创造、保护和享有财产。财产产生了人类的奴隶制作为生产财产的工具……随着财产所有者的子女继承财产这一制度的建立，严格的专偶制家庭才第一次有可能出现。"⑤ "生活的需要实际上给在这种习俗下共同生活的集团的规模规定了界限。"⑥"以木栅围绕起来的村落，是野蛮时代低级阶段部落的通常住地；在野蛮时代中级阶段，出现了用土坯和石头建造的堡垒形式的共同住宅；在野蛮时代高级阶

---

① 《马克思古代社会史笔记》，人民出版社 1996 年版，第 172—173 页。
② 《马克思古代社会史笔记》，人民出版社 1996 年版，第 161 页。
③ 《马克思古代社会史笔记》，人民出版社 1996 年版，第 183 页。
④ 《马克思古代社会史笔记》，人民出版社 1996 年版，第 160 页。
⑤ 《马克思古代社会史笔记》，人民出版社 1996 年版，第 171 页。
⑥ 《马克思古代社会史笔记》，人民出版社 1996 年版，第 199 页。

段，出现了用土墙围绕、最后用整齐石块砌成的墙围绕的城市，建有城楼、胸墙和城门，以便能同等地保护所有的人并能大家合力防守。达到这种水平的城市，就表示已经有了稳定的和发达的田野农业，已经有了家畜群，有了大量商品和房产地产。越来越需要有行政长官和法官、等级不同的军事和市政公职人员，也需要有一定的招募和供养军队的方式，而这就需要有财政收入。所有这一切，都给'酋长会议'的管理工作造成困难。最初委之于巴赛勒斯的军事权力现在则转交给受着更大限制的将军和军事首长了；司法权在雅典人中间现在属于执政官和审判官；行政权则交给城市长官。人民赋予原始的酋长会议的整个权力，经过分化而逐渐形成了各种权力。"[1] "在为时较短的文明时期中在很大程度上统治着社会的财产因素，给人类带来了专制政体、帝制、君主制，特权阶级，最后，带来了代议制的民主制。"[2]

马克思说："氏族制度本质上是民主的，君主制度与氏族制度是不相容的，每一个氏族、胞族、部落，都是一个组织完备的自治团体。当若干部落溶合为一个民族时，所产生的管理机关必然和该民族的各组成部分的根本原则相协调。"[3]

马克思认为氏族组织是原始社会基本单位，是因为氏族是社会体制、社会制度的基本单位，是社会体制、社会制度的基础，是社会制度中政治、经济、意识形态有机系列中最基本的一个环节，即氏族组织是原始社会结构的基本单位。同时，氏族组织也是原始社会功能的基本单位，社会基本单位的状况决定社会管理组织和思想上层建筑的状况。

恩格斯在《家庭、私有制和国家的起源》中也是以社会"基本经济单位"或"基层单位"变化为基础，说明家庭、私有制和国家的起源。"在以血族关系为基础的这种社会结构中，劳动生产率日益发展起来；与此同时，私有制和交换、财产差别、使用他人劳动力的可能性，从而阶级对立的基础等等新的社会成分，也日益发展起来；这些新的社会成分在几个世代中竭力使旧的社会制度适应新的条件，直到两者的不相容性最后导致一个彻底的变

---

① 《马克思古代社会史笔记》，人民出版社 1996 年版，第 308—309 页。
② 《马克思古代社会史笔记》，人民出版社 1996 年版，第 352—353 页。
③ 《马克思古代社会史笔记》，人民出版社 1996 年版，第 302 页。

革为止。以血族团体为基础的旧社会，由于新形成的各社会阶级的冲突而被炸毁；代之而起的是组成为国家的新社会，而国家的基层单位已经不是血族团体，而是地区团体了。在这种社会中，家庭制度完全受所有制的支配，阶级对立和阶级斗争从此自由开展起来，这种阶级对立和阶级斗争构成了直到今日的全部成文史的内容。"① 正如细胞是生物体结构和功能基本单位一样，社会经济基本单位是社会结构和功能基本单位，在此意义上可以说社会经济基本单位是社会结构和功能基本单位的细胞。

（三）社会基本经济单位——社会生产基本组织是透视社会形态、解开历史之谜的钥匙

恩格斯在《家庭、私有制和国家的起源》一文中说："摩尔根的伟大功绩，就在于他在主要特点上发现和恢复了我们成文史的这种史前的基础，并且在北美印第安人的血族团体中找到了一把解开希腊、罗马和德意志上古史上那些极为重要而至今尚未解决的哑谜的钥匙。"② 恩格斯这里说明了摩尔根在古代血族团体中找到了一把解开古代历史之谜的钥匙，而这种血族团体正是古代社会经济基本单位，是古代社会生产基本组织。

在《〈政治经济学批判〉导言》中马克思实际上也说明了社会生产主体——社会生产组织是透视社会形态的钥匙。马克思说："资产阶级社会是最发达的和最多样性的历史的生产组织。因此，那些表现它的各种关系的范畴以及对于它的结构的理解，同时也能使我们透视一切已经覆灭的社会形式的结构和生产关系。"③ 马克思认为作为比较高级社会形态的社会生产组织，是在低级社会形态基础上建立确立的，对于更高级形态的主体的解剖是对于较低级形态的主体解剖的一把钥匙。"人体解剖对于猴体解剖是一把钥匙。反过来说，低等动物身上表露的高等动物的征兆，只有在高等动物本身已被认识之后才能理解。因此，资产阶级经济为古代经济等等提供了钥匙。"④

---

① 《马克思恩格斯选集》第 4 卷，人民出版社 1995 年版，第 2 页。
② 《马克思恩格斯选集》第 4 卷，人民出版社 1995 年版，第 2—3 页。
③ 《马克思恩格斯全集》第 30 卷，人民出版社 1995 年版，第 46 页。
④ 《马克思恩格斯全集》第 30 卷，人民出版社 1995 年版，第 47 页。

第四章　历史唯物主义基本范畴
的含义与特点

　　范畴是客观事物的本质联系的反映，是认识和掌握事物现象的网上纽结。每一门科学都有自己特有的范畴，这些范畴反映一门科学研究对象——物质世界某方面——某种物质或某种主体的本质联系。一门科学的基本范畴反映了其物质主体的本质联系或关系，一门科学的主体不同所反映的本质关系就不同，从而对范畴的诠释就不同。

　　无论是自然科学革命还是哲学社会科学革命，必然伴随着新的范畴或概念的出现，这些范畴与科学研究对象层次、性质、属性或根本特征等方面认识的重大突破或变革相关，在这些新的范畴基础上建立新的理论，实现范式的根本转变。

　　马克思在实现了哲学社会科学最基本范畴社会主体——人的认识变革，把社会经济基本单位或基本组织看作（人格化的人，集体的人）社会微观生产主体，把民族国家看作宏观生产主体（民族国家作为单位的整体人）基础上，创建了一套全新的哲学社会科学的范畴或概念网络。马克思主义学说中生产力、生产关系、经济基础、上层建筑、生产方式、社会形态等基本范畴，都与马克思学说中社会生产主体——人的概念相联系，反映了社会生产主体的本质关系。

第一节　社会生产主体的多重矛盾与基本关系

一、生产主体的多重矛盾关系被归纳为两种基本关系——自然物质关系与社会关系

在《德意志意识形态》中，马克思分析了历史中的关系。马克思说：历史的第一个前提是："人们为了能够'创造历史'，必须能够生活。但是为了生活，首先就需要吃喝住穿以及其他一些东西。因此第一个历史活动就是生产满足这些需要的资料，即生产物质生活本身"。"第二个事实是，已经得到满足的第一个需要本身、满足需要的活动和已经获得的为满足需要而用的工具又引起新的需要，而这种新的需要的产生是第一个历史活动"①。"一开始就进入历史发展过程的第三种关系是：每日都在重新生产自己生命的人们开始生产另外一些人，即繁殖。这就是夫妻之间的关系，父母和子女之间的关系，也就是家庭"。"生命的生产，无论是通过劳动而达到的自己生命的生产，或是通过生育而达到的他人生命的生产，就立即表现为双重关系：一方面是自然关系，另一方面是社会关系；社会关系的含义在这里是指许多个人的共同活动，至于这种活动在什么条件下、用什么方式和为了什么目的而进行，则是无关紧要的。"② 马克思在考察"原初的"历史关系的这四个方面之后，进一步指出，"只有现在，在我们已经考察了原初的历史的关系的四个因素、四个方面之后，我们才发现：人还具有'意识'"。"意识一开始就是社会的产物，而且只要人们存在着，它就仍然是这种产物。"③

在《〈政治经济学批判〉导言》中，马克思提出研究生产劳动，是以"一个具有许多规定和关系的丰富的总体"④ 为前提，这些前提是"许多规

① 《马克思恩格斯选集》第 1 卷，人民出版社 1995 年版，第 79 页。
② 《马克思恩格斯选集》第 1 卷，人民出版社 1995 年版，第 80 页。
③ 《马克思恩格斯选集》第 1 卷，人民出版社 1995 年版，第 81 页。
④ 《马克思恩格斯全集》第 30 卷，人民出版社 1995 年版，第 41 页。

定的综合，因而是多样性的统一"①。马克思认为："对任何种类劳动的同样看待，以各种现实劳动组成的一个十分发达的总体为前提，在这些劳动中，任何一种劳动都不再是支配一切的劳动。所以，最一般的抽象总只是产生在最丰富的具体发展的场合，在那里，一种东西为许多东西所共有，为一切所共有。"② 作为一般抽象的劳动产生在最丰富的具体发展的场合，劳动是许多规定和关系的丰富的总体，这样一来，对于劳动就不再只是在特殊形式上才能加以思考，劳动一般这个抽象，不仅是各种劳动组成的一个具体总体的精神结果，"不仅在范畴上，而且在现实中都成了创造财富一般的手段，它不再是同具有某种特殊性的个人结合在一起的规定了"③。马克思在这里清楚地表明他研究社会生产并不是研究个人的生产，生产的主体不是某种特殊性的个人，而是"具有许多规定和关系"的丰富的主体。

根据以上分析可知，马克思把社会物质生产主体看作是多重矛盾关系的统一体，社会生产体现其多种矛盾的关系。依据马克思的论述，可以把社会物质生产主体的多重矛盾关系概括为：第一，社会物质生产是物质资料的生产关系，也是人类自身的生产关系；第二，社会物质资料的生产是与自然的关系，也是与社会的关系；第三，社会物质资料的生产是客观的物质活动，又是在意识指导下的能动的活动；第四，社会物质资料的生产是继承的过程，也是创新的过程；第五，社会物质资料的生产既是个体的、分类的活动，又是总体的、集体的活动，是分工和协作的过程；第六，社会物质资料的生产是连续的活动，又是阶段性的活动，是生产和再生产过程。④

马克思认为社会物质生产包含多重矛盾，社会生产主体是多重矛盾关系的统一体，但是各对矛盾关系不是平行的。马克思把社会生产主体的多重矛盾关系归纳为两种基本关系——生产中的自然物质关系与生产中的社会关系。

---

① 《马克思恩格斯全集》第 30 卷，人民出版社 1995 年版，第 42 页。
② 《马克思恩格斯全集》第 30 卷，人民出版社 1995 年版，第 45 页。
③ 《马克思恩格斯全集》第 30 卷，人民出版社 1995 年版，第 46 页。
④ 参见李云峰：《完整把握社会物质生产范畴及其在历史唯物主义体系中的重要地位》，《马克思主义研究》2003 年第 4 期。

二、两层生产主体、两对矛盾与社会的三个领域

马克思不仅把生产主体的多重矛盾关系归纳为两种基本关系——自然物质关系与社会关系，而且把生产主体分为微观与宏观两个层次①。马克思把作为社会经济基本单位的生产主体看作微观生产主体，把社会看作宏观生产主体。微观、宏观生产主体的自然物质关系与社会关系（物质内容和社会形式）即生产力和生产关系、经济基础和上层建筑。生产力和生产关系、经济基础和上层建筑是人类社会的基本矛盾。这两对矛盾涉及社会经济、政治、意识三个领域。

（一）马克思在《德意志意识形态》中的分析路径

在《德意志意识形态》中，马克思在阐述了社会物质生活前三个方面——人类社会生存和发展基本条件的物质生活资料的生产、为满足新的需要的再生产、人类自身的生产之后，明确地指出："不应该把社会活动的这三个方面看作是三个不同的阶段，而只应该看作是三个方面，或者，为了使德国人能够了解，把它们看作是三个'因素'。"② 马克思认为社会物质生产中包含的这些矛盾关系不是"不同的阶段"，而是同一生产的不同方面、不同因素的表现，或者说是同一主体的不同方面、不同因素的表现。每一个历史时代的物质生产主体都存在这些矛盾关系，每一个历史时代的每一个物质生产的主体都存在这些矛盾关系，马克思对此解释说："从历史的最初时期起，从第一批人出现时，这三个方面就同时存在着，而且现在也还在历史上起着作用。"③

---

① 历史唯物主义还涉及作为自然人的个体主体，还有把整个人类看作生产主体，但是，第一，由于自然人主体不是社会有机系列中的一个环节，隶属于一定集体和阶级，所以历史唯物主义中自然人主体被放在微观和宏观生产主体中考察；第二，由于整个人类社会作为一个生产主体（一个生产单位）是共产主义社会的事情。共产主义虽然建立在依据现实条件科学论证的基础上，但毕竟是一个设想，所以历史唯物主义中对共产主义社会——整个人类社会成为一个生产主体（一个生产单位）只是作了原则的论述，没有作为一个主体层次具体分析。

② 《马克思恩格斯选集》第1卷，人民出版社1995年版，第80页。

③ 《马克思恩格斯选集》第1卷，人民出版社1995年版，第80页。

马克思在考察了社会物质生活前三个方面后进一步分析说："这样，生命的生产，无论是通过劳动而达到的自己生命的生产，或是通过生育而达到的他人生命的生产，就立即表现为双重关系：一方面是自然关系，另一方面是社会关系；社会关系的含义在这里是指许多个人的共同活动，至于这种活动在什么条件下、用什么方式和为了什么目的而进行，则是无关紧要的。"[①]马克思把社会生产主体的多重矛盾关系归纳为两种关系——自然关系和社会关系。

马克思说明了社会生产主体的自然关系就是生产力。马克思说："一定的生产方式或一定的工业阶段始终是与一定的共同活动方式或一定的社会阶段联系着的，而这种共同活动方式本身就是'生产力'"[②]。马克思还说："此外，只要这样按照事物的真实面目及其产生情况来理解事物，任何深奥的哲学问题——后面将对这一点作更清楚的说明——都可以十分简单地归结为某种经验的事实。人对自然的关系这一重要问题"[③]。

社会生产主体的社会关系是什么？马克思说："社会关系的含义在这里是指许多个人的共同活动"[④]，也就是说生产中的社会关系不是指单个人的活动，是指许多个人的共同活动。许多个人的共同活动是生产的一种社会形式或社会组织，"这些不同的形式同时也是劳动组织的形式，从而也是所有制的形式。在每一个时期都发生现存的生产力相结合的现象，因为需求使这种结合成为必要的"[⑤]。这里，马克思所说的生产中的社会关系就是社会生产主体 ——社会经济基本单位的社会形式或社会组织形式，这也就是生产关系。

马克思在考察"原初的"历史关系的这四个方面之后，进一步指出，"只有现在，在我们已经考察了原初的历史的关系的四个因素、四个方面之后，我们才发现：人还具有'意识'"。"意识一开始就是社会的产物，而且

---

① 《马克思恩格斯选集》第1卷，人民出版社1995年版，第80页。

② 《马克思恩格斯选集》第1卷，人民出版社1995年版，第80页。

③ 《马克思恩格斯选集》第1卷，人民出版社1995年版，第76页。

④ 《马克思恩格斯选集》第1卷，人民出版社1995年版，第80页。

⑤ 《马克思恩格斯选集》第1卷，人民出版社1995年版，第115页。

只要人们存在着，它就仍然是这种产物。"①

（二）马克思在《〈政治经济学批判〉导言》中的分析路径

马克思写于 1857 年 8 月的《〈政治经济学批判〉导言》是为自己计划中的政治经济学巨著而写的，马克思详细地论述了他关于政治经济学的对象和方法的观点，笔者认为该文论述的也是马克思关于其学说的对象和方法的观点。

在《〈政治经济学批判〉导言》"生产"这一部分，马克思分析社会生产时提出，生产的个人当然是出发点，但是生产的个人并不是独立的，而是"从属于一个较大的整体"②；生产"总是指在一定社会发展阶段上的生产"，"没有生产工具，哪怕这种生产工具不过是手，任何生产都不可能。没有过去的、积累的劳动，哪怕这种劳动不过是由于反复操作而积聚在野蛮人手上的技巧，任何生产都不可能"③；生产"总是一个个特殊的生产部门——如农业、畜牧业、制造业等，或者生产是总体"；"生产也不只是特殊的生产，而始终是一定的社会体即社会的主体在或广或窄的由各生产部门组成的总体中活动着。"④ 在分析了社会生产的多重关系后，马克思提到当时经济学界时髦的做法，是在经济学的开头摆上一个总论——标题为"生产"的那部分，用来论述一切生产的一般条件。这些生产的一般条件应当包括两部分：一是进行生产所必不可缺少的条件，即一切生产的基本要素，以及促进生产的条件，例如，某些种族素质，气候，自然环境如离海的远近，土地肥沃程度，等等。马克思说这一切并不是经济学家在这个总论部分所真正要说的，他们要说的是第二点，即不同于生产的分配关系等。"一切经济学家在这个项目下提出的两个要点是：（1）财产，（2）司法、警察等等对财产的保护。"⑤ 对于经济学家认为的生产的这两个一般条件，马克思作了归纳："关于第一点。一切生产都是个人在一定社会形式中并借这种社会形式而进行的

---

① 《马克思恩格斯选集》第 1 卷，人民出版社 1995 年版，第 81 页。
② 《马克思恩格斯全集》第 30 卷，人民出版社 1995 年版，第 25 页。
③ 《马克思恩格斯全集》第 30 卷，人民出版社 1995 年版，第 26 页。
④ 《马克思恩格斯全集》第 30 卷，人民出版社 1995 年版，第 27 页。
⑤ 《马克思恩格斯全集》第 30 卷，人民出版社 1995 年版，第 28 页。

对自然的占有。在这个意义上，说财产（占有）是生产的一个条件，那是同义反复。""关于第二点。对既得物的保护等等。如果把这些滥调还原为它们的实际内容，它们所表示的就比它们的说教者所知道的还多。就是说，每种生产形式都产生出它所特有的法的关系、统治形式等等。"①这样就把生产的基本矛盾归纳为两个方面：社会生产的自然关系和社会生产的社会关系或者说社会生产的物质基础和社会生产的社会形式。

《德意志意识形态》和《〈政治经济学批判〉导言》是马克思概述自己学说的两篇代表作，从以上对马克思这两篇代表作的分析可以清楚地看出，马克思运用的方法是把社会生产的多重关系归纳为两种基本关系：生产中的自然关系与生产中的社会关系，同时把生产主体分为微观与宏观两个层次。生产力与生产关系、经济基础与上层建筑是社会微观和宏观生产主体的自然物质关系与社会关系（物质内容和社会形式）。生产关系是微观和宏观生产主体的中介。生产关系既是微观生产主体的社会形式，又是宏观生产主体的物质内容（经济基础）。生产力和生产关系、经济基础和上层建筑也是人类社会的基本矛盾。这两对矛盾涉及社会经济、政治、意识形态三个领域，涉及社会生活的主要方面。

马克思对社会生产主体内部矛盾关系的分析有两点思路非常清楚：一是社会生产主体的两个方面也是同一生产中的不同方面，"生产力和社会关系——这二者是社会个人的发展的不同方面"②，二者是辩证的关系，不可分割。但是，生产力和生产关系、经济基础和上层建筑强调的侧重点不同。一方面强调生产是与自然相联系的客观活动（自然关系、物质生产、客观活动、继承、分类、个体），另一方面强调生产是有意识的社会活动（社会关系、再生产、能动活动、创新、总体）。二是在社会生产主体的内在关系中，客观自然的关系决定有意识指导的社会关系，即生产力决定生产关系，经济基础决定上层建筑。马克思认为，在自然与人类社会的关系上，二者是同一的，是相互作用的，人们对自然界的狭隘的关系制约着他们之间的狭隘的关系，而他们之间的狭隘关系又制约着他们对自然界的狭隘的关系。

---

① 《马克思恩格斯全集》第30卷，人民出版社1995年版，第28、29页。
② 《马克思恩格斯全集》第31卷，人民出版社1998年版，第101页。

第二节　生产力、生产关系、生产方式的含义及其特点

生产力概念在马克思之前已有学者提出，生产关系概念则是马克思第一次提出的。但是，马克思主义学说中生产力概念与之前学者提出的概念是有区别的。马克思主义学说中生产力与生产关系概念相对应，有其特殊的含义，必须在二者的相互关系中来理解这一对范畴。

一、生产力、生产关系的含义

历史唯物主义中生产力、生产关系的含义是什么？马克思在不同的地方都有说明。

在《德意志意识形态》中，马克思指出："一定的生产方式或一定的工业阶段始终是与一定的共同活动方式或一定的社会阶段联系着的，而这种共同活动方式本身就是'生产力'"①。马克思谈到的生产力是指"自然形成的生产工具"和"由文明创造的生产工具"②，劳动资料、劳动对象、劳动者等。马克思说："生产力好像具有一种物的形式"③。

生产主体中物的要素——以生产工具为主的生产资料、劳动对象和劳动者只有通过一定的社会生产主体的形式才能联系起来，才可能从潜在的生产能力结合成为现实的生产力。人们"只有以一定的方式共同活动和互相交换其活动，才能进行生产。为了进行生产，人们相互之间便发生一定的联系和关系；只有在这些社会联系和社会关系的范围内，才会有他们对自然界的影响，才会有生产"④。"社会关系的含义在这里是指许多个人的共同活动"⑤，

---

① 《马克思恩格斯选集》第 1 卷，人民出版社 1995 年版，第 80 页。
② 《马克思恩格斯选集》第 1 卷，人民出版社 1995 年版，第 103 页。
③ 《马克思恩格斯选集》第 1 卷，人民出版社 1995 年版，第 128 页。
④ 《马克思恩格斯选集》第 1 卷，人民出版社 1995 年版，第 344 页。
⑤ 《马克思恩格斯选集》第 1 卷，人民出版社 1995 年版，第 80 页。

也就是说生产中的社会关系不是指单个人的活动，是指许多个人的共同活动。马克思在 1846 年 12 月致安年柯夫的信中说，生产中的物质关系"不过是他们的物质的和个体的活动所借以实现的必然形式罢了"[1]。许多个人的共同活动是生产的一种社会形式或社会组织，"这些不同的形式同时也是劳动组织的形式，从而也是所有制的形式。在每一个时期都发生现存的生产力相结合的现象，因为需求使这种结合成为必要的"[2]。这里马克思已清楚地表明生产关系是生产主体的社会形式即"劳动组织的形式"。

在《哲学的贫困》中马克思对生产力、生产关系的表述比在《德意志意识形态》里更精确化了。马克思区分了生产对象、生产手段、生产前提、生产力等专门术语，还区分了人的生产力和物的生产力，提出"机器正像拖犁的牛一样，并不是一个经济范畴。机器只是一种生产力。以应用机器为基础的现代工厂才是社会生产关系，才是经济范畴"[3]，而且指出生产力不仅包括生产工具，而且包括生产者本身，"在一切生产工具中，最强大的一种生产力是革命阶级本身"[4]。

在《资本论》及其手稿中，马克思更是明确提出了"生产力和社会关系——这二者是社会个人的发展的不同方面"[5]。

从以上论述可知，马克思主义学说中生产力和生产关系的基本含义应该是社会微观生产主体——社会经济基本单位（资本主义社会就是企业法人为主导的生产组织）的自然关系和社会关系，是作为社会经济基本单位的微观生产主体中物的要素和人的要素，是作为社会经济基本单位的微观生产主体的物质内容和社会形式。

由于生产力和生产关系反映生产中自然关系和社会关系，马克思也在宏观生产主体——社会视角运用生产力和生产关系概念。这个意义的生产力是指社会劳动生产力，反映一定历史阶段人们征服、改造自然的能力和水平。这个意义的生产关系是指人们在直接生产过程中结成的相互关系，包括生产

---

① 《马克思恩格斯选集》第 4 卷，人民出版社 1995 年版，第 532 页。
② 《马克思恩格斯选集》第 1 卷，人民出版社 1995 年版，第 115 页。
③ 《马克思恩格斯选集》第 1 卷，人民出版社 1995 年版，第 161 页。
④ 《马克思恩格斯选集》第 1 卷，人民出版社 1995 年版，第 194 页。
⑤ 《马克思恩格斯全集》第 31 卷，人民出版社 1998 年版，第 101 页。

资料所有制关系、生产中人与人的关系和产品分配关系。

二、生产力、生产关系的特点

（一）历史唯物主义中生产力的特点

历史唯物主义中生产力概念区别于以往的学者，特别是古典经济学派的"生产力"概念，具有自身的特点。

第一，生产力是社会生产主体改造自然和影响自然的实际能力，它是一种物质力量，反映了社会生产主体——经济基本单位中人与自然的关系。

马克思说："生产力当然始终是有用的、具体的劳动的生产力，它事实上只决定有目的的生产活动在一定时间内的效率。"[①] 这里的生产力指的就是社会生产中体现出来的劳动生产率或劳动生产效率，是人们生产活动的能力。生产力作为人们征服、改造自然的能力，反映了人与物、人与自然的关系。马克思说："劳动首先是人和自然之间的过程，是人以自身的活动来中介、调整和控制人和自然之间的物质变换的过程。人自身作为一种自然力与自然物质相对立。为了在对自身生活有用的形式上占有自然物质，人就使他身上的自然力——臂和腿、头和手运动起来。……我们要考察的是专属于人的那种形式的劳动。"[②]

生产力是人们改造自然、影响自然的能力，能力具有静态性，但是在现实中，人们改造自然、影响自然的能力只能形成、实现于人的生产活动中，所以，马克思学说中的生产力是标志人们生产活动能力的范畴。无论是我们常说的生产力的三要素——具有一定生产经验和劳动技能的劳动者，以生产工具为主的生产资料，引入生产过程的劳动对象，还是科学、管理、教育、资本这些要素，如果它们没有进入生产过程都是潜在的生产力，只有这些要素进入生产过程，有机地结合应用于生产过程才会变成现实的生产力。

第二，生产力是指社会生产主体的生产活动能力。

---

① 《马克思恩格斯全集》第 44 卷，人民出版社 2001 年版，第 59 页。
② 《马克思恩格斯全集》第 44 卷，人民出版社 2001 年版，第 207—208 页。

马克思对于生产力范畴的认识是与其对社会生产主体以及关系的认识过程相一致的,《关于费尔巴哈的提纲》之前,马克思基本上沿用了古典经济学派的"生产力"概念,生产力指的是生产中自然的人作为生产主体的生产能力。《关于费尔巴哈的提纲》以后,由于建立了新的社会生产主体——人的概念,这时候的生产力已不是作为生产中自然的人、个体的人的生产能力,而是作为生产的基本单位、生产组织的生产能力。

马克思在《德意志意识形态》中已明确提出生产力不是个人的劳动活动能力,而是人们在相互交往和共同活动中产生的社会力量。马克思说:"一定的生产方式或一定的工业阶段始终是与一定的共同活动方式或一定的社会阶段联系着的,而这种共同活动方式本身就是'生产力'"①。"受分工制约的不同个人的共同活动产生了一种社会力量,即扩大了的生产力"②。

马克思认为,社会生产力不等于组成它的个人生产力的简单、机械地相加的总和,而是一种新的,无论在量上和质上都高于个人生产力的社会生产力。马克思说:"只有联合起来才行。联合总是每个人除了他的特殊劳动以外还能用来修筑道路的那部分劳动能力的相加,然而它不仅仅是相加。"③资本主义生产不是单个人的劳动,而是许多人结合的劳动,资本主义社会的生产力不是个人的力量,而是一种社会力量,是"一种社会的、结合的力量"④,是在量和质方面都高于个人生产力的社会生产力。

在《资本论》中,马克思专门论述了协作和分工使个人生产力转化为社会生产力。对于分工和协作,马克思说:"许多人在同一生产过程中,或在不同的但互相联系的生产过程中,有计划地一起协同劳动,这种劳动形式叫作协作。"⑤ 对于协作与生产力的关系,马克思明确指出:"这里的问题不仅是通过协作提高了个人生产力,而且是创造了一种生产力,这种生产力本身必然是集体力。"⑥

---

① 《马克思恩格斯选集》第 1 卷,人民出版社 1995 年版,第 80 页。
② 《马克思恩格斯选集》第 1 卷,人民出版社 1995 年版,第 85 页。
③ 《马克思恩格斯全集》第 30 卷,人民出版社 1995 年版,第 526 页。
④ 《马克思恩格斯全集》第 30 卷,人民出版社 1995 年版,第 526 页。
⑤ 《马克思恩格斯全集》第 44 卷,人民出版社 2001 年版,第 378 页。
⑥ 《马克思恩格斯全集》第 44 卷,人民出版社 2001 年版,第 378 页。

第三，生产力是一种客观的物质力量。

马克思学说中的生产力是标志人们生产活动能力的范畴，这种能力是一种既得的物质力量，是人们改造自然和影响自然并使之适应社会需要的客观物质力量。生产力构成社会发展物质动因，是不以人的意志为转移的客观物质力量。马克思认为，在人类社会发展史上，每一代人所拥有的生产力都建立在前人实践活动所达到的水平的基础上，由他们所处的社会历史条件和实践所决定，因而是人们不能自由选择的客观力量。生产力之所以是物质力量，还在于它是由客观的物质要素构成的，而且是在人与自然之间的物质变换过程中形成的物质力量。正是在这个意义上，马克思把生产力称为"物质生产力"[1]。

马克思在 1846 年 12 月 28 日致安年柯夫的信中对生产力的客观性有精辟的论述，马克思指出："人们不能自由选择自己的生产力——这是他们的全部历史的基础，因为任何生产力都是一种既得的力量，是以往的活动的产物。可见，生产力是人们应用能力的结果，但是这种能力本身决定于人们所处的条件，决定于先前已经获得的生产力，决定于在他们以前已经存在、不是由他们创立而是由前一代人创立的社会形式。后来的每一代人都得到前一代人已经取得的生产力并当作原料来为自己新的生产服务，由于这一简单的事实，就形成人们的历史中的联系，就形成人类的历史，这个历史随着人们的生产力以及人们的社会关系的越益发展而越益成为人类的历史。"[2] 生产力是人们生产活动能力，这种能力本身决定于人们所处的条件，决定于前人已经获得的生产力。生产力的基本要素是客观的、不以人的意志为转移的。作为生产力中物的要素和人的要素其发展都是在长期的生产过程中逐步实现的，是一个客观的过程。劳动者自身的生产经验、生产能力只能在生产活动中不断积累和提高。

劳动工具是由能动的人根据实践经验制造出来的，工具改进、更新是一个不断积累的客观过程。劳动对象是劳动者运用工具进行改造的自然对象，人们发现、变革这些对象是一个逐步的过程。正是生产力的这些内在要素决

---

① 《马克思恩格斯全集》第 31 卷，人民出版社 1998 年版，第 412 页。
② 《马克思恩格斯选集》第 4 卷，人民出版社 1995 年版，第 532 页。

定了生产力不能完全按照人的主观意志去控制，决定了生产力是一种客观的物质力量，决定了生产力的发展是一个连续的、渐进的自然历史过程。

第四，生产力的要素决定了生产力在质上是一种革命力量，在量上可具体地分析和测度。

具有一定生产经验和劳动技能的劳动者，以生产工具为主的生产资料，引入生产过程的劳动对象，这些生产力的基本要素决定了生产力在质和量方面的特点。

生产力中人的要素——劳动者决定了生产力发展比较活跃，经常处于不断变化之中，决定了生产力本质上是一种革命力量。人不仅是生产中的主导因素，人还是生产中能动的因素。人与动物不同，人具有能动性、创造性。在生产过程中，人们不仅付出体力，而且还利用自己创造性的智力。每一代人的生产活动不是仅仅停留在前人的基础上，它们都是在前人的基础上改进和更新劳动工具，发明新的劳动工具，发现新的劳动对象，改变自然对象的本来面貌，同时也提高了劳动者的经验和技能，使生产力的内容呈现出不断变化的状态。由于生产力是人与物的结合这一深层内涵，客观决定了生产力具有活跃、易于变化的特点。只要人类的生产活动不间断，生产力这一特点就将长期存在。

生产力中物的要素——以生产工具为主的生产资料和劳动对象都是可以进行量化分析的。生产工具都有一定的参数，如效率参数、动力参数等。劳动对象也具有一定量化指标。生产力这一概念使人们改造自然、影响自然的关系亦即生产活动被物态化、要素化，这样社会生产才可以被人们具体地分析、具体地测度，社会生产的发展、生产发展的水平才得以比较。

生产资料在整个生产力诸要素中具有特殊意义，马克思指出："各种经济时代的区别，不在于生产什么，而在于怎样生产，用什么劳动资料生产。劳动资料不仅是人类劳动力发展的测量器，而且是劳动借以进行的社会关系的指示器。"[1]其中，生产工具是生产力中具有决定意义的要素。

---

① 《马克思恩格斯全集》第44卷，人民出版社2001年版，第210页。

（二）历史唯物主义中生产关系的特点

生产关系作为马克思学说特有的概念具有自己的特点。

第一，生产关系是由生产力决定的，是客观的、不以人的意志为转移的。

生产关系的客观性是由生产力的客观性所决定的。人们不能自由地选择生产力，也不能任意地选择生产关系，任何生产关系都是一定历史发展阶段上的特殊条件的产物，都是与特定历史阶段的生产力状况相适应的。到目前为止，人类社会经历了五种生产关系，即原始公社的生产关系、奴隶制的生产关系、封建制的生产关系、资本主义的生产关系和社会主义的生产关系。历史上每一种生产关系都是适应当时生产力的状况产生的，"手推磨产生的是封建主的社会，蒸汽磨产生的是工业资本家的社会"[①]。

不仅生产关系生成的基础是客观的，不以人的意志为转移的，生产关系本身也是客观的。作为社会生产主体的社会形式——"社会组织"是客观的，具有物质性的特征和性质。社会生产主体的生产关系——生产资料所有权关系、产品分配关系以及由此决定的生产中人与人之间的关系也是客观的，不依赖于人的意识而存在的。

第二，生产关系是一种物质利益关系。

马克思把生产关系称为人们之间的"物质联系"[②]，列宁把生产关系称为"物质的社会关系"[③]。生产关系之所以是一种物质利益关系，是因为它反映人们的物质生活需要。一方面，生产关系体现物质利益。既然物质利益是由人的物质需要引起的，而客观的物质需要则创造出生产的观念上的物质需要内在动机，人们在经济交往中的全部活动，无一不是围绕着物质利益而展开的。任何生产关系包含、体现着一定的物质利益，物质利益是一切经济关系的轴心。另一方面，生产关系又制约、决定着物质利益。人的物质生活需要是物质利益的自然基础，这种需要能否得到满足，满足的程度如何，以

---

① 《马克思恩格斯选集》第 1 卷，人民出版社 1995 年版，第 142 页。
② 《马克思恩格斯选集》第 1 卷，人民出版社 1995 年版，第 81 页。
③ 《列宁选集》第 1 卷，人民出版社 1995 年版，第 8 页。

什么样的方式来满足等则取决于现实的生产关系，特别是由生产主体内部生产资料所有权关系所制约和决定。

第三，作为生产主体的社会形式，生产关系通过物的关系反映了社会生产主体——社会经济基本单位中人与人之间的关系。

生产关系作为生产主体的社会形式，是通过一种客观的物质组织形态表现出来，在资本主义社会这种组织内部的关系表面上看起来是由出资的资本——物的关系决定的。"劳动的社会性质反映成劳动产品本身的物的性质，反映成这些物的天然的社会属性，从而把生产者同总劳动的社会关系反映成存在于生产者之外的物与物之间的社会关系。"① 马克思认为，实际上这种物的关系背后反映的是人与人之间的关系。"这种物是人们互相间的物化的关系，是物化的交换价值，而交换价值无非是人们互相间生产活动的关系。"② "每个个人以物的形式占有社会权力。如果从物那里夺去这种社会权力，那么你们就必然赋予人以支配人的这种权力。"③

生产关系是在社会生产主体基础上形成的生产、分配、交换与消费的有机关系。马克思指出："人们是在一定的生产关系中制造呢绒、麻布和丝织品的"，"这些一定的社会关系同麻布、亚麻等一样，也是人们生产出来的。"④ 生产关系并不是一种存在于人的活动之外的超历史的存在，而是来源于生产过程本身。生产关系不过是人们的物质实践活动以及个体活动所借以实现的形式。

第四，作为生产主体的社会经济关系，生产关系可以量化分析。

马克思以前的学者仅仅看到了生产中物的关系，没有看到生产中人与人之间的社会关系，马克思透过物的关系看到了生产中人与人之间的关系。马克思把作为社会生产主体的生产组织中可以用价值表现的关系称为生产关系，对可以用价值表现的生产关系可以进行精确的量化分析。马克思通过对资本主义社会生产主体的量化分析，揭示了工人在生产中创造的价值超出了

① 《马克思恩格斯全集》第44卷，人民出版社2001年版，第89页。
② 《马克思恩格斯全集》第30卷，人民出版社1995年版，第110页。
③ 《马克思恩格斯全集》第30卷，人民出版社1995年版，第107页。
④ 《马克思恩格斯选集》第1卷，人民出版社1995年版，第141页。

资本家支付给工人的工资，工人创造的剩余价值被资本家无偿占有，从而揭示了资本主义社会生产关系的本质，揭示了资本家剥削的秘密。

生产力和生产关系是同一社会经济基本单位——社会微观生产主体的两个方面，二者不可分割，一方不能脱离另一方而独立存在，只有在二者的相互关系中才能理解这一对范畴。

三、生产关系范畴是理解历史唯物主义学说的关键

一百多年来，影响对真实马克思学说理解的是其生产关系范畴，作为马克思学说中奠基性概念的生产关系范畴是理解马克思学说的关键。

第一，作为社会生产主体社会形式的生产关系，也是社会组织形式或劳动组织形式。

马克思在 1846 年 12 月 28 日致安年柯夫的信中明确指出生产关系就是生产主体的社会形式，说生产关系"不过是他们的物质的和个体的活动所借以实现的必然形式罢了"[1]。

生产主体中物的要素——以生产工具为主的生产资料、劳动对象和劳动者这些生产基本要素，只有通过一定的社会生产主体的形式才能联系起来，才能由潜在的生产能力转变为现实的生产力。人们"只有以一定的方式共同活动和互相交换其活动，才能进行生产。为了进行生产，人们相互之间便发生一定的联系和关系；只有在这些社会联系和社会关系的范围内，才会有他们对自然界的影响，才会有生产"[2]。生产活动必须在生产关系中进行，生产关系作为社会生产主体的社会形式不仅把生产主体中物的要素结合起来，而且规定了生产资料、劳动对象在多大程度上被利用的条件，创造了劳动者能在多大程度上发挥作用的环境。

什么是生产主体的社会形式呢？笔者认为马克思所说的生产主体的社会形式就是生产主体的社会组织形式或劳动组织形式。在《德意志意识形态》中，"这些不同的形式同时也是劳动组织的形式，从而也是所有制的形式。

---

[1]　《马克思恩格斯选集》第 4 卷，人民出版社 1995 年版，第 532 页。
[2]　《马克思恩格斯选集》第 1 卷，人民出版社 1995 年版，第 344 页。

在每一个时期都发生现存的生产力相结合的现象，因为需求使这种结合成为必要的"①。这里马克思已清楚地表明了生产主体的社会形式是"劳动组织的形式"。在《哲学的贫困》中，马克思明确了"机器只是一种生产力。以应用机器为基础的现代工厂才是社会生产关系"②。"现代工厂才是社会生产关系"，"现代工厂"是什么？"现代工厂"不就是一种生产的社会组织，一种生产主体的劳动组织形式吗？

第二，马克思也用作为社会生产主体社会形式的生产关系指代生产主体。

马克思说，生产关系是社会生产主体的社会形式，是生产主体的劳动组织形式，"生产力和社会关系——这二者是社会的个人发展的不同方面"，可见，在马克思学说中生产关系与生产主体、人、生产组织这几个概念是有区别的。既然在马克思那里生产关系、生产主体、人、生产组织这几个概念是有区别的，为什么马克思说"现代工厂才是社会生产关系"呢？笔者认为马克思是用作为社会生产主体社会形式的生产关系指代生产主体，这就如一个人的名字是他的社会符号或社会形式，一般就会用这个名字或形式指代他，但是，作为他的社会符号或社会形式的名字与这个人或主体还是有区别的。

第三，从静态看，生产关系是指由法律规定的社会生产主体的经济关系，是与生产力不可分割的同一生产主体的两个方面，它反映生产主体内人与人之间的关系。

生产关系是与生产力不可分割的同一生产主体的两个方面。不管是货币，还是劳动力、生产资料、劳动对象，都属于一定生产主体。马克思在其分析过程中，始终把货币，包括用货币购买的劳动力、生产资料等要素看作社会生产主体的可以用价值表现的社会关系。在《德意志意识形态》中，马克思已指出，现代资本"是以货币计算的资本——用货币计算，资本体现为哪一种物品都一样"③。在《资本论》及其手稿中，马克思直接表示"资

① 《马克思恩格斯选集》第 1 卷，人民出版社 1995 年版，第 115 页。
② 《马克思恩格斯选集》第 1 卷，人民出版社 1995 年版，第 161 页。
③ 《马克思恩格斯选集》第 1 卷，人民出版社 1995 年版，第 106 页。

本显然是关系，而且只能是生产关系"，"货币关系本身就是生产关系"①，还对商品经济社会生产关系进行了概括，马克思说："在商品生产者的社会里，一般的社会生产关系是这样的：生产者把他们的产品当作商品，从而当作价值来对待，而且通过这种物的形式，把他们的私人劳动当作等同的人类劳动来互相发生关系。"②

马克思不仅把社会生产主体用价值表示的经济关系称作生产关系，而且认为这些可以用价值表现的经济关系是法律规定了的，是一种法律关系。在《〈政治经济学批判〉导言》中，马克思指出："黑格尔论法哲学，是从占有开始，把占有看作主体的最简单的法的关系，这是对的。"③ 但是，在资本主义社会，生产关系"表现为一个发达的组织的比较简单的关系"，这些组织的存在"以占有为关系的比较具体的基础总是前提"④。在1859年《〈政治经济学批判〉序言》中，马克思明确说现存的"财产关系"——"只是生产关系的法律用语"⑤。

在社会生产主体的各种经济关系中，生产资料所有权（产权）关系是核心，它决定社会生产主体内部的分配关系，以及生产中人与人之间的关系等其他社会关系。有什么样的生产资料所有制关系，就有什么样的人与人的关系，就有什么样的分配关系。可以说，生产关系本质上就是生产资料的所有制关系。马克思指出："毫不相干的个人之间的互相的和全面的依赖，构成他们的社会联系。这种社会联系表现在交换价值上，因为对于每个个人来说，只有通过交换价值，他自己的活动或产品才成为他的活动或产品；他必须生产一般产品——交换价值，或本身孤立化的，个体化的交换价值，即货币。另一方面，每个个人行使支配别人的活动或支配社会财富的权力，就在于他是交换价值的或货币的所有者。他在衣袋里装着自己的社会权力和自己同社会的联系。"⑥

① 《马克思恩格斯全集》第30卷，人民出版社1995年版，第510、167页。
② 马克思：《资本论》第1卷，人民出版社1975年版，第96页。
③ 《马克思恩格斯全集》第30卷，人民出版社1995年版，第43页。
④ 《马克思恩格斯全集》第30卷，人民出版社1995年版，第43页。
⑤ 《马克思恩格斯全集》第31卷，人民出版社1998年版，第412页。
⑥ 《马克思恩格斯全集》第30卷，人民出版社1995年版，第106页。

第四，从动态看，生产关系是依赖于一定的社会组织而生成，并通过这种社会组织加以实现的，贯穿于社会生产、分配、交换与消费过程的有机关系。

马克思在《哲学的贫困》中已提出："每一个社会中的生产关系都形成一个统一的整体"①。马克思在《〈政治经济学批判〉导言》中专门列出"生产与分配、交换、消费的一般关系"一节，详尽地论述了生产关系是在社会生产主体基础上形成的生产、分配、交换与消费的有机关系。

马克思指出：一般人们看到的，生产中社会成员占有或开发、改造自然产品供人类需要；分配决定个人分取这些产品的比例；交换给个人带来他想用分配给他的一份去换取的那些特殊产品；消费中产品变成享受的对象，个人占有的对象，这只是肤浅的表象。这种肤浅的表象使人们只看到了一种肤浅的联系：生产是一般，分配和交换是特殊，消费是个别，全体由此结合在一起。实际的状况是什么呢？马克思说："它们构成一个总体的各个环节"，"一定的生产决定一定的消费、分配、交换和这些不同要素相互间的一定关系。"②"每一个有机整体都是这样。"③马克思在此基础上分别考察了"生产与消费"、"生产和分配"、"交换和流通"之间的辩证关系。

生产、分配、交换、消费是一个总体的各个环节。一方面，"一定的生产决定一定的消费、分配、交换和这些不同要素相互间的一定关系"④；另一方面，消费、分配、交换也制约着生产，即"生产就其单方面形式来说也决定于其他要素"⑤。因此，生产、分配、交换、消费"构成一个总体的各个环节"⑥，"不同要素之间存在着相互作用。每一个有机整体都是这样。"⑦

从马克思分析问题的思维路径来看，马克思立足于社会生产主体分析生产、分配、交换与消费间的关系。马克思认为，生产的"要素分配"、"生产的消费"和"生产的交换"，决定着生活资料的分配、交换和消费。

---

① 《马克思恩格斯选集》第1卷，人民出版社1995年版，第142页。
② 《马克思恩格斯全集》第30卷，人民出版社1995年版，第40页。
③ 《马克思恩格斯全集》第30卷，人民出版社1995年版，第41页。
④ 《马克思恩格斯全集》第30卷，人民出版社1995年版，第40页。
⑤ 《马克思恩格斯全集》第30卷，人民出版社1995年版，第40页。
⑥ 《马克思恩格斯全集》第30卷，人民出版社1995年版，第40页。
⑦ 《马克思恩格斯全集》第30卷，人民出版社1995年版，第41页。

在马克思看来，生产主体的存在是生产、分配、交换和消费活动得以存在的前提，生产、分配、交换和消费活动都是通过社会生产主体实现的。生产主体是马克思分析生产、分配、交换和消费之间关系的出发点，生产主体是生产、分配、交换和消费辩证统一的基础。所以，马克思说："产品之所以是产品，不在于它是物化了的活动，而只是在于它是活动着的主体的对象"①，"生产不仅为主体生产对象，而且也为对象生产主体。"②

在马克思学说中，生产、分配、交换和消费是商品经济活动辩证运动的四个环节，又是由社会生产主体决定的社会生产关系。人们之间的财产关系、交换关系、分配关系、消费关系是依赖于一定的社会生产主体而生成，并通过这种社会生产主体加以实现。人们在生产过程中结成的生产关系涵盖着人们之间的财产、交换、分配、消费等关系，社会生产就是在社会生产主体基础上形成的生产、分配、交换与消费的有机过程。

总之，只有明白生产关系是生产主体的社会形式，即社会生产主体的组织形式或劳动组织形式，才能理解马克思学说基本范畴——生产力与生产关系。只有明白如用一个人的社会符号或社会形式——名字指代一个人，但是作为社会符号或社会形式的名字与这个人，与这一主体还是有区别的一样，才会理解马克思说的"现代工厂才是社会生产关系"，实际上现代工厂与生产关系又有区别。只有明白生产关系是与生产力不可分割的同一生产主体的两个方面，是由法律规定的社会生产主体的经济关系，才能理解生产力与生产关系的要素，理解生产关系反映生产主体内人与人之间的关系。只有明白生产关系是依赖于一定的社会组织而生成，并通过这种社会组织加以实现的，贯穿于社会生产、分配、交换与消费过程的有机关系，才能理解生产关系与经济基础范畴之间的关系，才能理解生产力与生产关系、经济基础与上层建筑矛盾运动的规律。

---

① 《马克思恩格斯全集》第30卷，人民出版社1995年版，第32页。
② 《马克思恩格斯全集》第30卷，人民出版社1995年版，第33页。

四、生产方式范畴

马克思在《德意志意识形态》中说:"生产方式不应当只从它是个人肉体存在的再生产这方面加以考察。它在更大程度上是这些个人的一定的活动方式,是他们表现自己生活的一定方式、他们的一定的生活方式。个人怎样表现自己的生活,他们自己就是怎样。因此,他们是什么样的,这同他们的生产是一致的——既和他们生产什么一致,又和他们怎样生产一致。因而,个人是什么样的,这取决于他们进行生产的物质条件。"① 马克思在《共产党宣言》中说:"每一历史时代主要的经济生产方式和交换方式以及必然由此产生的社会结构,是该时代政治的和精神的历史所赖以确立的基础,并且只有从这一基础出发,这一历史才能得到说明"②。《资本论》第一卷第一版序言:"我要在本书研究的,是资本主义生产方式以及和它相适应的生产关系和交换关系"③。从马克思的这些论述中可以看出,生产方式与生产主体有联系又有区别。二者都反映生产力与生产关系的统一。笔者认为二者区别在于:生产主体是从静态角度使用的概念,是从静态反映生产力与生产关系的统一;生产方式是从动态角度使用的概念,是从动态考察生产力与生产关系的统一。生产方式是生产主体的存在方式,是生产主体表现自己的一定方式。

马克思对生产方式一词也是从狭义和广义两个层次运用的。狭义意义上的生产方式是作为社会基本经济单位的微观生产主体生产力与生产关系相统一的在一定历史阶段的存在方式,广义意义上的生产方式是指全社会或宏观生产主体中人与自然关系、人与人之间关系相统一的存在方式。一定历史时期的生产方式反映的是人们征服、改造自然的能力和水平,以及生产中人与人之间关系或生产的社会形式的状况或水平。

---

① 《马克思恩格斯选集》第1卷,人民出版社1995年版,第67—68页。
② 《马克思恩格斯选集》第1卷,人民出版社1995年版,第257页。
③ 《马克思恩格斯全集》第44卷,人民出版社2001年版,第8页。

第三节　经济基础、上层建筑、 社会形态的含义及其特点

经济基础和上层建筑也是马克思学说中一对重要的范畴。只有把生产力、生产关系与经济基础、上层建筑结合起来考察，才能理解社会是一个有机的整体，才能较全面地把握整个社会的基本面貌和规律，才能完整理解历史唯物主义的本质。

一、经济基础、上层建筑的含义

马克思对经济基础和上层建筑概念的认识是与对社会生产主体的认识同步的。在《黑格尔法哲学批判》中，马克思在批判黑格尔的国家观的基础上，提出了"政治国家没有家庭的自然基础和市民社会的人为基础就不可能存在。它们对国家来说是必要条件"①。马克思这时所说的市民社会的内涵还是模糊的，但是，马克思已把财产关系看作市民社会内容的一部分，提出不是国家和法决定市民社会，而是市民社会决定国家和法，明确了法、国家是从属的东西，而市民社会、经济关系的领域是决定性的因素。马克思对于市民社会与国家和法的关系的认识，成为其创立经济基础与上层建筑范畴的起点。

在《1844 年经济学哲学手稿》中，马克思深入到社会生产领域，通过对经济关系和社会生产活动的研究，进一步深化了对经济基础与上层建筑范畴的认识。马克思指出："宗教、家庭、国家、法、道德、科学、艺术等等，都不过是生产的一些特殊的方式，并且受生产的普遍规律的支配。"②在《〈黑格尔法哲学批判〉导言》、《论犹太人问题》这两篇文章中，马克思指出，宗教异化的根源是政治国家同市民社会的分离，并确定了市民社会是

---

① 《马克思恩格斯全集》第 3 卷，人民出版社 2002 年版，第 2 页。
② 《马克思恩格斯全集》第 3 卷，人民出版社 2002 年版，第 298 页。

"经济关系体系"的含义。对应于黑格尔把国家描绘成"大厦之顶",马克思把市民社会理解为是国家的"大厦基础"。这期间,马克思已经形成了市民社会是社会的经济关系体系,而社会的经济关系体系是政治国家的大厦基础的思想。在《神圣家族》中,马克思恩格斯进一步阐述了工业、人对自然的实践关系,即生产是历史的基础,是历史发源地的思想。

经济基础和上层建筑概念的最终形成有赖于作为马克思学说出发点的社会主体——人的概念的形成,或者说有赖于社会微观生产主体的社会形式——生产关系概念的最终形成。在《德意志意识形态》中,马克思关于社会微观生产主体的社会形式——生产关系概念已经基本形成,同时,马克思的经济基础和上层建筑的概念也基本定型。在这里,马克思第一次明确提出了"基础"与"上层建筑"这对范畴,揭示了这对范畴的内涵,阐述了它们之间的辩证关系,特别是比较完整深刻地揭示了经济基础决定上层建筑的科学原理。马克思指出:"这种历史观就在于:从直接生活的物质生产出发阐述现实的生产过程,把同这种生产方式相联系的、它所产生的交往形式即各个不同阶段上的市民社会理解为整个历史的基础"①。马克思不仅明确了"基础"就是同生产方式相联系的交往形式——即各个不同阶段上的市民社会,而且具体说明了社会生产组织构成政治和观念上层建筑的基础。马克思说:"市民社会这一名称始终标志着直接从生产和交往中发展起来的社会组织,这种社会组织在一切时代都构成国家的基础以及任何其他的观念的上层建筑的基础。"②马克思在《德意志意识形态》中还用交往形式表示生产关系,马克思在这里已经指出这种社会形式是一种社会组织。在《雇佣劳动与资本》中,马克思提出生产关系的总和构成社会:"生产关系总和起来就构成所谓社会关系,构成所谓社会,并且是构成一个处于一定历史发展阶段上的社会,具有独特的特征的社会。"③在1859年《〈政治经济学批判〉序言》中,马克思对经济基础和上层建筑作了经典的表述,这就是:"人们在自己生活的社会生产中发生一定的、必然的、不以他们的意志为转移的关系,即

①《马克思恩格斯选集》第1卷,人民出版社1995年版,第92页。
②《马克思恩格斯选集》第1卷,人民出版社1995年版,第130—131页。
③《马克思恩格斯选集》第1卷,人民出版社1995年版,第345页。

同他们的物质生产力的一定发展阶段相适合的生产关系。这些生产关系的总和构成社会的经济结构，即有法律的和政治的上层建筑竖立其上并有一定的社会意识形式与之相适应的现实基础。"①

从马克思在自己著作的一系列论述可知，经济基础即指同生产力的一定发展阶段相适应的社会微观生产主体——社会经济基本单位的总和，上层建筑就是建立在一定的经济基础之上的社会思想上层建筑与政治上层建筑（思想、观点，以及相应的制度、设施和组织）。如果把一个国家看作宏观生产主体的话，经济基础和上层建筑就是社会宏观生产主体的物质内容和社会形式。

二、经济基础、上层建筑的特点

（一）经济基础的特点

第一，经济基础是一种客观物质关系，其反映的是社会不同阶层、不同阶级之间的物质利益关系。

生产关系是由生产力决定的客观的、不以人的意志为转移的物质利益关系，作为建立在生产力基础上的一定历史阶段的生产关系总和的经济基础，同样是客观的，不以人的意志为转移的客观物质关系。作为一个具体的社会生产主体的生产关系反映的是某一个社会生产主体内部的物质利益关系，作为全社会的生产关系的总和，经济基础反映的是这个社会不同阶层、不同阶级之间的物质利益关系。

第二，经济基础是社会经济运行的基础，是社会生产、分配、交换与消费的基础。

生产关系是在社会生产主体基础上形成的生产、分配、交换与消费的有机关系，作为生产关系总和的经济基础是整个社会生产主体的总和。某一个社会生产主体的总和构成了这一社会存在和发展的基础，是社会经济运行的

---

① 《马克思恩格斯全集》第31卷，人民出版社1998年版，第412页。

基础，也是社会生产、分配、交换与消费能够正常进行的基础，"是全部历史的真正发源地和舞台"。

第三，经济基础是指同生产力的一定发展阶段相适应的一定历史阶段的生产关系的总和，其中占统治地位的生产关系决定经济基础和社会形态的性质。

现实中，由于社会生产主体的物质基础——生产力并不是整齐划一的，这就决定了社会生产主体的社会形式——生产关系不是单纯的、单一的。作为社会生产主体的社会形式，生产关系表现为生产主体的组织形式，一种生产关系往往可以在三种社会形态中分别以萌芽状态、统治状态和残余状态而存在，所以现实社会中，往往不是只有单一的一种生产关系，而是多种生产关系可能同时并存。在这种情况下，一定社会的经济基础是指该社会各种生产关系的总和，而不是仅仅指其中的某一种生产关系。在现实社会中，各种生产关系相互制约、相互影响，形成统一的整体，构成了社会的经济基础。但是，在经济基础中，各种生产关系并不占有同样的地位，起着同样的作用，其中必有一种生产关系占据统治地位，起着主导作用。正是这种占据统治地位的生产关系决定了经济基础以及整个社会形态的性质。正如马克思在《〈政治经济学批判〉导言》中所说："在一切社会形式中都有一种一定的生产决定其他一切生产的地位和影响，因而它的关系也决定其他一切关系的地位和影响。这是一种普照的光，它掩盖了一切其他色彩，改变着它们的特点。这是一种特殊的以太，它决定着它里面显露出来的一切存在的比重。"① 历史上任何一种社会形态中都不是只有一种单纯的生产关系，它既包含旧的生产关系的残余，也包含未来新的生产关系的萌芽。一个社会中占主导地位的生产关系决定其他一切生产的地位和影响，也决定其他一切生产关系的地位和影响，马克思把这种生产关系称为"一种普照的光"、"一种特殊的以太"。

（二）上层建筑的特点

第一，上层建筑反映特定的利益关系，具有一定的阶级性，作为政治上层建筑更是具有一定的强制性。

---

① 《马克思恩格斯全集》第 30 卷，人民出版社 1995 年版，第 48 页。

马克思说："统治阶级的思想在每一时代都是占统治地位的思想。这就是说，一个阶级是社会上占统治地位的物质力量，同时也是社会上占统治地位的精神力量。支配着物质生产资料的阶级，同时也支配着精神生产资料，因此，那些没有精神生产资料的人的思想，一般地是隶属于这个阶级的。占统治地位的思想不过是占统治地位的物质关系在观念上的表现，不过是以思想的形式表现出来的占统治地位的物质关系；因而，这就是那些使某一个阶级成为统治阶级的关系在观念上的表现，因而这也就是这个阶级的统治的思想。"①特定的经济基础能够存在、巩固和发展，不仅需要强制性的政治法律制度和设施来规范人们的行动，把人们的行为限定在一定的秩序之内，而且还要有意识形态来论证经济制度和政治、法律等制度的合理性，使人们"自愿"地遵守制度，维护秩序，对人们的思想意识施加影响。

第二，上层建筑本质上是意识关系。

在《德意志意识形态》中，马克思把社会多种因素归纳为"生产力、社会状况和意识"②。在马克思看来，生产力、生产关系或经济基础是在生产工具、分工等发展过程中自然形成的，相对于经济基础，上层建筑是一种意识关系。不仅思想上层建筑采取意识的形式，即使政治、法律制度及其设施这些政治上层建筑也是人们根据经济基础的要求，"通过人们的意识而形成的"③。法国大革命时期建立了典型的资产阶级国家，这种资产阶级国家可以在孟德斯鸠、卢梭和伏尔泰等人那里找到其思想模型。社会主义的国家制度也是在马克思主义关于无产阶级专政的思想指导下，在无产阶级政党领导下自觉建立起来的。所以马克思说："在不同的占有形式上，在社会生成条件上，耸立着由各种不同的、表现独特的情感、幻想、思想方式和人生观构成的整个上层建筑。"④

第三，国家政权是上层建筑的核心。

政治是经济的集中表现，政治最直接反映了经济基础。政治观点和政治

---

① 《马克思恩格斯选集》第1卷，人民出版社1995年版，第98页。
② 《马克思恩格斯选集》第1卷，人民出版社1995年版，第83页。
③ 《列宁选集》第1卷，人民出版社1995年版，第8页。
④ 《马克思恩格斯选集》第1卷，人民出版社1995年版，第611页。

制度是上层建筑中最重要的部分，特别是国家政权，更是整个上层建筑体系中的核心力量。马克思指出："国家是统治阶级的各个人借以实现其共同利益的形式，是该时代的整个市民社会获得集中表现的形式"①。

三、社会形态范畴

社会形态也是马克思主义所特有的范畴。马克思研究社会现象，把错综复杂的社会关系区分为两类：一类是物质的社会关系，即生产关系，构成社会的经济基础；一类是思想的社会关系和通过思想而建立的关系即政治关系，构成社会的上层建筑。一定的经济基础和上层建筑的统一，构成社会在一定历史阶段的具体存在形式即社会形态。

社会形态作为揭示社会生活整体性特征，研究社会发展阶段、社会类型即社会结构的社会历史范畴，通常有两种划分方法：一种以生产关系的性质为标准划分社会形态，即经济社会形态；一是以生产力和技术发展水平以及与之相适应的产业结构为标准划分，即技术社会形态。在经济社会形态范围内，有两种基本的划分方法：一是五种形态的社会划分法，一种是三种形态的社会划分法。五种形态包括：原始社会、奴隶社会、封建社会、资本主义社会、社会主义和共产主义社会；三种形态则包括人的依赖关系、以物的依赖性为基础的人的独立性、建立在个人全面发展基础上的自由个性。技术社会形态的划分，则是以生产力和技术发展的水平以及与此相适应的产业结构为标准来划分的。从生产工具方面来看，人类经历了石器时代、铜器时代、铁器时代、蒸汽时代、电气时代、电子时代。从另一个角度来考察这几个时代，则呈现出一个技术社会形态的序列：渔猎社会——农业社会——工业社会——信息社会。

马克思学说中的社会形态指经济社会形态。如马克思在1859年《〈政治经济学批判〉序言》中说："大体说来，亚细亚的、古代的、封建的和现代资产阶级的生产方式可以看做是经济的社会形态演进的几个时代。"②

---

① 《马克思恩格斯选集》第1卷，人民出版社1995年版，132页。
② 《马克思恩格斯全集》第31卷，人民出版社1998年版，第413页。

　　马克思学说中的社会形态也是以民族国家为单位的社会宏观主体一定历史阶段的存在形式。社会形态是活生生的有机体，经济基础是一定社会形态的"骨骼"，上层建筑是一定社会形态的"血肉"。建立在一定生产力水平之上的经济基础，是划分社会形态的客观依据。

第五章 历史唯物主义揭示的
人类社会本质及规律

历史唯物主义是揭示人类社会发展规律的科学。什么是规律呢？"规律就是关系。……本质的关系或本质之间的关系。"① 规律所体现的关系是在事物运动过程中体现出来的，而运动"过程必须有一个承担者、主体"②。因此，规律也可以说就是事物主体本质的关系或本质之间的关系。科学就是揭示各类主体内在本质关系（矛盾）作用运动的规律。如经典物理学揭示的是作用力与反作用力关系（矛盾）作用构成的宏观物体运动规律，化学揭示的是由于内在的化合与分解这对本质关系（矛盾）作用构成的分子运动规律，生物学揭示的是由于同化异化、遗传变异这些本质关系（矛盾）作用构成的生物体运动规律……

马克思 1859 年在《〈政治经济学批判〉序言》中对历史唯物主义作了经典的表述："人们在自己生活的社会生产中发生一定的、必然的、不以他们的意志为转移的关系，即同他们的物质生产力的一定发展阶段相适合的生产关系。这些生产关系的总和构成社会的经济结构，即有法律的和政治的上层建筑竖立其上并有一定的社会意识形式与之相适应的现实基础。物质生活的生产方式制约着整个社会生活、政治生活和精神生活的过程。不是人们的意识决定人们的存在，相反，是人们的社会存在决定人们的意识。社会的物质生产力发展到一定阶段，便同它们一直在其中运动的现存生产关系或财产关系（这只是生产关系的法律用语）发生矛盾。于是这些关系便由生产力的发展形式变成生产力的桎梏。那时社会革命的时代就到来了。随着经济基

---

① 《列宁全集》第 55 卷，人民出版社 1990 年版，第 128 页。
② 《马克思恩格斯全集》第 3 卷，人民出版社 2002 年版，第 332 页。

础的变更，全部庞大的上层建筑也或慢或快地发生变革。"①这一段话清楚地表明，历史唯物主义作为揭示人类社会本质及其规律的科学，是通过分析社会生产主体内在的、本质的关系（矛盾）——生产力与生产关系、经济基础与上层建筑的关系（矛盾），从而揭示人类社会本质及其规律。

第一节　社会历史的真实基础、结构和动力

一、微观生产主体——社会经济基本单位及其活动是社会的基础

马克思在《德意志意识形态》中说："一切人类生存的第一个前提，也就是一切历史的第一个前提，这个前提是：人们为了能够'创造历史'，必须能够生活。但是为了生活，首先就需要吃喝住穿以及其他一些东西。因此第一个历史活动就是生产满足这些需要的资料，即生产物质生活本身，而且这是这样的历史活动，一切历史的一种基本条件，人们单是为了能够生活就必须每日每时去完成它，现在和几千年前都是这样。"② 马克思在 1868 年 7 月 1 日致库格曼的信中又说："任何一个民族，如果停止劳动，不用说一年，就是几个星期，也要灭亡，这是每一个小孩都知道的。"③马克思在 1859 年《〈政治经济学批判〉序言》这样表述："物质生活的生产方式制约着整个社会生活、政治生活和精神生活的过程。不是人们的意识决定人们的存在，相反，是人们的社会存在决定人们的意识。"④恩格斯在马克思墓前的讲话中称马克思这种关于社会物质生产在社会生活中起决定作用的思想是其第一个伟大的发现，"正像达尔文发现有机界的发展规律一样，马克思发现了人类历史的发展规律，即历来为繁芜丛杂的意识形态所掩盖着的一个简单事实：人

---

① 《马克思恩格斯全集》第 31 卷，人民出版社 1998 年版，第 412—413 页。
② 《马克思恩格斯选集》第 1 卷，人民出版社 1995 年版，第 78—79 页。
③ 《马克思恩格斯选集》第 4 卷，人民出版社 1995 年版，第 580 页。
④ 《马克思恩格斯全集》第 31 卷，人民出版社 1998 年版，第 412 页。

们首先必须吃、喝、住、穿，然后才能从事政治、科学、艺术、宗教等等；所以，直接的物质的生活资料的生产，从而一个民族或一个时代的一定的经济发展阶段，便构成基础，人们的国家设施、法的观点、艺术以至宗教观念，就是从这个基础上发展起来的，因而，也必须由这个基础来解释，而不是像过去那样做得相反"①。正是马克思的这一伟大发现，使"历史破天荒第一次被置于它的真正基础上"②。

这些论述固然说明马克思发现了社会物质资料生产在社会生活中的决定作用，但是，如果仅仅把物质生产是社会存在的基础这一事实作为马克思的第一个伟大发现，认识到此远远不够。笔者认为，在这一问题上起码有几点以前理论界重视不够。第一，马克思在阐述社会物质资料生产在社会生活中的决定作用的同时，强调应当"始终必须把'人类的历史'同工业和交换的历史联系起来研究和探讨"。工业和交换的历史，不仅是工业和交换活动的历史，更是工业和交换主体的历史。"过程必须有一个承担者、主体"③，活动是主体的活动，没有主体就没有活动。第二，马克思认为"物质生活的生产方式制约着整个社会生活"，"物质生活的生产方式"是生产力与生产关系的统一，在一定意义上就是指社会生产主体的形式及其活动方式，马克思揭示的是生产主体与社会生活其他领域的关系。第三，马克思晚年在《古代社会史笔记》中明确指出，家庭不是"希腊罗马的体制中""社会赖以建立的单位。家庭，即使是专偶制家庭，不可能成为氏族社会的自然基础，就象现在在公民社会中它不可能是政治体制的单位一样。国家由州组成，它只认州为单位，州认区为单位，但是区并不以家庭为单位；同样，民族认部落为单位，部落认胞族为单位，胞族认氏族为单位，但氏族并不以家庭为单位。"④"在氏族社会的组织中，氏族是基本组织，它既是社会体制的基础，也是社会体制的单位"⑤。古代氏族这种社会基本组织是古代氏族社会经济体制的单位，也是其社会的基础。

---

① 《马克思恩格斯选集》第3卷，人民出版社1995年版，第776页。
② 《马克思恩格斯选集》第3卷，人民出版社1995年版，第335页。
③ 《马克思恩格斯全集》第3卷，人民出版社2002年版，第332页。
④ 《马克思古代社会史笔记》，人民出版社1996年版，第294页。
⑤ 《马克思古代社会史笔记》，人民出版社1996年版，第294—295页。

恩格斯在《共产党宣言》1888 年英文版序言中明确指出："构成《宣言》核心的基本思想是属于马克思的。这个思想就是：每一历史时代主要的经济生产方式和交换方式以及必然由此产生的社会结构，是该时代政治的和精神的历史所赖以确立的基础，并且只有从这一基础出发，这一历史才能得到说明"①。发现社会物质资料生产主体及其活动是人类社会的前提和基础，在此前提和基础上，揭示了人类社会的结构和规律，这是马克思对人类社会历史的重大贡献。

二、微观、宏观生产主体与社会有机结构

马克思在广义和狭义双重意义上使用生产这一概念，相应地，马克思在微观和宏观双重意义上使用社会生产主体这一概念。与狭义生产对应的是微观生产主体——社会经济基本单位，生产力和生产关系是其物质内容和社会形式；与广义生产对应的是宏观的主体——整个社会。微观生产主体的总和构成宏观主体的物质内容即经济基础，在经济基础之上又"竖立"着"法律的和政治的上层建筑"及"社会意识形式"。马克思把社会分为微观和宏观两层生产主体，把人类社会生活分为经济、政治和思想三个层面，这三个层面的具体内容就是经济基础、政治上层建筑和思想上层建筑。这两层生产主体，三个层面社会领域，构成人类社会的有机结构。

列宁在一定程度上看到了马克思对社会结构的划分与社会生产主体的关系。列宁认为，马克思所用的方法就是，"从社会生活的各种领域中划分出经济领域，从一切社会关系中划分出生产关系，即决定其余一切关系的基本的原始的关系"②。列宁说："马克思自己曾这样描写过他对这个问题的推论过程"③，即马克思在 1859 年《〈政治经济学批判〉序言》中的经典论述："人们在自己生活的社会生产中发生一定的、必然的、不以他们的意志为转移的关系，即同他们的物质生产力的一定发展阶段相适合的生产关系。这些

①《马克思恩格斯选集》第 1 卷，人民出版社 1995 年版，第 257 页。
②《列宁选集》第 1 卷，人民出版社 1995 年版，第 6 页。
③《列宁选集》第 1 卷，人民出版社 1995 年版，第 6 页。

生产关系的总和构成社会的经济结构，即有法律的和政治的上层建筑竖立其上并有一定的社会意识形式与之相适应的现实基础。"①

马克思的分析方法是：在微观生产主体范围内，社会关系是多方面的，有政治的关系、经济的关系、物质的关系、思想的关系、阶级的关系、民族的关系、家庭的关系、法律的关系、道德的关系等，马克思"从一切社会关系中划分出"人们在自己生活的社会生产中发生一定的、必然的、不以他们的意志为转移的关系，即与物质生产力的一定发展阶段相适合的生产关系。在宏观生产主体范围内，社会生活包括许多领域，如经济领域、政治领域、精神领域等，马克思"从社会生活的各种领域中划分出经济领域来"，以区分"法律的和政治的上层建筑"领域。通过这两个划分，马克思划分出了两层生产主体，划分出了社会的经济领域和"法律的和政治的上层建筑"领域。

"两个划分"中，"从一切社会关系中划分出生产关系来"更为重要。因为，微观生产主体是宏观生产主体的基础。虽然宏观生产主体内存在社会生活的各种领域，存在着各种社会关系，但是，只有从微观生产主体内的一切社会关系中划分出生产关系，并通过对经济领域中最基本关系——生产关系的认识，才能从社会生活的各种领域中划分出经济领域来；另一方面，由于微观生产主体内各种不同的社会关系，才形成了宏观生产主体内社会生活的各种不同领域，只有从微观生产主体一切社会关系中划分出生产关系来，并把它当作决定其余一切关系的基本的原始的关系，才能认识宏观生产主体内社会生活中各种领域之间的关系。

关于社会的有机结构问题，列宁在论及马克思的《资本论》的理论逻辑时指出，生产关系只是《资本论》的"骨骼"。"《资本论》的骨骼就是如此。可是全部问题在于马克思并不以这个骨骼为满足，并不仅以通常意义的'经济理论'为限；虽然他完全用生产关系来说明该社会经济形态的构成和发展，但又随时随地探究与这种生产关系相适应的上层建筑，使骨骼有血有肉。"② 马克思把社会生活概括为经济、政治、思想几个方面，把社会

---

① 《马克思恩格斯全集》第31卷，人民出版社1998年版，第412页。
② 《列宁选集》第1卷，人民出版社1995年版，第9页。

看作由生产力决定的生产关系或经济基础、上层建筑（政治、思想）三个层次构成的有机结构，不仅使社会关系清晰、明了，而且全面，使社会结构完整，"有血有肉"。

在社会的有机结构中，由于生产力是一种客观的、"不能自由选择"的"既得的力量"，作为适应生产力而建立起来的生产主体的社会形式生产关系也是客观的，人们不能自由地选择生产力，也不能任意地选择生产关系；经济基础是指同生产力的一定发展阶段相适应的生产关系的总和，上层建筑是建立在生产关系总和——经济基础之上的意识关系。生产力、生产关系或经济基础是自然形成的，上层建筑是在人们的意识指导下形成的，是"通过人们的意识而形成的"①，所以上层建筑是一种思想关系。马克思把法庭、监狱、警察、军队等看作是不能脱离相应的政治、法律等意识形态而独立存在的，正是在此意义上，恩格斯把国家称为"第一个支配人的意识形态力量"②。生产力和生产关系这样一种"物质的、可以用自然科学的精确性指明的"关系，是社会中最本质的关系，是社会中起决定作用的关系。法律的、政治的、宗教的、艺术的或哲学的这些上层建筑的关系是意识关系，这些"意识必须从物质生活的矛盾中，从社会生产力和生产关系之间的现存冲突中去解释"。列宁高度评价马克思把社会看作在一定生产力基础上建立的，由（生产关系的总和构成的）经济基础、政治上层建筑和思想上层建筑这三个层次构成的有机结构的思想。列宁指出："没有这种观点，也就不会有社会科学"③。列宁认为正是因为"两个划分"，特别是划分出生产关系这一概念，马克思才第一次把社会历史学说提到科学的水平。列宁指出，马克思以前的社会学家"在错综复杂的社会现象中总是难于分清重要现象和不重要现象"，"找不到这种划分的客观标准"④；在马克思以前，人们"还局限于思想的社会关系（即通过人们的意识而形成的社会关系）"，"不能发现各国社会现象中的重复性和常规性，他们的科学至多不过是记载这些现象，收集

---

① 《列宁选集》第1卷，人民出版社1995年版，第8页。
② 《马克思恩格斯选集》第4卷，人民出版社1995年版，第253页。
③ 《列宁选集》第1卷，人民出版社1995年版，第9页。
④ 《列宁选集》第1卷，人民出版社1995年版，第8页。

素材"①。通过"两个划分"，马克思为分析历史提供了一个完全客观的标准，"把生产关系划为社会结构，并使人有可能把主观主义者认为不能应用到社会学上来的重复性这个一般科学标准，应用到这些关系上来"②；通过"两个划分"，马克思把社会看成是受生产力制约、以生产关系为基础的有机体，在社会这个有机体中，众多领域不再是平行或并列的关系，而是有主次之分、决定和被决定之别，使得看似错综复杂的社会历史领域关系明晰，主次清楚；通过"两个划分"，马克思指明了人们之间的物质利益关系即生产关系，在一切社会关系中居于主导的、决定的、支配的地位，一定历史阶段生产关系的总和构成社会的经济结构——经济基础，经济基础决定社会的政治和思想上层建筑，决定社会形态的性质，使得人们可以清晰地区分不同社会形态的性质及其特点；通过"两个划分"，当马克思分析不通过人们的意识而形成的社会物质关系时，"立刻就有可能看出重复性和常规性，把各国制度概括为社会形态这个基本概念。只有这种概括才使人有可能从记载（和从理想的观点来评价）社会现象进而以严格的科学态度去分析社会现象，譬如说，划分出一个资本主义国家和另一个资本主义国家的不同之处，研究一切资本主义国家的共同之处。"③ 马克思正是根据社会主体及其关系划分社会形态，并通过不同社会形态的比较、分析，发现了人类社会历史发展的重复性和规律性。

明确社会主体及其社会关系，马克思才明确了存在于经济、政治、思想等生活领域的各种社会关系中的本质联系，才透过变幻纷纭的社会历史现象，抓住其中根本的、决定的、主要的，即实质性的东西，才揭示了社会历史的真实关系，揭示了社会有机结构及其内在的关系，揭示了生产关系在社会中的决定作用。

---

① 《列宁选集》第 1 卷，人民出版社 1995 年版，第 8 页。
② 《列宁选集》第 1 卷，人民出版社 1995 年版，第 8 页。
③ 《列宁选集》第 1 卷，人民出版社 1995 年版，第 8 页。

三、社会生产主体的内在矛盾是社会历史发展的基本动力

马克思虽然没有明确提出社会基本矛盾的概念，但生产力与生产关系、经济基础与上层建筑作为社会基本矛盾，是推动社会发展的基本动力的思想是十分清楚的。

在社会基本矛盾中，生产力是一种起决定性作用的因素，生产力是社会基本矛盾的引发者，是推动社会发展内在的动因。社会基本矛盾的运动总是首先从社会微观生产主体的物质内容生产力的运动开始，生产力的发展和变化引起社会微观生产主体的社会形式生产关系的变化，生产关系的总和经济基础的变化引起上层建筑的变革，由此导致整个社会形态的变革，进而推动社会的进步。

社会基本矛盾的运动自社会微观生产主体的物质内容生产力的运动开始，生产力与生产关系的矛盾决定经济基础与上层建筑的矛盾，生产力与生产关系矛盾的解决又依赖于经济基础与上层建筑矛盾的解决。生产力与生产关系的矛盾是社会历史形态由低级向高级更替的内在动力，是社会前进的根本动力。在一种社会形态中，当生产关系还能够容纳自己社会形态的生产力的时候，这个社会历史形态就能够保持某种相对稳定性；当生产力发展到一定的阶段和水平，这个社会的生产关系不能够容纳自己社会形态的生产力的时候，即当生产关系已经不适应生产力发展的时候，社会形态就要发生更替。

马克思在自己的著作中，用历史的逻辑和铁的事实论证了社会生产主体的内在矛盾是社会历史发展的基本动力的思想。马克思在《共产党宣言》中论述资本主义社会形态替代封建社会形态时指出，"在这些生产资料和交换手段发展的一定阶段上，封建社会的生产和交换在其中进行的关系，封建的农业和工场手工业组织，一句话，封建的所有制关系，就不再适应已经发展的生产力了。这种关系已经在阻碍生产而不是促进生产了。它变成了束缚生产的桎梏。它必须被炸毁，它已经被炸毁了"。"起而代之的是自由竞争以及与自由竞争相适应的社会制度和政治制度、资产阶级的经济统治和政治

统治"①。遵循着同样的逻辑，资本主义制度一定会被社会主义制度所代替。马克思说："现在，我们眼前又进行着类似的运动。资产阶级的生产关系和交换关系，资产阶级的所有制关系，这个曾经仿佛用法术创造了如此庞大的生产资料和交换手段的现代资产阶级社会，现在像一个魔法师一样不能再支配自己用法术唤出来的魔鬼了。几十年来的工业和商业的历史，只不过是现代生产力反抗现代生产关系、反抗作为资产阶级及其统治的存在条件的所有制关系的历史。""社会所拥有的生产力已经不能再促进资产阶级文明和资产阶级所有制关系的发展；相反，生产力已经强大到这种关系所不能适应的地步，它已经受到这种关系的阻碍；而它一着手克服这种障碍，就使整个资产阶级社会陷入混乱，就使资产阶级所有制的存在受到威胁。资产阶级的关系已经太狭窄了，再容纳不了它本身所造成的财富了。"② 马克思撰写《资本论》的任务是为了对自己创立的社会历史规律的论证和在剖析资本主义社会时的实际运用。在《资本论》中，马克思始终围绕资本主义社会物质资料生产及相关活动的主体——以企业法人为主导的社会经济基本单位或社会基本生产组织的内在矛盾——生产力和生产关系的矛盾，说明正是资本主义社会生产力和生产关系这对基本矛盾是资本主义社会发展的动力，二者的矛盾运动构成了资本主义社会"产生、生存、发展和死亡以及这一机体为另一更高的机体所代替的特殊规律（历史规律）"③。

第二节　社会生产主体内在矛盾与历史辩证运动规律

作为社会生产主体物质内容和社会形式的生产力和生产关系、经济基础与上层建筑，是社会微宏观生产主体本质的关系，也是人类社会本质的关系，这些本质关系的矛盾运动是推动社会运动的动力，反映了社会规律运动的特点。只有从社会生产主体及其内在矛盾出发来理解马克思揭示的社会历

---

① 《马克思恩格斯选集》第 1 卷，人民出版社 1995 年版，第 277 页。
② 《马克思恩格斯选集》第 1 卷，人民出版社 1995 年版，第 277—278 页。
③ 《列宁选集》第 1 卷，人民出版社 1995 年版，第 34 页。

史规律，才能对其认识具体、全面、明晰。

一、社会生产主体内在矛盾与社会历史辩证运动特点

马克思在 1859 年《〈政治经济学批判〉序言》中对自己学说的精辟概述，揭示了社会生产主体的内在矛盾与社会历史辩证运动的特点。

生产力和生产关系是社会生产主体的两个相互区别，又相互联系、相互依存的不同方面。从这两个方面的矛盾关系来看，生产力反映了生产主体与自然的关系，它包括以劳动者、生产工具为主的生产资料和劳动对象，生产关系反映了生产主体的社会关系，它包括生产资料所有制形式、人们在生产中的地位和分配方式。反映社会生产主体与自然关系的生产力是社会生产主体的物质基础和内容，反映社会生产主体社会关系的生产关系是社会生产主体的社会形式。作为社会微观生产主体物质基础和内容的生产力和作为微观生产主体社会形式的生产关系构成了社会的基本矛盾。马克思对社会历史规律的分析是基于对社会微宏观生产主体内在的、基本的矛盾的分析。

（一）社会基本矛盾内容决定形式，形式反作用于内容

从生产力和生产关系的矛盾关系来看，内容决定形式。生产力是一种客观的、既得的、不可自由选择的物质力量，是社会运动发展最终的原因。作为社会微观生产主体物质基础和内容的生产力决定作为其社会形式的生产关系。生产力决定生产关系的性质和状况，决定生产关系的发展和变革。生产关系必须与"物质生产力的一定发展阶段相适合"，有什么样的生产力就有什么样的生产关系，"手推磨产生的是封建主的社会，蒸汽磨产生的是工业资本家的社会"[1]。生产力的变革必然带来生产关系或经济关系的变革，"随着新的生产力的获得，人们便改变自己的生产方式，而随着生产方式的改变，他们便改变所有不过是这一特定生产方式的必然关系的经济关系。"[2]马克思晚年在对美国学者摩尔根的《古代社会》一书所作的笔记中，在客观

---

[1] 《马克思恩格斯选集》第 1 卷，人民出版社 1995 年版，第 142 页。
[2] 《马克思恩格斯选集》第 4 卷，人民出版社 1995 年版，第 533 页。

评价摩尔根发现原始社会的社会结构，证明氏族是原始社会的基本单位的基础上，阐明了由于生产技术的发展带来了家庭形式的变化和财产的增加，从而才有私有制和国家的产生，说明了生产力决定生产关系，生产力的发展决定社会微观生产主体——社会经济基本单位或基本组织的形式，而社会经济基本单位或基本组织的形式决定社会的上层建筑。马克思指出：对财产的最早观念，"是和获得生活资料这种基本需要紧密相联的。财产的对象，在每一个'顺序相承的文化时期'自然都随着生活资料所依赖的生存技术的增进而增加起来；因此，财产的增长是与发明和发现的进展齐头并进的。由此可见，每一个文化时期都比前一时期有着显著的进步，这不仅表现在发明的数量上，而且也表现在由这些发明造成的财产的种类和总额上。财产形式增加，关于占有和继承的这些法规也必然随之发展。关于占有和继承财产的这些法规所依据的习俗，是由社会组织的发展状况和水平决定的"①。

在生产力和生产关系的矛盾关系中，不仅内容决定形式，形式也反作用于内容。生产力决定生产关系，生产关系对生产力不是完全被动、消极的，生产关系对生产力的发展有反作用。生产关系可以是"生产力的发展形式"，也可以"变成生产力的桎梏"。在社会微观生产主体内部，作为物质内容的生产力是活跃的、革命的因素，运动变化总是从它开始的，社会生产主体的社会形式生产关系一经建立则相对保守。一般而言，一种生产关系在其建立之时，是适应生产力需要的，因此"它能维护和推动生产力的发展"，当社会物质生产力发展到一定阶段，便同它们一直在其中运动的现存生产关系或财产关系发生矛盾。在《德意志意识形态》中马克思说："在整个历史发展过程中构成一个有联系的交往形式的序列，交往形式的联系就在于：已成为桎梏的旧交往形式被适应于比较发达的生产力，因而也适应于进步的个人自主活动方式的新交往形式所代替；新的交往形式又会成为桎梏，然后又为别的交往形式所代替。"② 对这些"条件"，马克思在此处加了边注"交往形式本身的生产"③。可见，马克思在这里所说的"条件"是生产关系

① 《马克思古代社会史笔记》，人民出版社1996年版，第172—173页。
② 《马克思恩格斯选集》第1卷，人民出版社1995年版，第124页。
③ 《马克思恩格斯选集》第1卷，人民出版社1995年版，第123页。

本身，是经济条件本身。马克思认为这些条件在历史发展的每一阶段都是与同一时期的生产力的发展相适应的，所以它们的历史同时也是发展着的、由每一个新的一代承受下来的生产力的历史，从而也是个人本身力量发展的历史。

同样，经济基础与上层建筑的关系也是经济基础决定上层建筑，上层建筑对经济基础不是完全被动、消极的，上层建筑对经济基础有反作用。马克思在 1859 年《〈政治经济学批判〉序言》中指出："社会的物质生产力发展到一定阶段，便同它们一直在其中运动的现存生产关系或财产关系（这只是生产关系的法律用语）发生矛盾。于是这些关系便由生产力的发展形式变成生产力的桎梏。那时社会革命的时代就到来了。随着经济基础的变更，全部庞大的上层建筑也或慢或快地发生变革。"[①] 马克思指出：在考察社会的变革时，"必须时刻把下面两者区别开来：一种是生产的经济条件方面所发生的物质的、可以用自然科学的精确性指明的变革，一种是人们借以意识到这个冲突并力求把它克服的那些法律的、政治的、宗教的、艺术的或哲学的，简言之，意识形态的形式。我们判断一个人不能以他对自己的看法为根据，同样，我们判断这样一个变革时代也不能以它的意识为根据；相反，这个意识必须从物质生活的矛盾中，从社会生产力和生产关系之间的现存冲突中去解释"[②]。经济关系变革和意识变革，这两种变革的根源和作用是不同的。社会生产的经济条件方面所发生的变革是物质的、可以用自然科学的精确性指明的变革，是判断变革及其时代的根据，也是意识变革的根据。意识的变革是人们借以意识到社会基本矛盾的冲突并力求把它克服的意识形态形式的变革，它不是我们判断变革及其时代的根据，相反，意识或意识形态的变革必须从物质生活的矛盾中，从社会生产力和生产关系之间的现存冲突中去解释。

马克思在《资本论》第一卷中多次引用工厂法这种立法说明经济基础决定上层建筑，上层建筑又具有一定的反作用。马克思认为工厂法是资产阶级通过上层建筑的立法，自觉地调整生产关系适应生产力发展的事例，是上

① 《马克思恩格斯全集》第 31 卷，人民出版社 1998 年版，第 412—413 页。
② 《马克思恩格斯全集》第 31 卷，人民出版社 1998 年版，第 413 页。

层建筑反作用于经济基础，生产关系反作用于生产力的范例。马克思说："工厂立法是社会对其生产过程自发形态的第一次有意识、有计划的反作用。正如我们讲过的，它像棉纱、走锭纺纱机和电报一样，是大工业的必然产物。"①

马克思在《资本论》第三卷考察以社会总资本为基础的宏观生产主体的各种具体形态——资本主义经济基础的同时，还分析了信用作为上层建筑在社会经济生活中的作用，以及作为金融的银行在社会经济生活中的作用。

（二）社会基本矛盾解决的条件

在《资本论》中，马克思具体地说明了资本主义社会生产主体——社会基本单位内部生产力与生产关系之间的辩证关系。马克思在《资本论》第三卷结论段落中指出："劳动过程的每个一定的历史形式，都会进一步发展这个过程的物质基础和社会形式。这个一定的历史形式达到一定的成熟阶段就会被抛弃，并让位给较高级的形式。分配关系，从而与之相适应的生产关系的一定的历史形式，同生产力，即生产能力及其要素的发展这两个方面之间的矛盾和对立一旦有了广度和深度，就表明这样的危机时刻已经到来。这时，在生产的物质发展和它的社会形式之间就发生冲突。"② 生产关系是劳动过程的一定的历史形式或社会形式，生产主体的物质内容——生产力的发展都会进一步促使生产主体的一定的历史形式或社会形式——生产关系的发展。生产力发展到一定阶段，这个一定的历史形式达到一定的成熟阶段就会被抛弃，让位给较高级的形式。当生产力与生产关系二者之间的矛盾和对立扩大和加深时，就表明这样的危机时刻已经到来。这时，生产的物质内容和它的社会形式之间就会发生冲突，旧的生产主体就会被新的生产主体所代替，人类社会就是在这种矛盾运动中发展的。

生产力与生产关系、经济基础与上层建筑矛盾的解决是有一定条件的。对于社会的变革，不管是经济条件方面的物质的变革，还是政治的和思想的上层建筑方面的变革，不能以思想意识为依据，思想意识的变革也必须从物

---

① 《马克思恩格斯全集》第 44 卷，人民出版社 2001 年版，第 553 页。
② 《马克思恩格斯全集》第 46 卷，人民出版社 2003 年版，第 1000 页。

质生活的矛盾中，从社会生产主体的内容和形式两个方面——社会生产力和生产关系之间的现存冲突中去解释，当这种冲突达到一定条件时变革才会发生。"无论哪一个社会形态，在它所能容纳的全部生产力发挥出来以前，是决不会灭亡的；而新的更高的生产关系，在它的物质存在条件在旧社会的胎胞里成熟以前，是决不会出现的。""人类始终只提出自己能够解决的任务，因为只要仔细考察就可以发现，任务本身，只有在解决它的物质条件已经存在或者至少是在生成过程中的时候，才会产生。"①

（三）社会基本矛盾运动的特点

马克思在自己的著作中，具体分析了社会生产主体内在矛盾——生产力与生产关系经历的基本适合——基本不适合——基本适合的过程。在《共产党宣言》中，马克思分析了社会生产主体内在矛盾运动的过程。马克思说：随着生产力的发展，"封建的所有制关系，就不再适应已经发展的生产力了。这种关系已经在阻碍生产而不是促进生产了"②，它变成了束缚生产的桎梏。代替封建生产关系的资本主义生产关系更适应近代生产力的发展，与封建的生产关系比较，资本主义生产关系极大地推动了社会生产力的发展。资产阶级"在它的不到一百年的阶级统治中所创造的生产力，比过去一切世代创造的全部生产力还要多，还要大"③。但是，随着生产力的发展，随着生产力社会化程度的提高，"现在，我们眼前又进行着类似的运动"，曾经创造了巨大生产力的资产阶级的生产关系，"现在像一个魔法师一样不能再支配自己用法术呼唤出来的魔鬼了"④。在《资本论》中，马克思具体、透彻地分析了资本主义生产关系不适应生产力的发展情况，从而论证了资本主义应被新的社会生产形态所代替。

生产力决定生产关系，经济基础决定上层建筑，生产关系和上层建筑又影响和制约着生产力和经济基础，这反映了社会生产主体内在矛盾辩证运动

---

① 《马克思恩格斯全集》第31卷，人民出版社1998年版，第413页。
② 《马克思恩格斯选集》第1卷，人民出版社1995年版，第277页。
③ 《马克思恩格斯选集》第1卷，人民出版社1995年版，第277页。
④ 《马克思恩格斯选集》第1卷，人民出版社1995年版，第278页

的共时性特征。生产力与生产关系、经济基础与上层建筑经历基本适合——基本不适合——基本适合的过程，这反映了社会生产主体内在矛盾辩证运动的历时性特点。这就是马克思所阐述的在社会生产主体的内在矛盾——生产力与生产关系的矛盾推动下社会历史的辩证运动。马克思不仅说明了社会生产主体内在矛盾如何决定和推动社会历史发展，而且描述了在社会生产主体内在矛盾推动下社会历史辩证运动的过程及其特点。马克思对社会历史规律的表述是科学而严谨的。

二、社会生产主体内在矛盾与社会历史发展趋势

马克思不仅揭示了社会生产主体内在矛盾关系，而且阐明了社会生产主体内在矛盾发展趋势。社会发展自然的过程和趋势是由社会生产主体内在矛盾关系运动决定的。

如前所述，马克思研究问题的思路是把社会生产主体看作多重矛盾关系的统一体，同时，把社会生产主体的多重矛盾关系归纳为生产中的自然关系和生产中的社会关系。马克思从生产中人与自然和社会关系，从生产既是客观物质活动又是意识的能动作用分析社会发展趋势。从生产中人与自然的关系发展来看，最初"人们同自然界的关系完全像动物同自然界的关系一样，人们就像牲畜一样慑服于自然界"①，随着生产的发展，自然对人类社会的影响在减少，但不可能趋于零。生产中人类认识和改造自然的能力不断提高，人对自然的影响越来越大。从生产中人与社会的关系来看，这种社会关系开始也是压迫着人，"强加于"人的，随着承受力的发展，人逐渐有越来越多的自觉性，而且人们之间的社会关系随着生产分工的发展逐步走向"世界历史性"。从客观物质活动与人们的能动作用的发展过程看，客观物质力量的影响作用与人们的能动作用、人的自觉活动的影响作用成反比。"社会力量完全像自然力一样，在我们还没有认识和考虑到它们的时候，起着盲目的、强制的和破坏的作用。但是，一旦我们认识了它们，理解了它们的活

---

① 《马克思恩格斯选集》第 1 卷，人民出版社 1995 年版，第 81—82 页。

动、方向和作用，那么，要使它们越来越服从我们的意志并利用它们来达到我们的目的，就完全取决于我们了。"① "由于这种共产主义革命而转化为对下述力量的控制和自觉的驾驭，这些力量本来是由人们的相互作用产生的，但是迄今为止对他们来说都作为完全异己的力量威慑和驾驭着他们。"②

马克思从社会生产主体的内在矛盾——生产力与生产关系的矛盾分析，指出共产主义是生产力与生产关系矛盾运动的必然趋势。

在《德意志意识形态》中，马克思提出共产主义是大工业的发展的产物。马克思说："到现在为止我们都是以生产工具为出发点，这里已经表明了在工业发展的一定阶段上必然会产生私有制。在采掘工业［industrie extractive］中私有制和劳动还是完全一致的；在小工业以及到目前为止的整个农业中，所有制是现存生产工具的必然结果；在大工业中，生产工具和私有制之间的矛盾才是大工业的产物，这种矛盾只有在大工业高度发达的情况下才会产生。因此，只有随着大工业的发展才有可能消灭私有制。"③

共产主义是社会生产力高度发达的产物。马克思在《哥达纲领批判》中指出："在共产主义社会高级阶段，在迫使个人奴隶般地服从分工的情形已经消失，从而脑力劳动和体力劳动的对立也随之消失之后；在劳动已经不仅仅是谋生的手段，而且本身成了生活的第一需要之后；在随着个人的全面发展，他们的生产力也增长起来，而集体财富的一切源泉都充分涌流之后，——只有在那个时候，才能完全超出资产阶级权利的狭隘眼界，社会才能在自己的旗帜上写上：各尽所能，按需分配！"④

生产力高度发达，物质供应十分充裕是共产主义的前提条件。笔者认为，社会生产力发达到提供的物质产品充裕到能够满足人们的所有需要，人们需要什么就能够得到什么，才能真正实现共产主义。

生产力决定生产关系。当社会生产力发达到提供的物质产品充裕到能够满足人们的所有需要，人们需要什么就能够得到什么的时候，生产的产品就

① 《马克思恩格斯选集》第 3 卷，人民出版社 1995 年版，第 754 页。
② 《马克思恩格斯选集》第 1 卷，人民出版社 1995 年版，第 89—90 页。
③ 《马克思恩格斯选集》第 1 卷，人民出版社 1995 年版，第 104 页。
④ 《马克思恩格斯选集》第 3 卷，人民出版社 1995 年版，第 305—306 页。

具有社会的性质了。当生产的产品具有社会的性质时，劳动的产品就不需要交换，生产社会产品的劳动资料也就具有社会的性质，即生产资料公有制。马克思在《哥达纲领批判》中指出："在一个集体的、以生产资料公有为基础的社会中，生产者不交换自己的产品；用在产品上的劳动，在这里也不表现为这些产品的价值，不表现为这些产品所具有的某种物的属性，因为这时，同资本主义社会相反，个人的劳动不再经过迂回曲折的道路，而是直接作为总劳动的组成部分存在着。于是，'劳动所得'这个由于含义模糊就是现在也不能接受的用语，便失去了任何意义。"[①]

生产力决定生产关系，高度发达的生产力决定了共产主义社会公有制的生产关系，决定了共产主义的微观生产主体及其性质。生产主体中生产资料公有制是共产主义的基本特征。马克思在自己的著作中明确地表示共产主义与资本主义经济上的区别表现在社会生产主体——生产组织方面，共产主义微观生产主体内生产资料公有制的性质。马克思在《德意志意识形态》中指出："在共产主义的社会组织中，完全由分工造成的艺术家屈从于地方局限性和民族局限性的现象无论如何会消灭掉，个人局限于某一艺术领域"，"只用他的活动的一种称呼就足以表明他的职业发展的局限性和他对分工的依赖这一现象，也会消失掉。"[②] 在《1857—1858 年经济学手稿》中说，共产主义是"共同生产，作为生产的基础的共同性是前提。单个人的劳动一开始就被设定为社会劳动。……在这里，不存在交换价值的交换中必然产生的分工，而是某种以单个人参与共同消费为结果的劳动组织"[③]。在《资本论》中马克思说，随着资本主义生产主体被公有制生产主体代替，"资本主义形式已被扬弃，社会已被组成为一个自觉的、有计划的联合体"[④]。恩格斯后来在《自然辩证法》中也明确地表明了这一思想。恩格斯说："只有一个有计划地从事生产和分配的自觉的社会生产组织，才能在社会方面把人从其余的动物中提升出来，正像生产一般曾经在物种方面把人从其余的动物中提升

---

① 《马克思恩格斯选集》第 3 卷，人民出版社 1995 年版，第 303—304 页。
② 《马克思恩格斯全集》第 3 卷，人民出版社 1960 年版，第 460 页。
③ 《马克思恩格斯全集》第 30 卷，人民出版社 1995 年版，第 122 页。
④ 《马克思恩格斯全集》第 46 卷，人民出版社 2003 年版，第 745 页。

出来一样。历史的发展使这种社会生产组织日益成为必要，也日益成为可能。一个新的历史时期将从这种社会生产组织开始，在这个时期中，人自身以及人的活动的一切方面，尤其是自然科学，都将突飞猛进，使已往的一切都黯然失色。"①

高度发达的生产力、微观生产主体内生产资料公有制的性质又决定了共产主义其他特征。共产主义社会以生产资料公有制为基础，实行各尽所能，按需分配的原则。共产主义社会"生产工具必定归属于每一个个人，而财产则归属于全体个人"②，这使得人们可以使用自己可以使用的生产工具，不会把一个人一生束缚在一个工作岗位上。"任何人都没有特殊的活动范围，而是都可以在任何部门内发展，社会调节着整个生产，因而使我有可能随自己的兴趣今天干这事，明天干那事，上午打猎，下午捕鱼，傍晚从事畜牧，晚饭后从事批判，这样就不会使我老是一个猎人、渔夫、牧人或批判者。"③在共产主义社会里，由于生产力的高度发展，产生剥削阶级的社会条件不复存在，阶级和阶级差别都将消灭，城乡之间、工农之间、脑力劳动与体力劳动之间的差别也将消失。随着阶级和阶级差别的彻底消灭，作为阶级统治工具的国家将完全消亡。那时，管理公共事务的机构虽然存在，但它的社会职能已经失去其阶级性质，整个人类将成为一个单位，成为一个真正的共同体，有可能在全社会范围有计划地调节生产。

历史唯物主义肯定人类社会历史发展趋势是由社会物质资料生产主体内在矛盾运动决定的，但并不否认其他因素在社会发展中的作用。从社会生产主体是多重矛盾统一体分析，共产主义既是生产中人与自然关系发展的结果，是生产力高度发达的产物，也是人们对社会关系认识的结果，是社会关系发展的结果，是"交往的产物"；共产主义既是生产中客观物质力量作用的结果，也是社会生产由自发向自觉活动转化的结果；共产主义是生产中继承、积累的结果，也是创新的结果，既是每一代单个人活动的结果，也是社会总体活动连续作用的结果。生产中继承与创新发展的过程是一致的，生产

---

① 《马克思恩格斯选集》第 4 卷，人民出版社 1995 年版，第 275 页。
② 《马克思恩格斯选集》第 1 卷，人民出版社 1995 年版，第 129 页。
③ 《马克思恩格斯选集》第 1 卷，人民出版社 1995 年版，第 85 页。

中继承的东西越多，起点就越高，创新的能力也就越强。恩格斯说，历史"这个结果又可以看作一个作为整体的、不自觉地和不自主地起着作用的力量的产物"①，并把这种客观的力量称为"合力"。人类社会发展的趋势是生产中"合力"作用的结果。

三、社会生产主体与社会历史发展的自然历史过程

马克思在《资本论》第一版序言中指出："为了避免可能产生的误解，要说明一下。我决不用玫瑰色描绘资本家和地主的面貌。不过这里涉及的人，只是经济范畴的人格化，是一定的阶级关系和利益的承担者。我的观点是把经济的社会形态的发展理解为一种自然史的过程。不管个人在主观上怎样超脱各种关系，他在社会意义上总是这些关系的产物。同其他任何观点比起来，我的观点是更不能要个人对这些关系负责的。"② 马克思这里说明了，他不是从分析自然人，而是从分析"经济范畴的人格化"的人，说明社会经济形态的发展是一个自然历史过程。也就是说，马克思是从分析作为自己学说出发点的人，从分析从事社会物质资料生产及相关活动的微观生产主体——社会经济基本单位（工业社会主要是以企业法人为主导的社会基本生产组织）出发去说明社会经济形态的发展或社会历史的发展是一个自然历史过程的。

马克思在《1857—1858 年经济学手稿》中指出："生产实际上有它的条件和前提，这些条件和前提构成生产的要素。这些要素最初可能表现为自然发生的东西。通过生产过程本身，它们就从自然发生的东西变成历史的东西，并且对于这一个时期表现为生产的自然前提，对于前一个时期就是生产的历史结果。"③ 生产的要素构成生产的条件和前提，作为生产的条件和前提的这些要素从最初表现为自然发生的东西，逐渐变成历史的东西，生产的要素或生产的前提和条件有其连续性，每一个时代的生产要素既是前一时期

---

① 《马克思恩格斯选集》第 4 卷，人民出版社 1995 年版，第 697 页。
② 《马克思恩格斯全集》第 44 卷，人民出版社 2001 年版，第 10 页。
③ 《马克思恩格斯全集》第 30 卷，人民出版社 1995 年版，第 38 页。

生产的历史结果又是后一历史时期生产的自然前提。生产的要素或生产的前提和条件制约着生产发展的过程，生产过程表现为一个客观的过程，或如马克思所说是一个自然历史的过程。

作为生产要素的生产的条件和前提是什么？是生产力和生产关系。

社会微观生产主体的物质内容——生产力的发展是一个客观的自然历史过程，"人们所达到的生产力的总和决定着社会状况"①，生产力决定生产关系，这决定了社会生产主体的社会形式——生产关系的发展也是一个客观的自然历史过程，同时，也决定了社会生产主体的发展也是一个客观的自然历史过程。对此，我们仍以马克思在 1846 年 12 月 28 日致安年柯夫的信中的论述来说明。马克思说："人们不能自由选择自己的生产力——这是他们的全部历史的基础，因为任何生产力都是一种既得的力量，是以往的活动的产物。可见，生产力是人们应用能力的结果，但是这种能力本身决定于人们所处的条件，决定于先前已经获得的生产力，决定于在他们以前已经存在、不是由他们创立而是由前一代人创立的社会形式。"② 生产力是人们改造和利用自然的能力，但是这种能力本身决定于人们所处的条件，决定于先前已经获得的生产力，决定于在他们以前已经存在、不是由他们创立而是由前一代人创立的社会形式。

基于生产力的客观性这一点，马克思说明了历史是什么样的，"后来的每一代人都得到前一代人已经取得的生产力并当作原料来为自己新的生产服务，由于这一简单的事实，就形成人们的历史中的联系，就形成人类的历史，这个历史随着人们的生产力以及人们的社会关系的越益发展而越益成为人类的历史。"③ 生产力通过人们的世代变革而不断地继承和发展，并呈现出连续性。这样，生产力发展的历史也就形成人们在历史中的联系，这种联系就形成人类的历史，历史就表现为以生产力发展为基础的不以人的意志为转移的客观过程。社会历史的客观过程归根结底是由具体的社会生产主体的物质内容决定的，具体的社会生产主体的物质内容——生产力的发展是一个

① 《马克思恩格斯选集》第 1 卷，人民出版社 1995 年版，第 80 页。
② 《马克思恩格斯选集》第 4 卷，人民出版社 1995 年版，第 532 页。
③ 《马克思恩格斯选集》第 4 卷，人民出版社 1995 年版，第 532 页。

客观自然的过程，是一个历史的过程；建立在生产力基础上的社会微观生产主体的社会形式——生产关系是一个客观自然的过程，是一个历史的过程；建立在一定生产主体基础上的整个人类社会的发展也是一个客观自然的过程，一个历史的过程。

马克思在 1859 年《〈政治经济学批判〉序言》中概括自己学说的那一段话，遵循着相同的思路和方法。马克思同样是从社会生产主体的两个方面生产力和生产关系出发，认为客观的生产力决定和制约着生产关系，从而也决定和制约着政治和思想上层建筑，不仅决定着它们的产生、存在和状态，也决定着它们的变革。"无论哪一个社会形态，在它所能容纳的全部生产力发挥出来以前，是决不会灭亡的；而新的更高的生产关系，在它的物质存在条件在旧社会的胎胞里成熟以前，是决不会出现的。"① 马克思强调生产力的客观性，强调生产力的决定作用。接着，马克思指出正是由于生产力的客观性，决定了人类历史的客观过程，"所以人类始终只提出自己能够解决的任务，因为只要仔细考察就可以发现，任务本身，只有在解决它的物质条件已经存在或者至少是在生成过程中的时候，才会产生"②。每一个时代提出什么样的历史任务，只有在解决它的物质条件已经存在或者至少是在生成过程中的时候才有可能；同样，每一个时代能够完成什么样的历史任务，也是由它的物质条件决定的。马克思还举例说明，"亚细亚的、古代的、封建的和现代资产阶级的生产方式可以看做是经济的社会形态演进的几个时代"，这些不同时代的生产方式的状况都是由生产力为基础的社会物质生活条件决定的，这些不同时代的生产方式的次序都是由生产力为基础的社会物质生活条件决定的客观过程。马克思最后说道："资产阶级的生产关系是社会生产过程的最后一个对抗形式，这里所说的对抗，不是指个人的对抗，而是指从个人的社会生活条件中生长出来的对抗；但是，在资产阶级社会的胎胞里发展的生产力，同时又创造着解决这种对抗的物质条件。因此，人类社会的史前时期就以这种社会形态而告终。"③ 有意思的是，马克思这里又提到"不

---

① 《马克思恩格斯全集》第 31 卷，人民出版社 1998 年版，第 413 页。
② 《马克思恩格斯全集》第 31 卷，人民出版社 1998 年版，第 413 页。
③ 《马克思恩格斯全集》第 31 卷，人民出版社 1998 年版，第 413 页。

是指个人的对抗，而是指从个人的社会生活条件中生长出来的对抗"，这个生产条件就是社会生产主体，这个主体不是个人，在资本主义社会就是工厂或企业。在资本主义社会，作为生产主体的工厂或企业其物质内容生产力日益社会化，而工厂或企业的形式是私有的，是以个人对生产资料的占有为前提的，因此，在这个"资产阶级社会的胎胞"里发展起来的生产力和生产关系是对抗性质的。生产力的发展又不断创造着解决这种对抗的物质条件，最终将改变社会生产主体的形式生产关系，资产阶级生产关系这个社会生产过程的最后一个对抗形式将被新的适应社会化生产力的生产关系所代替，人类社会的史前时期就以这种社会形态而告终。

这里值得注意的是，马克思在以上这几段有代表性的话的结尾都提到"个体"、"个人"。马克思谈到"个体"、"个人"这些概念的共同之处在于：马克思强调他揭示社会历史是一个自然历史过程，并不是通过对生产中的自然人主体的分析，而是通过对作为社会生产的个体——生产中或经济中的基本组织或单位（资本主义社会就是企业法人为主导的社会生产组织）这种个体的分析，通过分析这些社会生产主体的物质基础生产力和社会形式生产关系两个方面的矛盾关系，通过分析这些社会生产主体的物质基础生产力决定其社会形式生产关系，才说明了社会历史的发展是一个自然的过程、历史的过程、矛盾运动的过程，即是一个有规律的过程。马克思在《资本论》中，完全遵循这一分析思路。

第三节　分工与社会生产主体内在矛盾运动

马克思是借助于分工这一中介揭示生产力和生产关系的辩证关系，说明生产力和生产关系如何推动社会发展，说明社会生产主体的发展形态与社会历史发展形态之间的关系的。

一、社会生产主体的两重关系与分工的两种形式

在马克思以前，亚当·斯密已对分工进行了研究，斯密从分工入手研究

经济学。斯密在《国民财富的性质和原因的研究》一书开篇就提出："劳动生产力上最大的增进，以及运用劳动时所表现的更大的熟练、技巧和判断力，似乎都是分工的结果。"① 他认为，分工的原因是人类"互通有无，物物交换，互相交易"② 这种倾向。而这种倾向之所以产生，又是由于"人类把注意力集中在单一事物上，比把注意力分散在许多事物上，更能发现达到目标的更简易更便利的方法"，"分工的结果，各个人全部注意力自然会倾注在一种简单事物上"③。人们"为他自身的利益打算"，为了"交换所得""比较多"④。这里，斯密从人性、人的本能和功利主义的立场解释分工产生的原因。

20 世纪著名的组织理论专家鲁塞尔·古里克说："分工是组织的基础，也是组织的原因"⑤。马克思在一百多年前已认识到分工与社会生产组织之间的关系，并科学地说明了分工与社会生产主体——生产组织之间的关系。马克思超过前人、超过斯密的地方在于他不仅仅从互通有无的倾向看待分工，不是从人性、人的本能和功利主义的立场解释分工产生的原因，而是从社会物质生产条件，从社会生产主体的内在关系解释分工产生的原因和发展的过程。

历史唯物主义谈论的分工有两种：一种是生产主体内部的分工，一种是不同生产主体或生产部门之间的分工。马克思把前一种称为"自发地或'自然形成'"⑥ 的分工，在资本主义社会就是"工场手工业分工"⑦，把后一种称为"社会分工"⑧ 或"绝对分工"⑨。笔者在本文中把前一种分工称为自然分工，后一种分工称为社会分工。

自然分工是同一生产主体内部的分工。马克思在《德意志意识形态》

---

① 亚当·斯密：《国民财富的性质和原因的研究》（上），商务印书馆 1974 年版，第 5 页。
② 亚当·斯密：《国民财富的性质和原因的研究》（上），商务印书馆 1974 年版，第 13 页。
③ 亚当·斯密：《国民财富的性质和原因的研究》（上），商务印书馆 1974 年版，第 10 页。
④ 亚当·斯密：《国民财富的性质和原因的研究》（上），商务印书馆 1974 年版，第 14 页。
⑤ 《国外组织理论精选》，中共中央党校出版社 1997 年版，第 38 页。
⑥ 《马克思恩格斯选集》第 1 卷，人民出版社 1995 年版，第 82 页。
⑦ 《马克思恩格斯全集》第 44 卷，人民出版社 2001 年版，第 412、413、415 页。
⑧ 《马克思恩格斯全集》第 44 卷，人民出版社 2001 年版，第 55、56 页。
⑨ 《马克思恩格斯全集》第 30 卷，人民出版社 1995 年版，第 151 页。

中说："分工起初只是性行为方面的分工，后来是由于天赋（例如体力）、需要、偶然性等等才自发地或'自然形成'分工。分工只是从物质劳动和精神劳动分离的时候起才真正成为分工。"① 自然分工实际上是一定社会生产主体生产过程中劳动者和工具具体的结合方式，是工具水平和劳动者水平的综合表现，是生产力水平的表现。马克思说："一个民族的生产力发展的水平，最明显地表现于该民族分工的发展程度。任何新的生产力，只要它不是迄今已知的生产力单纯的量的扩大（例如，开垦土地），都会引起分工的进一步发展。"② 所以，自然分工是由生产力决定的，反映生产力发展的水平和状况。

社会分工是不同生产主体、不同行业和部门之间的分工。生产不仅是生产过程中人与工具的结合方式，而且也是人与人的结合方式。分工是生产过程中人与人的分离，但它同时又是一种人和人的组合、协作。在阶级社会，"由于分工使他们有了一种必然的联合，而这种联合又因为他们的分散而成了一种对他们来说是异己的联系。"③ 马克思在《资本论》及其手稿中说："各种使用价值或商品体的总和，表现了同样多种的、按照属、种、科、亚种、变种分类的有用劳动的总和，即表现了社会分工。这种分工是商品生产存在的条件，虽然不能反过来说商品生产是社会分工存在的条件。在古代印度公社中就有社会分工，但产品并不成为商品。或者拿一个较近的例子来说，每个工厂内都有系统的分工，但是这种分工不是由工人交换他们个人的产品引起的。只有独立的互不依赖的私人劳动的产品，才作为商品互相对立。"④ "在产品普遍采取商品形式的社会里，也就是在商品生产者的社会里，作为独立生产者的私事而各自独立进行的各种有用劳动的这种质的区别，发展成一个多支的体系，发展成社会分工。"⑤ 这些论述表明，社会分工是由生产中人与人之间关系或生产关系决定的，反映具有独立经济利益的不同生产主体之间的关系，体现了财产所有者之间的关系。正是在这个意义

① 《马克思恩格斯选集》第 1 卷，人民出版社 1995 年版，第 82 页。
② 《马克思恩格斯选集》第 1 卷，人民出版社 1995 年版，第 68 页。
③ 《马克思恩格斯选集》第 1 卷，人民出版社 1995 年版，第 122 页。
④ 《马克思恩格斯全集》第 44 卷，人民出版社 2001 年版，第 55 页。
⑤ 《马克思恩格斯全集》第 44 卷，人民出版社 2001 年版，第 56 页。

上，马克思认为，分工和所有制是同义语。"分工和私有制是相等的表达方式，对同一件事情，一个是就活动而言，另一个是就活动的产品而言。"①

两种分工既有联系也有区别。马克思在不同的著作中曾说："我们这里所指的分工，是整个社会内部的自发的和自由的分工，是表现为交换价值生产的分工，而不是工厂内部的分工（不是个别生产部门中劳动的分解和结合，而是社会的、似乎未经个人参与而产生的这些生产部门本身的分工）。"②"工场手工业分工的前提是资本家对于只是作为他所拥有的总机构的各个肢体的人们享有绝对的权威；社会分工则使独立的商品生产者互相对立，他们不承认任何别的权威，只承认竞争的权威，只承认他们互相利益的压力加在他们身上的强制。"③"社会作为一个整体和工厂的内部结构有共同的特点，这就是社会也有它的分工"，"社会内部的分工越不受权威的支配，作坊内部的分工就越发展，越会从属于一人的权威。因此，在分工方面，作坊里的权威和社会上的权威是互成反比的。"④

二、分工与生产力和生产关系的辩证运动

马克思在阐述自己的学说时，是通过分工，以分工为中介说明社会生产主体内在关系——生产力和生产关系的矛盾如何推动社会运动发展的。

马克思认为，社会生产主体的存在包括两个方面条件："积累起来的劳动，或者说私有制，以及现实的劳动。如果二者缺一，交往就会停止。"⑤"现实的劳动"就是生产力，"积累起来的劳动，或者说私有制"就是生产关系。所以，社会生产主体的两个条件即生产力和生产关系，也是"私有制和劳动"。"私有制和劳动"，一方面"把个人的联合同资本的联合对立起来"，"另一方面，个人本身完全屈从于分工，因此他们完全被置于相互依

---

① 《马克思恩格斯选集》第 1 卷，人民出版社 1995 年版，第 84 页。
② 《马克思恩格斯全集》第 31 卷，人民出版社 1998 年版，第 356 页。
③ 《马克思恩格斯全集》第 44 卷，人民出版社 2001 年版，第 412 页。
④ 《马克思恩格斯选集》第 1 卷，人民出版社 1995 年版，第 163 页。
⑤ 《马克思恩格斯选集》第 1 卷，人民出版社 1995 年版，第 127 页。

赖的关系之中。"① 生产主体这种由生产力和生产关系决定的既联合又对立的性质通过分工表现出来。分工是劳动在不同人中"分配"，分工又是"并存劳动"。分工使生产主体内或不同生产主体之间不同的人相互依赖，分工又使生产主体内或不同生产主体之间的人相互对立。分工使全社会不同的人类个体都纳入庞大的社会生产体系之中，并在这个体系的不同位置上担当不同的角色，同时，分散、独立的人类个体在分工之网中联合起来，形成一个联系着的社会有机整体。

分工体现了生产主体内部以及不同生产主体之间的对立和联系。马克思在自己的著作中都是从分工集中体现了生产力和生产关系的联系和对立出发，分析生产力和生产关系的辩证关系及其运动。在《德意志意识形态》中，马克思说："分工从最初起就包含着劳动条件——劳动工具和材料——的分配，也包含着积累起来的资本在各个所有者之间的劈分，从而也包含着资本和劳动之间的分裂以及所有制本身的各种不同的形式。"② "生产力、社会状况和意识，彼此之间可能而且一定会发生矛盾，因为分工不仅使精神活动和物质活动、享受和劳动、生产和消费由不同的个人来分担这种情况成为可能，而且成为现实"③。马克思围绕分工展开了生产中的各种矛盾，"分工包含着所有这些矛盾，而且又是以家庭中自然形成的分工和以社会分裂为单个的、互相对立的家庭这一点为基础的。与这种分工同时出现的还有分配，而且是劳动及其产品的不平等的分配（无论在数量上或质量上）；因而产生了所有制"④；"随着分工的发展也产生了单个人的利益或单个家庭的利益与所有互相交往的个人的共同利益之间的矛盾"⑤；"正是由于特殊利益和共同利益之间的这种矛盾，共同利益才采取国家这种与实际的单个利益和全体利益相脱离的独立形式"⑥。在马克思看来，分工使精神和物质、享受和劳动、生产和消费分离；分工既是"自然形成的"，又是"社会分裂"的产物；分

---

① 《马克思恩格斯选集》第 1 卷，人民出版社 1995 年版，第 127 页。
② 《马克思恩格斯选集》第 1 卷，人民出版社 1995 年版，第 127 页。
③ 《马克思恩格斯选集》第 1 卷，人民出版社 1995 年版，第 83 页。
④ 《马克思恩格斯选集》第 1 卷，人民出版社 1995 年版，第 83 页。
⑤ 《马克思恩格斯选集》第 1 卷，人民出版社 1995 年版，第 84 页。
⑥ 《马克思恩格斯选集》第 1 卷，人民出版社 1995 年版，第 84 页。

工体现了生产力水平，分工也反映生产关系状况；分工既是个体的，又是集体的。在私有制条件下，分工和私有制是同义语。总之，分工引起并体现特殊利益和共同利益之间的矛盾。"分工越发达，积累越增加，这种分裂也就发展得越尖锐。劳动本身只能在这种分裂的前提下存在。"①

马克思在自己著作中明确指明了分工与社会生产主体——生产组织之间的关系。马克思指出："在宗法制度、种姓制度、封建制度和行会制度下，整个社会的分工都是按照一定的规则进行的。这些规则是由哪个立法者确定的吗？不是。它们最初来自物质生产条件，只是过了很久以后才上升为法律。分工的这些不同形式正是这样才成为同样多的社会组织的基础。"②

马克思始终遵循着分工的自然形式决定分工的社会形式，生产力决定生产关系的思路。马克思强调："分工的每一个阶段还决定个人的与劳动材料、劳动工具和劳动产品有关的相互关系"③，"分工，分工的阶段依赖于当时生产力的发展水平"④。不同的生产工具，不同的生产力，产生不同的分工，产生不同的生产关系。"劳动的组织和划分视其所拥有的工具而各有不同。手推磨所决定的分工不同于蒸汽磨所决定的分工。"⑤

同时，马克思看到了分工的社会形式又影响和制约着生产力的发展。一方面分工促进了生产力的发展，"受分工制约的不同个人的共同活动产生了一种社会力量，即扩大了的生产力"⑥，"机械方面的每一次重大发展都使分工加剧，而每一次分工的加剧也同样引起机械方面的新发明"⑦。资本主义机器大工业决定的共同协作劳动的社会分工形式，产生了扩大的生产力，促进了生产力的发展，分工的加剧会引起新的发明。另一方面，随着生产力的发展，分工的社会形式也会阻碍生产力的发展，"对于这些生产力来说，私有制成了它们发展的桎梏，正如行会成为工场手工业的桎梏和小规模的乡村

---

① 《马克思恩格斯选集》第 1 卷，人民出版社 1995 年版，第 127 页。
② 《马克思恩格斯选集》第 1 卷，人民出版社 1995 年版，第 163 页。
③ 《马克思恩格斯选集》第 1 卷，人民出版社 1995 年版，第 68 页。
④ 《马克思恩格斯选集》第 1 卷，人民出版社 1995 年版，第 135 页。
⑤ 《马克思恩格斯选集》第 1 卷，人民出版社 1995 年版，第 161 页。
⑥ 《马克思恩格斯选集》第 1 卷，人民出版社 1995 年版，第 85 页。
⑦ 《马克思恩格斯选集》第 1 卷，人民出版社 1995 年版，第 166 页。

生产成为日益发展的手工业的桎梏一样"①。

通过分工同生产力与生产关系矛盾的分析，马克思指出要克服生产力与生产关系的矛盾，只有消灭社会分工。"要使这三个因素彼此不发生矛盾，则只有再消灭分工。"② "分工消灭得越是彻底，历史也就越是成为世界历史。"③ 在分工与所有制是同义语的意义上，消灭社会分工也就是消灭私有制，消灭社会分工也就是消除特殊利益和共同利益之间的矛盾。

分工作为生产力和生产关系的中介，二者有着直接的内在联系，分工是生产力的表现和结果，分工又是生产关系的现实基础。但是，分工并不等同于生产力或生产关系的范畴，它们在内涵和外延上都有着区别。生产力和生产关系是社会生产主体的物质基础和社会形式，分工是同一生产主体内部或不同生产主体之间、行业和部门之间的独立（对立）和协作关系。不能把分工归结为生产力或生产关系。对此，马克思曾批判蒲鲁东，"先从一般的分工开始，以便随后从分工得出一种特殊的生产工具——机器，这简直是对历史的侮辱。"④ 蒲鲁东 "把机器说成一种同分工、竞争、信贷等等并列的经济范畴，这根本就是极其荒谬的"⑤。

三、分工的发展与所有制的变化

在马克思看来，分工直接地表现了社会生产主体的自然关系和社会关系——生产力和生产关系的状态和水平，分工的变化反映了生产力和生产关系的运动和变化，反映了社会形态的运动变化。马克思把分工看作 "是迄今为止历史的主要力量之一"⑥，认为 "分工发展的各个不同阶段，同时也就是所有制的各种不同形式。这就是说，分工的每一个阶段还决定个人的与劳动材料、劳动工具和劳动产品有关的相互关系"⑦。分工必然派生出社会的生

---

① 《马克思恩格斯选集》第 1 卷，人民出版社 1995 年版，第 114 页。
② 《马克思恩格斯选集》第 1 卷，人民出版社 1995 年版，第 83 页。
③ 《马克思恩格斯选集》第 1 卷，人民出版社 1995 年版，第 88 页。
④ 《马克思恩格斯选集》第 1 卷，人民出版社 1995 年版，第 161 页。
⑤ 《马克思恩格斯选集》第 4 卷，人民出版社 1995 年版，第 535 页。
⑥ 《马克思恩格斯选集》第 1 卷，人民出版社 1995 年版，第 99 页。
⑦ 《马克思恩格斯选集》第 1 卷，人民出版社 1995 年版，第 68 页。

产关系以及全面的社会关系，历史上各种社会形态都可以从各个历史阶段的不同所有制形式的生产主体及其分工得到说明。

在《德意志意识形态》中，马克思具体考察了分工与不同所有制形式生产主体的历史发展过程，考察了由分工决定的五种所有制形式。第一种所有制形式是部落所有制，实际上是指原始社会的所有制形式。这种所有制形式"与生产的不发达阶段相适应"①，"在这个阶段，分工还很不发达，仅限于家庭中现有的自然形成的分工的进一步扩大"②。因此，所有制形式只限于家庭的扩大——父权制的部落所有制。第二种所有制形式是古代的公社所有制和国家所有制。这个阶段"分工已经比较发达。城乡之间的对立已经产生"③，"城乡之间的对立是个人屈从于分工"，"在这里，居民第一次划分为两大阶级，这种划分直接以分工和生产工具为基础"④。第三种是封建的或等级的所有制。"在封建制度的繁荣时代，分工是很少的"，"除了在乡村里有王公、贵族、僧侣和农民的划分，在城市里有师傅、帮工、学徒以及后来的平民短工的划分之外，就再没有什么大的分工了。在农业中，分工因土地的小块耕作而受到阻碍，与这种耕作方式同时产生的还有农民自己的家庭工业；在工业中，各业手工业内部根本没有实行分工，而各业手工业之间的分工也是非常少的。"⑤ 在行会内部，各劳动者之间则根本没有什么分工，每个劳动者都必须熟悉全部工序，凡是用他的工具能够做的一切，他必须都会做。"各城市之间的有限交往和少量联系、居民稀少和需求有限，都妨碍了分工的进一步发展，因此，每一个想当师傅的人都必须全盘掌握本行手艺"⑥。第四种所有制形式是资本主义所有制。在资本主义社会，"生产工具的积聚和分工是彼此不可分割的"，"劳动者集合在一个作坊是分工发展的前提"⑦。资本主义所有制是以城市之间手工工业的新的分工为起点，而后是工场手工业，最后是机器大工业，实现了最广泛的以社会分工为基础的所

---

① 《马克思恩格斯选集》第 1 卷，人民出版社 1995 年版，第 68 页。
② 《马克思恩格斯选集》第 1 卷，人民出版社 1995 年版，第 69 页。
③ 《马克思恩格斯选集》第 1 卷，人民出版社 1995 年版，第 69 页。
④ 《马克思恩格斯选集》第 1 卷，人民出版社 1995 年版，第 104 页。
⑤ 《马克思恩格斯选集》第 1 卷，人民出版社 1995 年版，第 71 页。
⑥ 《马克思恩格斯选集》第 1 卷，人民出版社 1995 年版，第 106—107 页。
⑦ 《马克思恩格斯选集》第 1 卷，人民出版社 1995 年版，第 165 页。

有制形式。资本主义社会生产过程的专业化分工越来越细，在整个社会中形成了复杂的分工体系，"由于分工，它又重新分裂为各种不同的集团"①。不仅分裂为资产阶级和无产阶级，还分裂为工业资本、商业资本等集团，甚至把分工扩展到国际范围，出现了国家之间的分工。第五种所有制形式是共产主义所有制。在共产主义社会，"任何人都没有特殊的活动范围，而是都可以在任何部门内发展，社会调节着整个生产，因而使我有可能随自己的兴趣今天干这事，明天干那事，上午打猎，下午捕鱼，傍晚从事畜牧，晚饭后从事批判，这样就不会使我老是一个猎人、渔夫、牧人或批判者"②。共产主义社会消灭了分工，消灭了私有制。

---

① 《马克思恩格斯选集》第 1 卷，人民出版社 1995 年版，第 117 页。
② 《马克思恩格斯选集》第 1 卷，人民出版社 1995 年版，第 85 页。

第六章　历史唯物主义关于阶级和阶级斗争的理论

马克思在 1852 年 3 月 5 日致魏德迈的信中指出："无论是发现现代社会中有阶级存在或发现各阶级间的斗争，都不是我的功劳。在我以前很久，资产阶级历史编纂学家就已经叙述过阶级斗争的历史发展，资产阶级的经济学家也已经对各个阶级作过经济上的分析。我所加上的新内容就是证明了下列几点：（1）阶级的存在仅仅同生产发展的一定历史阶段相联系；（2）阶级斗争必然导致无产阶级专政；（3）这个专政不过是达到消灭一切阶级和进入无阶级社会的过渡"①。从马克思的这段论述可知，之前学界有学者阐述过阶级和阶级斗争问题，但是，马克思关于阶级和阶级斗争的理论有自己的特点。

马克思为什么说阶级的存在同物质生产发展的一定阶段相联系？为什么阶级斗争必然导致无产阶级专政？为什么说无产阶级专政是达到消灭一切阶级和进入无阶级社会的过渡？笔者认为，在马克思学说中，阶级社会生产主体的内部矛盾是通过阶级矛盾表现出来的，马克思对这些问题科学的回答，马克思的阶级和阶级斗争理论，是建立在对一定历史阶段社会主体——社会基本经济单位的分析基础上。离开了特定历史阶段的社会生产主体，特别是作为社会基本经济单位的微观生产主体，不可能完整而准确地理解马克思的阶级和阶级斗争学说。阶级和阶级斗争的观点是马克思研究社会主体及其历史，特别是研究近代资本主义社会主体及其历史而得出的必然结论。正像列宁所说："马克思的天才就在于他最先从这里得出了全世界历史所提示的结论，并且彻底地贯彻了这个结论。这个结论就是阶级斗争学说"②。

---

① 《马克思恩格斯选集》第 4 卷，人民出版社 1995 年版，第 547 页。
② 《列宁选集》第 2 卷，人民出版社 1995 年版，第 314 页。

第一节　社会生产主体与阶级

列宁说："阶级关系——这是一种根本的和主要的东西，没有它，也就没有马克思主义"①。阶级关系是一种经济关系。它是一种什么样的经济关系呢？根据马克思在自己著作中对阶级的论述，阶级关系是一定历史时期社会生产主体内部的经济关系，阶级是一定历史阶段社会主体（经济基本单位）内部对立的不同利益集团，阶级的产生、存在和消灭都是由社会生产主体及其内在矛盾决定的。

一、一定历史时期生产主体内部生产资料所有制关系是划分阶级的依据

（一）马克思划分阶级的依据是什么？

列宁曾经对阶级下了一个经典的定义："所谓阶级，就是这样一些大的集团，这些集团在历史上一定的社会生产体系中所处的地位不同，同生产资料的关系（这种关系大部分是在法律上明文规定了的）不同，在社会劳动组织中所起的作用不同，因而取得归自己支配的那份社会财富的方式和多寡也不同。所谓阶级，就是这样一些集团，由于它们在一定社会经济结构中所处的地位不同，其中一个集团能够占有另一个集团的劳动。"② 列宁这一经典定义从四个方面界定了阶级：一是社会集团在生产体系中所处的地位；二是这些集团对生产资料的关系；三是这些集团在社会劳动组织中的作用；四是这些集团取得自己所支配的那份社会财富的方式和多寡。总的来说，列宁的定义揭示了阶级的本质。根据列宁这一定义，一直以来，人们认为在马克思学说中生产资料所有制决定阶级的划分，私有制是阶级产生的根源，消灭私有制是阶级灭亡的条件。

---

① 《列宁全集》第41卷，人民出版社1986年版，第92页。
② 《列宁选集》第4卷，人民出版社1995年版，第11页。

生产资料所有制是划分阶级的决定因素，私有制是阶级产生、发展和灭亡的条件，这些都是正确的。但是，如果说生产资料所有制是阶级划分的依据，根据对生产资料的所有关系区别不同的阶级，那么，奴隶主、封建地主和资产阶级对生产资料的关系基本上是相同的，都是生产资料的所有者和支配者，但他们不是同一个阶级；奴隶、农民和现代无产阶级对生产资料的关系基本上是一样的，都失去了生产资料（农民拥有一定农具），但他们是不同的阶级。可见，对生产资料的所有关系并不能区别不同时代的不同阶级。因此，划分阶级的依据不能仅仅是对生产资料的所有关系。仅仅根据生产资料所有制关系，不仅不能说明不同时代不同阶级的特征，而且不能解释为什么每一个阶级社会形态内部都存在着对立的阶级——剥削与被剥削阶级。在《德意志意识形态》和《共产党宣言》中，马克思都提出了每一个阶级社会都存在着对立的两个阶级的思想。在《德意志意识形态》中提出："到现在为止，社会一直是在对立的范围内发展的，在古代是自由民和奴隶之间的对立，在中世纪是贵族和农奴之间的对立，近代是资产阶级和无产阶级之间的对立。"① 在《共产党宣言》中指出："自由民和奴隶、贵族和平民、领主和农奴、行会师傅和帮工，一句话，压迫者和被压迫者，始终处于相互对立的地位"②。为什么每一个阶级社会形态内部都存在着对立的阶级？为什么每一个阶级社会形态内部对立的阶级又分为剥削阶级与被剥削阶级呢？对立的阶级间为什么一定是一种剥削与被剥削的关系呢？显而易见，如果仅仅根据生产资料所有制关系，仅仅根据生产资料所有制区别不同的阶级，并不能说明每一个阶级社会形态内部都存在着对立的阶级，也不能解释为什么每一个阶级社会形态内部对立的阶级是剥削和被剥削的关系。

（二）一定历史时期生产主体内部生产资料所有制关系是马克思划分阶级的依据

马克思划分阶级的依据是什么？马克思曾在《资本论》第3卷第52章"阶级"部分提出："首先要解答的一个问题是：是什么形成阶级？这个问

---

① 《马克思恩格斯全集》第3卷，人民出版社1960年版，第507页。
② 《马克思恩格斯选集》第1卷，人民出版社1995年版，第272页。

题自然会由另外一个问题的解答而得到解答：是什么使雇佣工人、资本家、土地所有者成为社会三大阶级的成员？"① 马克思说："乍一看来，好像就是收入和收入源泉的同一性。正是这三大社会集团，其成员，形成这些集团的个人，分别靠工资、利润和地租来生活，也就是分别靠他们的劳动力、他们的资本和他们的土地所有权来生活。"② 不过，"从这个观点来看，例如，医生和官吏似乎也形成两个阶级，因为他们属于两个不同的社会集团，其中每个集团成员的收入都来自同一源泉。对于社会分工在工人、资本家和土地所有者中间造成的利益和地位的无止境的划分，——例如，土地所有者分成葡萄园所有者，耕地所有者，森林所有者，矿山所有者，渔场所有者，——似乎同样也可以这样说。"③ 从马克思这段话可以看出，马克思认为划分阶级的依据是使人们区分为不同的阶级的事情。使人们区分为不同的阶级的事情是什么？在资本主义社会，"什么事情使雇佣工人、资本家、土地所有者成为社会三大阶级？"马克思提出了这个重要问题，由于手稿到此中断，所以我们未能看到马克思的直接答案。然而，在马克思的一系列著作中我们能找到这个答案。

什么事情形成不同的阶级？在《德意志意识形态》中，马克思指出："某一阶级的各个人所结成的、受他们的与另一阶级相对立的那种共同利益所制约的共同关系，总是这样一种共同体"④。这种共同体是一种共同关系，是一种社会关系，是把同一时代作为对立面的不同阶级联合起来的形式，是社会制度的基础。而对立阶级的个人"不是作为个人而是作为阶级的成员处于这种共同关系中的"⑤。不同社会制度下的共同体是不同的。马克思在谈到阶级社会不同时代的阶级时指出："这些情况以及受其制约的进行征服的组织方式，在日耳曼人的军事制度的影响下，发展了封建所有制。这种所有制像部落所有制和公社所有制一样，也是以一种共同体［Gemeinwesen］为基础的。但是作为直接进行生产的阶级而与这种共同体对立的，已经不是与

---

① 《马克思恩格斯全集》第 46 卷，人民出版社 2003 年版，第 1002 页。
② 《马克思恩格斯全集》第 46 卷，人民出版社 2003 年版，第 1002 页。
③ 《马克思恩格斯全集》第 46 卷，人民出版社 2003 年版，第 1002 页。
④ 《马克思恩格斯选集》第 1 卷，人民出版社 1995 年版，第 121 页。
⑤ 《马克思恩格斯选集》第 1 卷，人民出版社 1995 年版，第 121 页。

古典古代的共同体相对立的奴隶，而是小农奴"①。不同社会的所有制是以不同时代的共同体为基础的，不同时代的共同体决定了不同时代对立的阶级。奴隶与奴隶主这两大对立的阶级存在于奴隶社会的共同体内。奴隶与这种共同体，与现存的社会关系是对立的；奴隶主与这种共同体，与现存的社会关系不是对立的，是这种共同体的代表。农民（或农奴）与地主（或封建主）这两大对立的阶级存在于封建社会的共同体内。农民（或农奴）与这种共同体，与现存的社会关系是对立的；地主（或封建主）与这种共同体，与现存的社会关系不是对立的，是这种共同体的代表。马克思晚年在《古代社会史笔记》中还把古代社会经济基本单位称作"群体"的"原始共同体"②。从马克思对"共同体"发展的分析来看，马克思常常在自己的著作中把特定社会的生产主体或社会经济基本单位称作"共同体"。

阶级离不开"共同体"——社会生产主体——社会经济基本单位，但是，仅仅"共同体"——社会生产主体——生产基本单位还不能构成划分阶级的依据。

马克思在《〈政治经济学批判〉导言》中指出："在研究经济范畴的发展时，正如在研究任何历史科学、社会科学时一样，应当时刻把握住：无论在现实中或在头脑中，主体——这里是现代资产阶级社会——都是既定的；因而范畴表现这个一定社会即这个主体的存在形式、存在规定、常常只是个别的侧面；因此，这个一定社会在科学上也决不是在把它当作这样一个社会来谈论的时候才开始存在的。这必须把握住，因为这对于分篇直接具有决定的意义。"③ 从马克思的这段话中可知，马克思认为首先把握住社会主体对于分篇直接具有决定的意义。马克思又是如何来分篇的呢？

在《〈政治经济学批判〉导言》中，马克思在拟定他未来经济学巨著结构的最初计划时提出："显然，应当这样来分篇：（1）一般的抽象的规定，因此它们或多或少属于一切社会形式，不过是在上面所阐述的意义上。（2）形成资产阶级社会内部结构并且成为基本阶级的依据的范畴。资本、雇

---

① 《马克思恩格斯选集》第1卷，人民出版社1995年版，第70页。
② 《马克思古代社会史笔记》，人民出版社1996年版，第510页。
③ 《马克思恩格斯全集》第30卷，人民出版社1995年版，第47—48页。

佣劳动、土地所有制。它们的相互关系。城市和乡村。三大社会阶级。它们之间的交换。流通。信用事业（私人的）。（3）资产阶级社会在国家形式上的概括。就它本身来考察。'非生产'阶级。税。国债。公共信用。人口。殖民地。向国外移民。（4）生产的国际关系。国际分工。国际交换。输出和输入。汇率。（5）世界市场和危机。"① 在上面这段话之前，马克思在谈到首先把握住社会主体对于分篇直接具有决定意义后，马克思分析了作为"资产阶级社会的支配一切的经济权力"② 的资本，并认为"它必须成为起点又成为终点"。马克思提出，作为具有"抽象规定性"的经济范畴，"还有一个例子，说明同一些范畴在不同的社会阶段有不同的地位，这就是资产阶级社会的最新形式之一：股份公司"③。在这些分析之后，马克思才说，"显然，应当这样来分篇"。

在上面两段话中，马克思说分篇首先应当把握的是"一般的抽象的规定"，既说把握主体"对于分篇直接具有决定的意义"，又说资本"它必须成为起点又成为终点"，还说作为具有"抽象规定性"的经济范畴，在"资产阶级社会的最新形式之一"是"股份公司"。"资本、雇佣劳动、土地所有制。它们的相互关系"，是"形成资产阶级社会内部结构并且成为基本阶级的依据"。根据逻辑关系，马克思所说的"一般的抽象的规定"与上面所说的对于分篇直接具有决定的意义的、在现代资产阶级社会都是既定的"主体"是同一事物，即社会微观生产主体——社会经济基本单位，在资本主义社会就是企业法人为主导的社会生产组织。一定历史阶段作为社会经济基本单位的社会微观生产主体中物的所属关系即生产资料所有制关系所决定的人的关系是划分阶级的依据。

根据一定历史阶段社会生产主体内部对生产资料所属关系所决定的人的关系来划分阶级这一论断，生产资料的所有关系反映社会生产主体——社会阶级基本单位的本质关系。马克思在1861—1863年经济学手稿中指出："资本家和雇佣工人是生产职能的唯一承担者和当事人，他们之间的相互关系和

---

① 《马克思恩格斯全集》第 30 卷，人民出版社 1995 年版，第 50 页。
② 《马克思恩格斯全集》第 30 卷，人民出版社 1995 年版，第 49 页。
③ 《马克思恩格斯全集》第 30 卷，人民出版社 1995 年版，第 49 页。

对立是从资本主义生产方式的本质产生的。"① 列宁也说："区别各阶级的基本标志，是它们在社会生产中所处的地位，也就是它们对生产资料的关系。"② 对生产资料的占有关系是划分不同阶级的基本点，占有生产资料的阶级是有产阶级，不占有生产资料的阶级是劳动阶级。历史唯物主义根据一定历史阶段社会物质资料生产主体内部对生产资料所有关系所决定的人们之间的关系划分阶级，这样，每一历史阶段阶级的特征不仅具体而且鲜明。

二、联系生产力、生产关系分析阶级问题是成熟时期马克思的特点

（一）成熟时期的马克思联系生产力、生产关系分析阶级问题

对阶级和阶级斗争现象的认识过程，反映了马克思思想的发展历程，也使马克思关于阶级和阶级斗争的理论区别于其他学派。

青年马克思已看到了社会中阶级对立的事实，但是，当马克思受黑格尔唯心主义思想影响时，他是从唯心主义的理论原则出发解释阶级和阶级斗争现象，当马克思转向费尔巴哈哲学时，他又用人本主义的原则来说明阶级。在《莱茵报》期间，马克思已开始注意到财产关系，看到人们的行动和言论总是从他们所隶属的那个等级的利益出发。在《黑格尔法哲学批判》中，马克思已提出从市民社会自身的矛盾、从等级矛盾出发去说明国家。马克思说："对现代国家制度的真正哲学的批判，不仅揭露这种制度中存在着的矛盾，而且解释这些矛盾，了解这些矛盾的形成过程和这些矛盾的必然性。这种批判从这些矛盾的本来意义上来把握矛盾。但是，这种理解不在于到处去重新辨认逻辑概念的规定，像黑格尔所想像的那样，而在于把握特有对象的特有逻辑"③。

从现实社会自身的矛盾出发，这是马克思科学地认识社会阶级矛盾并进一步创立自己的阶级理论的开始。但是，在《黑格尔法哲学批判》中，马克思基本上还是站在理性主义立场上，从理性出发去阐发市民社会中阶级之

---

① 《马克思恩格斯全集》第26卷第2册，人民出版社1973年版，第166页。
② 《列宁全集》第7卷，人民出版社1986年版，第30页。
③ 《马克思恩格斯全集》第3卷，人民出版社2002年版，第114页。

间和物质生产中的内在矛盾，还把形成等级差别的原因与个人的生活方式、个人的活动性质联系起来。在《德法年鉴》时期，马克思已站在无产阶级的立场上阐述无产阶级的现实状况和历史作用，不仅将无产阶级看成是一个受苦最深的阶级，而且将无产阶级看作是实现未来社会革命的主要力量。在《1844 年经济学哲学手稿》中，马克思用异化劳动解释资本主义社会中工人与资本家的阶级对立，通过对工资、利润、地租的分析，明确指出："所有者和劳动者之间的关系必然归结为剥削者和被剥削者的经济关系"①。这时的马克思已经开始注意到经济的所有制关系和物质生活状况在阶级对立和阶级斗争中的决定性作用。马克思这时还受到费尔巴哈的影响，还从人本主义出发，用个体和类的矛盾来说明社会问题，对社会阶级关系的分析还带有浓厚的抽象性和逻辑推理色彩。在《神圣家族》中，马克思已开始从私有制的角度认识资产阶级与无产阶级的对立，并从无产阶级的生活条件和资本主义社会的社会结构方面来确定无产阶级的地位和任务，已经具有了通过无产阶级反对资产阶级的斗争，最终消灭资本主义制度和一切阶级对立的思想。《神圣家族》中提出，私有制在自己的经济运动中自己把自己推向灭亡，而随着无产阶级的胜利，无产阶级本身以及制约着它的对立面——私有制都趋于消灭。在《神圣家族》中，我们仍能发现马克思受费尔巴哈哲学的影响，马克思还没有建立自己学说的话语体系。

马克思在《关于费尔巴哈提纲》这篇包含着新世界观天才萌芽的著作中与费尔巴哈等旧哲学进行了彻底决裂，否定了费尔巴哈的抽象的"人"，从社会关系的角度探讨人的本质，为历史唯物主义也为科学的阶级和阶级斗争理论的诞生奠定了理论上的基础。

在《德意志意识形态》中，马克思基本实现了作为自己学说出发点的社会生产主体——人的范畴认识上的根本变革，全面阐述了马克思学说的理论体系。在《哲学的贫困》中，马克思明确了生产关系的概念，明确了作为自己学说出发点的社会生产主体——人的范畴②。在《德意志意识形态》及其以后的著作中，马克思从社会生产主体——社会经济基本单位的物质内

---

① 《马克思恩格斯全集》第 3 卷，人民出版社 2002 年版，第 261 页。
② 参见李云峰：《马克思学说中人的概念》，人民出版社 2007 年版，第 69—152 页。

容和社会形式——生产力和生产关系的对立关系来阐述阶级这一问题。因此，我们说联系一定历史时期社会生产主体的内在矛盾分析阶级和阶级斗争是成熟时期马克思的特点或标志。

（二）马克思联系生产力、生产关系对阶级问题的分析

马克思从社会生产主体的内在矛盾——生产力和生产关系的对立阐述阶级或阶级斗争问题。生产力和生产关系是具体的，历史的，是一定历史阶段的生产力和生产关系，即是一定历史阶段社会生产主体的物质内容和社会形式。马克思是联系一定历史时期的社会生产主体及其内在关系阐述阶级或阶级斗争。

马克思认为，阶级社会的社会关系是建立在阶级对抗基础上，为了正确地判断某一个阶级社会的生产，"必须把它当作以对抗为基础的生产方式来考察"①，这样才能了解"财富怎样在这种对抗中间形成，生产力怎样和阶级对抗同时发展"②。

马克思认为：在阶级社会，被压迫阶级是推动社会前进的最革命的阶级，是生产力的代表。"被压迫阶级的存在就是每一个以阶级对抗为基础的社会的必要条件。因此，被压迫阶级的解放必然意味着新社会的建立。"③马克思明确提出："在一切生产工具中，最强大的一种生产力是革命阶级本身。革命因素之组成为阶级，是以旧社会的怀抱中所能产生的全部生产力的存在为前提的。"④ 在马克思看来，革命阶级是生产力的代表，他们的要求和愿望，反映了生产力的发展趋势。劳动阶级是"作为直接进行生产的阶级而与这种共同体对立"⑤，即劳动阶级与现存的社会关系、现存的社会生产主体利益是不一致的，这种现存的社会关系或生产关系与统治阶级的利益是完全一致的，统治阶级实际上代表着一切现存的社会关系。例如，在资本主义社会，无产阶级代表先进的生产力，其与现存的生产主体利益对立，资产阶级代表资本主义私有制的生产关系，与现存的生产主体利益一致，因而生

---

① 《马克思恩格斯选集》第 1 卷，人民出版社 1995 年版，第 152 页。
② 《马克思恩格斯选集》第 1 卷，人民出版社 1995 年版，第 152 页。
③ 《马克思恩格斯选集》第 1 卷，人民出版社 1995 年版，第 194 页。
④ 《马克思恩格斯选集》第 1 卷，人民出版社 1995 年版，第 194 页。
⑤ 《马克思恩格斯选集》第 1 卷，人民出版社 1995 年版，第 70 页。

产力与生产关系的矛盾就具体表现为无产阶级与资产阶级的矛盾。经济结构中的阶级矛盾，必然要反映到政治、法律制度和社会意识形态的上层建筑中来，这就构成了资本主义社会中经济基础和上层建筑领域的无产阶级与资产阶级的矛盾和斗争。由此可见，在阶级社会里，革命阶级与统治阶级的矛盾反映了生产力与生产关系、经济基础与上层建筑的矛盾，阶级矛盾是阶级社会基本矛盾的具体体现。

马克思在《资本论》及其手稿中分析资本主义社会生产主体内无产阶级与资产阶级的对立时，始终把无产阶级与资产阶级看作劳动与生产劳动的条件——生产力和生产关系（社会生产主体的内容和形式）的代表。马克思说：在阶级社会的生产方式中，"阶级对立——一方是生产条件的占有者，另一方是劳动的占有者"①，生产条件的占有者是社会生产主体内部生产关系的代表，劳动的占有者是生产力的代表。马克思把无产阶级与资产阶级的阶级对立看作是生产方式中生产力和生产关系对立的表现，把无产阶级与资产阶级之间的矛盾看作是社会的生产和资本主义占有之间的矛盾。

（三）离开具体的物质资料生产主体不可能理解阶级

马克思在《〈政治经济学批判〉导言》关于"政治经济学的方法"中指出，当我们从政治经济学的角度考察某一国家的时候，我们从该国的人口，人口的阶级划分，人口在城乡、海洋、在不同生产部门的分布，输出和输入，全年的生产和消费，商品价格等等开始。"从实在和具体开始，从现实的前提开始，因而，例如在经济学上从作为全部社会生产行为的基础和主体的人口开始，似乎是正确的。但是，更仔细地考察起来，这是错误的。如果我，例如，抛开构成人口的阶级，人口就是一个抽象。如果我不知道这些阶级所依据的因素，如雇佣劳动、资本等等，阶级又是一句空话。而这些因素是以交换、分工、价格等等为前提的。比如资本，如果没有雇佣劳动、价值、货币、价格等等，它就什么也不是。因此，如果我从人口着手，那么，这就是关于整体的一个混沌的表象，并且通过更切近的规定我就会在分析中

---

① 《马克思恩格斯全集》第32卷，人民出版社1998年版，第202页。

达到越来越简单的概念；从表象中的具体达到越来越稀薄的抽象，直到我达到一些最简单的规定。于是行程又得从那里回过头来，直到我最后又回到人口，但是这回人口已不是关于整体的一个混沌的表象，而是一个具有许多规定和关系的丰富的总体了。"① 马克思认为，如果抛开生产主体内部对立的阶级，作为主体的人就是一个抽象；如果不知道阶级所依据的因素，如资本主义社会的雇佣劳动、资本等，阶级又是一句空话。马克思的研究方法是："在分析中达到越来越简单的概念；从表象中的具体达到越来越稀薄的抽象，直到我达到一些最简单的规定"。马克思是从"作为全部社会生产行为的基础和主体的人口"开始自己的研究工作的，但是这个作为全部社会生产行为的基础的主体的人口"是一个具有许多规定和关系的丰富的总体"。马克思是从具有许多规定和关系的丰富的"作为全部社会生产行为的基础和主体的人口"说明阶级的，也就是说从具有许多规定和关系的丰富的社会物质资料生产主体说明阶级的，从社会物质资料生产主体的内在矛盾生产力和生产关系说明阶级的。恩格斯在《反杜林论》中也说："剥削阶级和被剥削阶级、统治阶级和被压迫阶级之间的到现在为止的一切历史对立，都可以从人的劳动的这种相对不发展的生产率中得到说明。"②

从具体的、历史的社会生产主体的内在矛盾——生产力和生产关系说明阶级或阶级斗争问题是马克思区别于前人在该问题上的特点。马克思说自己在阶级和阶级斗争问题上增加的新内容，这就是发现了阶级与一定历史时期的社会生产主体相联系。离开了社会生产主体不可能理解马克思的阶级和阶级斗争理论。

三、阶级是一定历史阶段社会生产主体内利益根本对立的集团

（一）对立的阶级共存于一定历史阶段生产主体内

阶级与一定历史时期的社会生产主体相联系，脱离一定的生产主体将无

---

① 《马克思恩格斯全集》第 30 卷，人民出版社 1995 年版，第 41 页。
② 《马克思恩格斯选集》第 3 卷，人民出版社 1995 年版，第 525 页。

从认识阶级。马克思认为一定历史阶段对立的阶级共同存在于一个"整体"或"共同体"中，它们互相联系、互相依存、不可分割。

在马克思恩格斯合著的第一部著作《神圣家族》中，针对青年黑格尔派看到了社会的贫富对立现象，但是把贫富对立的前提放在这一对立的"整体"之外，马克思恩格斯批判他们说："批判的批判既然向'整体本身'去探询其存在的前提，那就等于是用真正神学的方式在这个'整体'之外寻求这些前提。批判的思辨在它似乎正在研究的那个对象以外运动着。贫富之间的这一全部对立正是对立的两个方面的运动，整体存在的前提正是包含在这两个方面的本性中，可是批判的思辨却避不研究这个形成整体的真正的运动"①。马克思恩格斯还进一步指出："无产阶级和富有是两个对立面。它们本身构成一个统一的整体。它们二者都是由私有制世界产生的。问题在于这两个方面中的每一个方面在对立中究竟占有什么样的确定的地位。只宣布它们是统一整体的两个方面是不够的。"② 在每个阶级社会中，社会生产主体内部存在着两大对立的基本阶级，除了构成该社会主要矛盾的两大对立的基本阶级之外，还有一些非基本的阶级或集团，如自由民、个体农民和手工业者、小商人、小资产阶级等等。这种情况反映了社会经济关系的多样性和复杂性。基本阶级和非基本阶级之间的关系也是复杂的。基本的阶级关系是该社会中占主导地位的关系，它的存在和变化制约着非基本阶级的存在和变化。非基本阶级一般在社会中处于从属地位，但也对基本阶级产生一定的影响。

无产阶级和资产阶级是资本主义社会生产主体中的两个对立面，二者构成一个统一的整体，马克思具体分析了无产阶级和资产阶级在生产主体中的地位。资产阶级作为私有制来说，作为富有来说，不能不保持自身的存在，因而也就不能不保持自己的对立面——无产阶级，而无产阶级作为无产者，为自身的生存，又不能不依附于资产者。在资本主义社会生产主体内部，"私有者是保守的方面，无产者是破坏的方面。从前者产生保持对立的行动，

---

① 《马克思恩格斯全集》第 2 卷，人民出版社 1957 年版，第 43 页。
② 《马克思恩格斯全集》第 2 卷，人民出版社 1957 年版，第 43 页。

从后者则产生消灭对立的行动。"① 资产阶级是资本主义社会生产主体中"对立的肯定方面"②，是维持"得到自我满足"③ 的资本主义私有制生产存在的方面；无产阶级是"对立的否定方面"④，是"对立内部的不安"⑤，是"消灭自身的私有制"⑥ 的力量。无产阶级和资产阶级是资本主义社会生产主体内两个对立的阶级，它们既相互联系，又相互区别；既相互对立，又相互依存；既相互排斥，又相互渗透，构成一个统一的整体。

在《德意志意识形态》中，马克思具体分析了阶级作为对立的双方共同存在于一个"共同体"中。马克思指出："某一阶级的各个人所结成的、受他们的与另一阶级相对立的那种共同利益所制约的共同关系，总是这样一种共同体"⑦。这种共同体是一种共同关系，是一种社会关系，是把同一时代作为对立面的不同阶级联合起来的形式。从马克思对"共同体"的分析可以看出，马克思在这里使用的"共同体"概念，实际上就是指作为社会经济基本单位的微观生产主体。在谈到封建社会时，马克思指出："这些情况以及受其制约的进行征服的组织方式，在日耳曼人的军事制度的影响下，发展了封建所有制。这种所有制像部落所有制和公社所有制一样，也是以一种共同体〔Gemeinwesen〕为基础的。但是作为直接进行生产的阶级而与这种共同体对立的，已经不是与古典古代的共同体相对立的奴隶，而是小农奴"⑧。封建社会的共同体——社会生产基本单位内对立的两个阶级不再是奴隶社会时的奴隶和奴隶主，而是地主和农民或农奴。

在马克思看来，"共同体形式就应当按照生产力来改变"⑨。"从前各个人联合而成的虚假的共同体，总是相对于各个人而独立的；由于这种共同体是一个阶级反对另一个阶级的联合，因此对于被统治的阶级来说，它不仅是

---

① 《马克思恩格斯全集》第 2 卷，人民出版社 1957 年版，第 44 页。
② 《马克思恩格斯全集》第 2 卷，人民出版社 1957 年版，第 43 页。
③ 《马克思恩格斯全集》第 2 卷，人民出版社 1957 年版，第 43 页。
④ 《马克思恩格斯全集》第 2 卷，人民出版社 1957 年版，第 43 页。
⑤ 《马克思恩格斯全集》第 2 卷，人民出版社 1957 年版，第 43 页。
⑥ 《马克思恩格斯全集》第 2 卷，人民出版社 1957 年版，第 44 页。
⑦ 《马克思恩格斯选集》第 1 卷，人民出版社 1995 年版，第 121 页。
⑧ 《马克思恩格斯选集》第 1 卷，人民出版社 1995 年版，第 70 页。
⑨ 《马克思恩格斯选集》第 1 卷，人民出版社 1995 年版，第 126 页。

完全虚幻的共同体，而且是新的桎梏。在真正的共同体的条件下，各个人在自己的联合中并通过这种联合获得自己的自由”①。

在《资本论》手稿中，马克思提出："分工产生出密集、结合、协作、私人利益的对立、阶级利益的对立、竞争、资本积聚、垄断、股份公司，——全都是对立的统一形式，而统一又引起对立本身"②。马克思这里所说的对立的阶级对立统一的形式包括股份公司。股份公司是资本主义社会生产的主体——社会生产的基本单位和组织，对立的阶级共存于社会生产的主体——社会生产的基本单位和组织中。

马克思不仅看到阶级与一定历史时期的社会生产主体相联系，看到一定历史阶段对立的阶级互相联系、互相依存、不可分割，共存于一个"整体"或"共同体"中，而且看到了阶级社会里生产主体内部阶级的对立。

青年时期的马克思已经观察到了资产阶级与封建贵族、无产阶级与封建贵族和资产阶级之间的对立这个事实，并对德国不合理的现实状况表示了极大的愤慨。在《1844 年经济学哲学手稿》中，马克思已提出，"整个社会必然分化为两个阶级，即有产阶级和没有财产的工人阶级"③。但是，那时马克思还没有从生产主体角度分析这种对立。

马克思恩格斯在《共产党宣言》中明确指出："在过去的各个历史时代，我们几乎到处都可以看到社会完全划分为各个不同的等级，看到社会地位分成多种多样的层次。在古罗马，有贵族、骑士、平民、奴隶，在中世纪，有封建主、臣仆、行会师傅、帮工、农奴，而且几乎在每一个阶级内部又有一些特殊的阶层。从封建社会的灭亡中产生出来的现代资产阶级社会并没有消灭阶级对立。它只是用新的阶级、新的压迫条件、新的斗争形式代替了旧的。"④ "我们的时代，资产阶级时代，却有一个特点：它使阶级对立简单化了。整个社会日益分裂为两大敌对的阵营，分裂为两大相互直接对立的阶级：资产阶级和无产阶级。"⑤ 因此，从原始社会土地公有制解体以来，

---

① 《马克思恩格斯选集》第 1 卷，人民出版社 1995 年版，第 119 页。
② 《马克思恩格斯全集》第 30 卷，人民出版社 1995 年版，第 109 页。
③ 《马克思恩格斯全集》第 3 卷，人民出版社 2002 年版，第 266 页。
④ 《马克思恩格斯选集》第 1 卷，人民出版社 1995 年版，第 272—273 页。
⑤ 《马克思恩格斯选集》第 1 卷，人民出版社 1995 年版，第 273 页。

"一切社会的历史都是阶级斗争的历史"①。阶级社会生产主体内部存在着对立的阶级，阶级社会的社会关系是建立在阶级对抗基础上，马克思把历史上这些阶级社会当作"以对抗为基础的生产方式来考察"②。

在《雇佣劳动与资本》中，马克思分析了资本主义社会中工人与资本家这两个对立的阶级共存于生产主体内，既相互对立又相互制约的关系。马克思指出：在资本主义社会，工人与资本家相互制约，互为前提，"资本以雇佣劳动为前提，而雇佣劳动又以资本为前提。两者相互制约；两者相互产生。"③ 虽然，工人与资本家共存于一个生产主体内，既相互对立又相互制约，但是，工人与资本家的利益不是一致的，他们的利益是对立的。"断言资本的利益和工人的利益是一致的，事实上不过是说资本和雇佣劳动是同一种关系的两个方面罢了。一个方面制约着另一个方面，就如同高利贷者和挥霍者相互制约一样。""只要雇佣工人仍然是雇佣工人，他的命运就取决于资本。这就是一再被人称道的工人和资本家利益的共同性。"④ 马克思讥讽那些认为资本家和工人的利益是一致的资产者及其经济学家们说："资产者及其经济学家们断言，资本家和工人的利益是一致的。千真万确呵！如果资本不雇用工人，工人就会灭亡。如果资本不剥削劳动力，资本就会灭亡，而要剥削劳动力，资本就得购买劳动力。投入生产的资本即生产资本增加越快，从而产业越繁荣，资产阶级越发财，生意越兴隆，资本家需要的工人也就越多，工人出卖自己的价格也就越高。"⑤ 被剥削对象的存在，是剥削者存在的前提，"除劳动能力以外一无所有的阶级的存在是资本的必要前提。"⑥

在《资本论》中，马克思具体分析了资本主义社会"资本和劳动"的对立。这种对立是现代资本主义社会体系所赖以旋转的轴心。围绕资本和劳动对立的关系，马克思揭示了资本主义社会对立的本质及其运动的规律。

---

① 《马克思恩格斯选集》第 1 卷，人民出版社 1995 年版，第 272 页。
② 《马克思恩格斯选集》第 1 卷，人民出版社 1995 年版，第 152 页。
③ 《马克思恩格斯选集》第 1 卷，人民出版社 1995 年版，第 347—348 页。
④ 《马克思恩格斯选集》第 1 卷，人民出版社 1995 年版，第 349 页。
⑤ 《马克思恩格斯选集》第 1 卷，人民出版社 1995 年版，第 348 页。
⑥ 《马克思恩格斯选集》第 1 卷，人民出版社 1995 年版，第 346 页。

（二）阶级对立的根源是生产主体内部利益的对立，其实质是劳动的占有与被占有

斯密在《国民财富的性质和原因的研究》中，通过对三个阶级的三种收入的分析，在一定程度上研究了资本主义生产关系的内在联系，反映了资本主义的阶级对立关系。他已看到了工人的劳动是社会财富的源泉，地主、资本家占有了工人的一部分劳动成果。斯密提出："劳动者盼望多得，雇主盼望少给。劳动者都想为提高工资而结合，雇主却想为减低工资而联合"①。

马克思超出前人的地方在于，通过对剩余价值生产和实现过程的分析，以科学的语言、精确的量化分析和形象的描写，令人信服地具体论证了社会生产主体内部阶级之间利益的对立，特别是资本主义社会无产阶级与资产阶级之间利益的对立，揭示了阶级对立的基础和实质。

马克思在《哲学的贫困》中说："当文明一开始的时候，生产就开始建立在级别、等级和阶级的对抗上，最后建立在积累的劳动和直接的劳动的对抗上。没有对抗就没有进步。这是文明直到今天所遵循的规律。到目前为止，生产力就是由于这种阶级对抗的规律而发展起来的。如果硬说由于所有劳动者的一切需要都已满足，所以人们才能创造更高级的产品和从事更复杂的生产，那就是撇开阶级对抗，颠倒整个历史的发展过程。不然也可以这样说：因为在罗马皇帝时代曾有人在人造的池子里喂养鳗鱼，所以说全体罗马居民的食物是充裕的。然而实际情况完全相反，当时罗马人民连必要的粮食也买不起，而罗马的贵族却并不缺少充当鳗鱼饲料的奴隶。"② 马克思认为，在阶级社会生产主体内部的关系是建立在级别、等级和阶级的对抗基础上，最终是建立在积累的劳动和直接的劳动的对抗基础上。代表生产力的劳动阶级得不到他们生产劳动的成果，而作为生产关系的代表的不劳动的剥削阶级，由于他们占有积累的劳动，占有和享受劳动的成果，积累的劳动和直接的劳动是对抗的。

在《哲学的贫困》中，马克思已提出无产阶级和资产阶级在经济利益

---

① 斯密：《国民财富的性质和原因的研究》上卷，商务印书馆1974年版，第60页。
② 《马克思恩格斯全集》第4卷，人民出版社1958年版，第104页。

上具体的对立表现在利润和工资的比例上。马克思说："利润和工资的提高或降低只是表示资本家和工人分享一个工作日的产品的比例，在大多数情况下不会影响产品的价格"。"普遍提高工资就会使利润普通降低，而商品的市场价格却不会有任何变化。"① 这说明马克思这时已认识到利润和工资比例的关系反映了无产阶级和资产阶级在利益上的对立。

在《资本论》及其手稿中，马克思揭示了无产阶级与资产阶级对立的基础。马克思从资本与劳动的交换入手，分析工人用自己的劳动力商品同资本家的一定数量的货币相交换。交换的结果，资本家得到的则是一个具有特殊使用价值的劳动力商品，资本家与工人之间变成了雇佣与被雇佣的关系。在马克思看来，资本家之所以能无偿占有剩余价值是因为占有生产资料，是作为资本的代表，"资本家只有作为生产资料的代表同工人相对立，才能执行职能，才能使工人为他的利益而劳动，或者说，使生产资料执行资本的职能"②。无产阶级与资产阶级对立的基础是因为资产阶级占有生产资料。马克思说："作为资本家，他只是人格化的资本。他的灵魂就是资本的灵魂。而资本只有一种生活本能，这就是增殖自身，创造剩余价值，用自己的不变部分即生产资料吮吸尽可能多的剩余劳动。"③ 马克思认为对生产主体生产资料的私人占有是阶级对立的基础，凭借生产资料的私人占有产生了劳动的雇佣和被雇佣关系。

在马克思看来，阶级对立的实质就是占有生产资料的有产阶级无偿占有劳动阶级的剩余劳动。在《资本论》及其手稿中，马克思通过对剩余价值生产和实现过程的分析，具体分析了资本家凭借生产资料的占有从而无偿占有工人在劳动中创造的剩余价值的过程。资本家在获得了劳动力商品的使用权之后，把它同生产资料结合起来，使它进入创造价值的生产活动。工人的劳动力是一种创造性的力量，工人的劳动创造价值，它除了能够再生产出原材料、工具和它自身的价值以外，还会创造出新的价值，而且，这种新的价值要远远超过他自身的价值。这两者之间的差额就是工人剩余劳动创造的被

---

① 《马克思恩格斯选集》第 1 卷，人民出版社 1995 年版，第 189 页。
② 《马克思恩格斯全集》第 46 卷，人民出版社 2003 年版，第 427 页。
③ 《马克思恩格斯全集》第 44 卷，人民出版社 2001 年版，第 269 页。

资本家无偿占有的剩余价值。马克思写道："在资本方面表现为剩余价值的东西，正好在工人方面表现为超过他作为工人的需要，即超过他维持生命力的直接需要的剩余劳动。"① 资本主义生产过程是劳动过程和价值增值过程的统一，资本家的生产资料和雇佣工人的劳动力在资本家手中结合起来，就是剩余价值的生产过程，通过这一过程，工人不仅再生产出自己劳动力的价值，而且创造了一个超过劳动力价值的剩余价值。生产资料所有者的资本家无偿占有丧失一切生产资料的雇佣工人的剩余劳动创造的剩余价值，这就是现代社会中资本和劳动的关系的核心。

马克思在《资本论》中不仅具体分析了资产阶级如何占有工人阶级的剩余劳动，而且指出占有劳动阶级的剩余劳动是一切阶级社会里阶级对立的普遍表现。马克思说："资本并没有发明剩余劳动。凡是社会上一部分人享有生产资料垄断权的地方，劳动者，无论是自由的或不自由的，都必须在维持自身生活所必需的劳动时间以外，追加超额的劳动时间来为生产资料的所有者生产生活资料，不论这些所有者是雅典的贵族，伊特鲁里亚的神权政治首领，罗马的市民，诺曼的男爵，美国的奴隶主，瓦拉几亚的领主，现代的地主，还是资本家。但是很明显，如果在一个经济的社会形态中占优势的不是产品的交换价值，而是产品的使用价值，剩余劳动就受到或大或小的需求范围的限制，而生产本身的性质就不会造成对剩余劳动的无限制的需求。因此，在古代，只有在谋取具有独立的货币形式的交换价值的地方，即在金银的生产上，才有骇人听闻的过度劳动。"②

阶级对立的根源是生产主体内部利益的对立，占有他人的劳动还是自己的劳动被占有，是剥削阶级与被剥削阶级的本质区别。一切剥削阶级都占有劳动阶级的剩余劳动，绝对剩余价值的生产存在于阶级社会——以阶级对立为基础的一切生产方式中，是一切剥削阶级以及相应的上层建筑建立的基础，反映了这些社会阶级对立的实质。马克思指出：绝对剩余价值"它存在于以阶级对立——一方是生产条件的占有者，另一方是劳动的占有者——为

① 《马克思恩格斯全集》第 30 卷，人民出版社 1995 年版，第 286 页。
② 《马克思恩格斯全集》第 44 卷，人民出版社 2001 年版，第 272—273 页。

基础的一切生产方式中"①。而相对剩余价值的存在任何时候都是同生产力的发展、劳动生产率的提高以及劳动力商品价值的降低联系在一起的。

"'几千年来地球上一切民族的情况都是这样'!!! 在埃及有过劳动和分工，因此有等级；在希腊和罗马有过劳动和分工，因此有自由民和奴隶；在中世纪有过劳动和分工，因此有封建主和农奴、行会、等级等等。在我们这个时代也有劳动和分工，因此也就有阶级，其中一个阶级占有全部生产工具和生活资料，另一个阶级只有出卖自己的劳动力才能生存，而出卖劳动也只有当购买劳动能使雇主阶级发财时才有可能"②。劳动阶级和非劳动阶级是每一个阶级社会形态里对立的两个基本阶级。在生产主体内部不占有生产资料，以自己的劳动获得收入的是劳动阶级或生产阶级，以生产资料或土地获得收入——占有他人劳动的成果的是"非生产阶级"。

（三）阶级是一个利益集团，个人隶属于一定的阶级

马克思指出，阶级是由人们的共同利益所制约的共同关系组成的利益集团或"共同体"。从个人和阶级之间的关系来看，一方面，阶级是由具有共同利益的个人组成的集体，这种集体是一个阶级反对另一个阶级的联合，阶级离不开个人，个人是阶级中的成员，个人隶属于某一阶级。"某一阶级的各个人所结成的、受他们的与另一阶级相对立的那种共同利益所制约的共同关系，总是这样一种共同体，这些个人只是作为普通的个人隶属于这种共同体，只是由于他们还处在本阶级的生存条件下才隶属于这种共同体；他们不是作为个人而是作为阶级的成员处于这种共同关系中的。"③ 马克思认为，"单个人所以组成阶级只是因为他们必须为反对另一个阶级进行共同的斗争"，"个人隶属于一定阶级这一现象，在那个除了反对统治阶级以外不需要维护任何特殊的阶级利益的阶级形成之前，是不可能消灭的。"④ 另一方面，阶级决定它的成员的生活状况、社会地位、个人发展和命运。马克思指

---

① 《马克思恩格斯全集》第 32 卷，人民出版社 1998 年版，第 202 页。
② 《马克思恩格斯全集》第 6 卷，人民出版社 1961 年版，第 221 页。
③ 《马克思恩格斯选集》第 1 卷，人民出版社 1995 年版，第 121 页。
④ 《马克思恩格斯选集》第 1 卷，人民出版社 1995 年版，第 118 页。

出，虽然阶级中的"各个人的出发点总是他们自己"①，但是，阶级中的个人"自己的生活条件是预先确定的：各个人的社会地位，从而他们个人的发展是由阶级决定的，他们隶属于阶级。这同单个人隶属于分工是同类的现象，这种现象只有通过消灭私有制和消灭劳动本身才能消除"②。马克思还具体说明了虽然阶级决定它的成员的生活状况、社会地位和个人发展，但是，阶级中的个人有差异和个性。如："在每一个人的个人生活同他的屈从于某一劳动部门以及与之相关的各种条件的生活之间出现了差别。这不应当理解为，似乎像食利者和资本家等等已不再是有个性的个人了，而应当理解为，他们的个性是由非常明确的阶级关系决定和规定的，上述差别只是在他们与另一阶级的对立中才出现，而对他们本身来说，上述差别只是在他们破产之后才产生。"③

马克思、恩格斯不仅分析了个人和阶级的关系，还进一步指出，在阶级社会中个人是作为阶级的成员处于社会关系之中的，只有在本阶级范围内个人才能获得自由。"没有共同体，这是不可能实现的。只有在共同体中，个人才能获得全面发展其才能的手段，也就是说，只有在共同体中才可能有个人自由。在过去的种种冒充的集体中，如在国家等等中，个人自由只是对那些在统治阶级范围内发展的个人来说是存在的，他们之所以有个人自由，只是因为他们是这一阶级的个人。从前各个人联合而成的虚假的共同体，总是相对于各个人而独立的；由于这种共同体是一个阶级反对另一个阶级的联合，因此对于被统治的阶级来说，它不仅是完全虚幻的共同体，而且是新的桎梏。在真正的共同体的条件下，各个人在自己的联合中并通过这种联合获得自己的自由。"④ 正因为阶级是一定历史阶段社会主体内部利益对立的集团，所以阶级的对立不是阶级成员个人的对立，而是阶级与阶级的对立，是某一个历史阶段社会生产主体中不同利益集团的对立。在《资本论》中，马克思分析资本家与个人的对立，分析利润转化为平均利润时，说明了工人所创造的剩余价值在整个资本家阶级中还要再分配，工人所受到的不是某个

---

① 《马克思恩格斯选集》第 1 卷，人民出版社 1995 年版，第 119 页。
② 《马克思恩格斯选集》第 1 卷，人民出版社 1995 年版，第 118 页。
③ 《马克思恩格斯选集》第 1 卷，人民出版社 1995 年版，第 119 页。
④ 《马克思恩格斯选集》第 1 卷，人民出版社 1995 年版，第 119 页。

资本家个人的剥削，而是整个资本家阶级的剥削。马克思指出：虽然资本家阶级之间也存在对立和矛盾，"资本家在他们的竞争中表现出彼此都是假兄弟，但面对整个工人阶级却结成真正的共济会团体"①。"在劳动的剥削程度已定时，一个特殊生产部门生产的剩余价值量，对社会资本的总平均利润，从而对整个资本家阶级，比直接对每个生产部门的资本家更重要。"② "根据以上所说可以得出结论，每一单个资本家，同每一个特殊生产部门的所有资本家总体一样，参与总资本对全体工人阶级的剥削，并参与决定这个剥削的程度，这不只是出于一般的阶级同情，而且也是出于直接的经济利益，因为在其他一切条件（包括全部预付不变资本的价值）已定的前提下，平均利润率取决于总资本对总劳动的剥削程度。"③ 在资本主义社会，工人是某一个具体生产主体——企业和工厂的工人，资本家是某一个具体生产主体——企业和工厂的资本家，但是，"工人不是属于某一个资本家，而是属于整个资本家阶级"④，工人不是受某一个资本家剥削，而是受整个资本家阶级剥削。

综上所述，阶级是一定历史阶段社会主体内部利益根本对立的集团，阶级对立的根源是生产主体内部利益的对立，其基础是对生产主体生产资料的关系，其实质是劳动的占有与被占有。占有他人的劳动还是自己的劳动被占有，是剥削阶级与被剥削阶级的本质区别。联系一定历史时期社会生产主体分析阶级是马克思区别于其他学派的特点，也是区分成熟时期与不成熟时期马克思的标志。马克思正是从社会生产主体内部对立集团的经济关系揭示了阶级的本质，离开社会生产主体不可能理解马克思的阶级学说。

第二节　生产主体与阶级的产生、存在和消灭

马克思从生产力决定生产关系这一根本原理出发，从社会生产主体的物

---

① 《马克思恩格斯全集》第46卷，人民出版社2003年版，第220页。
② 《马克思恩格斯全集》第46卷，人民出版社2003年版，第188页。
③ 《马克思恩格斯全集》第46卷，人民出版社2003年版，第219页。
④ 《马克思恩格斯选集》第1卷，人民出版社1995年版，第337页。

质内容和社会形式——生产力和生产关系的发展变迁分析阶级的产生、发展和消灭，从每一历史阶段生产力和生产关系的状况分析该社会的阶级结构，从而说明了阶级的存在仅仅同一定历史阶段生产主体相联系。

一、物质资料生产主体与阶级的产生、发展和消灭

一些剥削阶级思想家也承认阶级和阶级斗争存在的事实，但却认为阶级是从来就有的，而且与人类社会共始终。马克思以大量历史材料为依据，说明阶级是一种历史现象，它不是从来就有的，也不会永远存在，而是社会生产力发展到一定历史阶段的产物。

马克思从生产力发展状况出发，说明阶级和阶级对立并不是人类社会一开始就有的现象，阶级的产生是社会生产主体的物质内容——生产力发展到一定历史阶段的产物。在原始社会，生产力极端落后，人们为了生存只有组织起来，过着共同劳动、平均分配的原始共产主义生活。在原始社会生产力情况下，没有任何剩余产品，不可能出现私有财产，也没有人剥削人和发生阶级分化的可能。在原始社会后期，由于分工开始出现，但是还很不发达，因此阶级分化还仅仅以一种萌芽和原始的状态存在于最早的家庭关系之中，在那里，妻子和孩子是丈夫的奴隶。最早出现的这种"家庭中的奴隶制"是与生产力不发达相适应的，它只不过是一种"非常原始和隐蔽"的私有制。最初的阶级对立是从氏族内部分化出来的。随着三次社会大分工的实现和生产资料私有制的发展，各个氏族和家庭之间财产不平等的现象也发展起来。在氏族内部，一方面，随着生产力的发展，社会分工和交换得到发展，逐渐出现了一些富裕的家庭，他们拥有较多的生产资料和生活资料，成为氏族内部的富有者；另一方面，在氏族制度开始解体时，由于社会职能开始独立化，一些担任社会公职的人，如氏族酋长、军事首领、祭司等，利用职权把一部分氏族的公共财产据为己有，特别是利用氏族、部落之间冲突的机会掠夺财富，形成了氏族显贵。马克思晚年在《古代社会史笔记》中指出："同一氏族中的财产差别使氏族成员的利益的共同性变成了他们之间的对抗性；此外，与土地和牲畜一起，货币资本也随着奴隶制的发展而具有了决定

的意义!"①

　　随着物质劳动和精神劳动的最大一次分工,出现了城市和乡村的分离,几个部族通过契约或征服,联合为一个城市,随之部落所有制进入了国家所有制,即进入了奴隶社会。这时,社会分工已经比较发达,不仅出现城乡对立,而且也相继出现了国家之间的对立。在这些国家当中一部分代表城市利益,另一些则代表乡村利益。在城市内部存在着工业和海外贸易之间的对立,即手工业和商业之间的分工和对立,公民和奴隶之间的阶级关系已经充分发展。"随着城市的出现,必然要有行政机关、警察、赋税等等,一句话,必然要有公共的政治机构〔Gemeindewesen〕,从而也就必然要有一般政治。在这里,居民第一次划分为两大阶级,这种划分直接以分工和生产工具为基础。"② 从阶级差别的最初萌发到阶级对立制度的最终确立,经历了漫长的历史过程,人类历史上第一次出现了相互对立的阶级——奴隶主和奴隶阶级。

　　随着生产力的进一步发展,农业的普及,逐渐形成了封建等级制度。在封建社会,生产主体内部不是奴隶和奴隶主两个对立的阶级,而是地主和农民或农奴。马克思说:"这种所有制像部落所有制和公社所有制一样,也是以一种共同体〔Gemeinwesen〕为基础的。但是作为直接进行生产的阶级而与这种共同体对立的,已经不是与古典古代的共同体相对立的奴隶,而是小农奴。随着封建制度的充分发展,也产生了与城市对立的现象。土地占有的等级结构以及与此相联系的武装扈从制度使贵族掌握了支配农奴的权力。"③

　　随着分工的进一步发展,在城市中,出现了和这种封建的土地占有结构相适应的行会所有制,即手工业的封建行会组织,出现了师傅和帮工的对立。也使得流通和生产进一步分离,逐渐形成一个商人阶级。由于商业的活动,通商的扩大,在生产和商业之间也立即产生了相互作用,城市彼此发生了联系,新的劳动工具从一个城市运往另一个城市,生产和商业间的分工随

---

① 《马克思古代社会史笔记》,人民出版社 1996 年版,第 317 页。
② 《马克思恩格斯选集》第 1 卷,人民出版社 1995 年版,第 104 页。
③ 《马克思恩格斯选集》第 1 卷,人民出版社 1995 年版,第 70 页。

之引起了各城市间在生产上的新的分工，在每一个城市中都有自己的特殊的工业部门占着优势。最初的地域局限性开始逐渐消失，于是从各个城市的许多地方性的居民团体中，逐渐地、非常缓慢地产生出市民阶级，即最早的资产阶级。"由于分工，它又重新分裂为各种不同的集团，最后，随着一切现有财产被变为工业资本或商业资本，它吞并了在它以前存在过的一切有财产的阶级（同时资产阶级把以前存在过的没有财产的阶级的大部分和原先有财产的阶级的一部分变为新的阶级——无产阶级）"①。在资本主义所有制占统治地位的时候，资本主义的生产主体主要是现代工厂或企业，生产主体内部两个对立的阶级是资本家和工人。

马克思认为，阶级不是从来就有的，也不会永远存在。资本主义私有制及其阶级关系是工业发展的一定阶段上的产物，因此，在交往和生产力已经发展到这样普遍的程度，以至私有制和分工变成了它们的桎梏而必然要消灭之时，阶级就会消灭。大工业就提供了这样的条件，只有在工业高度发展，生产力的巨大增长和高度发达的条件下阶级才能归于消灭，阶级的消灭是与消灭私有制生产主体相联系的。

二、一定历史阶段的社会生产主体状况决定该社会的阶级结构

马克思指出："阶级对立是建立在经济基础上的，是建立在迄今存在的物质生产方式和由这种方式所决定的交换关系上的。"② 每一个历史阶段的阶级都是其时代生产方式的产物，每一个时代的社会生产主体状况决定该社会的阶级结构，并且，社会的阶级结构随着社会生产主体的变化而发生变化。

在《德意志意识形态》中，马克思指出："工业和商业、生活必需品的生产和交换，一方面制约着分配，不同社会阶级的划分，同时它们在自己的运动形式上又受着后者的制约。这样一来，打个比方说，费尔巴哈在曼彻斯特只看见一些工厂和机器，而一百年以前在那里只能看见脚踏纺车和织布

---

① 《马克思恩格斯选集》第 1 卷，人民出版社 1995 年版，第 117—118 页。
② 《马克思恩格斯全集》第 5 卷，人民出版社 1958 年版，第 533 页。

机；或者，他在罗马的坎帕尼亚只发现一些牧场和沼泽，而在奥古斯都时代在那里只能发现罗马资本家的葡萄园和别墅。"① 社会生产和交换决定着阶级的划分，同时社会生产和交换的形式又受财富在不同阶级间分配的制约。在 17、18 世纪的英国看到的是脚踏纺车和织布机，19 世纪 40 年代则是一些工厂和机器。生产主体中的物质内容和社会形式的变化必然导致生产主体内部生产者和财产所有者的相应变化。马克思在《哲学的贫困》中对这一思想表述得更为清楚，"手推磨产生的是封建主的社会，蒸汽磨产生的是工业资本家的社会"②。手推磨、蒸汽磨都是社会生产主体使用的生产工具，属于社会生产主体的物质内容生产力的范畴。各个历史阶段不同的生产力，生产力中的主要方面生产工具，决定不同历史阶段的生产关系，也决定了不同历史阶段的阶级结构。封建社会以手推磨等手工生产工具为主，决定了其阶级结构主要是封建主和农民（或农奴）；资本主义以蒸汽磨等机械生产工具为主，决定了其阶级结构主要是工业资本家和工人。

《共产党宣言》始终坚持从生产力决定生产关系的基本规律出发，考察阶级和阶级斗争的历史，说明每一历史时代的社会阶级结构、各阶级之间的对立和斗争，都是由该时代的社会经济生产决定的。恩格斯在 1888 年英文版序言中说，《共产党宣言》的核心思想是："每一历史时代主要的经济生产方式和交换方式以及必然由此产生的社会结构，是该时代政治的和精神的历史所赖以确立的基础，并且只有从这一基础出发，这一历史才能得到说明；因此人类的全部历史（从土地公有的原始氏族社会解体以来）都是阶级斗争的历史，即剥削阶级和被剥削阶级之间、统治阶级和被压迫阶级之间斗争的历史"③。恩格斯说这一构成《共产党宣言》核心的基本思想是属于马克思的。

《共产党宣言》指出："在过去的各个历史时代，我们几乎到处都可以看到社会完全划分为各个不同的等级，看到社会地位分成多种多样的层次。在古罗马，有贵族、骑士、平民、奴隶，在中世纪，有封建主、臣仆、行会

---

① 《马克思恩格斯选集》第 1 卷，人民出版社 1995 年版，第 77 页。
② 《马克思恩格斯选集》第 1 卷，人民出版社 1995 年版，第 142 页。
③ 《马克思恩格斯选集》第 1 卷，人民出版社 1995 年版，第 257 页。

师傅、帮工、农奴，而且几乎在每一个阶级内部又有一些特殊的阶层。"①
这种阶级结构是由古罗马和中世纪封建制的生产方式——生产力和生产关系
决定的。在封建社会后期，由于生产力的发展，出现了资本主义生产方式的
萌芽。一些农奴由于无法忍受残酷的封建剥削，逃往城市谋生，这就"从中
世纪的农奴中产生了初期城市的城关市民；从这个市民等级中发展出最初的
资产阶级分子"②。美洲大陆的发现，东印度和中国市场的开拓，给新兴资
产阶级开辟了新的活动场所，以前那种封建的或行会的工业经营方式已经不
能满足随着新市场出现而增加的需求，工场手工业代替了封建的或行会的经
营方式。随着市场的扩大，需求的增加，现代大工业又代替了工场手工业。
随着工业、商业、航海业和铁路运输业的发展，资产阶级不断地增加资本，
积累巨大的财富，以至把中世纪遗留下来的一切阶级都排挤到后面去。一些
小工业家、小商人和小食利者，手工业者和农民，有的由于他们的小资本不
足以经营大工业，经不起较大的资本家的竞争；有的由于他们的手艺被新的
生产方法弄得一钱不值，所以他们都遭受破产，被迫加入到无产阶级的队伍
中来。一方面，大资本家积累了巨大的财富，另一方面，绝大部分的居民变
成了赤贫的无产者，这样，整个社会就日益分化为两极，形成两大直接对立
的阶级：资产阶级和无产阶级。《共产党宣言》所描述的这一过程说明：现
代资产阶级本身是一个长期发展过程的产物，是生产方式和交换方式的一系
列变革的产物。"现代工业已经把家长式的师傅的小作坊变成了工业资本家
的大工厂"③。社会生产的发展，社会生产组织或社会生产基本单位的内部
结构，已经把封建主、臣仆、行会师傅、帮工、农奴，以及每一个阶级内部
还有一些特殊的阶层这种阶级结构，变成了资本家与工人这种对立简单化了
的阶级结构。

　　在《资本论》及其手稿中，马克思具体考察了资本主义社会的阶级结
构及其总的发展趋势。从阶级是社会生产主体内利益根本对立的集团出发，
马克思分析了资本主义社会的阶级结构。马克思指出在资本主义制度下并非

---

① 《马克思恩格斯选集》第 1 卷，人民出版社 1995 年版，第 272—273 页。
② 《马克思恩格斯选集》第 1 卷，人民出版社 1995 年版，第 273 页
③ 《马克思恩格斯选集》第 1 卷，人民出版社 1995 年版，第 279 页。

所有存在的社会集团都是由资本主义生产方式产生的。他说："这里我们遇到的是这样一个社会所具有的特点，在这个社会中一定的生产方式占支配地位，但是还不是这个社会的一切生产关系都从属于它"①。如资本主义社会中的农民和手工业者，他们是商品生产者，但不是从属于资本主义生产方式的商品生产者。资本主义生产关系就其本质来说，是以资本与劳动的分离为基础的，因而导致资产阶级与无产阶级的对立。马克思说："在现在这个社会中，分离表现为正常的关系。……这里表现得非常明显：资本家本身不过是资本的职能，工人本身不过是劳动能力的职能。"② 因此，与资本相联系的资本家，通过地租也与资本相联系的大土地所有者，以及与劳动相联系的雇佣工人，形成建立在资本主义生产方式基础上的现代社会的三大阶级。由封建社会过渡到资本主义社会的独立农民和手工业者，他们则"分裂为两重身分。作为生产资料的所有者，他是资本家；作为劳动者，他是他自己的雇佣工人"③。马克思还分析了资本主义社会的社会阶级结构的总的发展趋势，即范围越来越广的居民从属于资本主义生产关系，他们或者与资本相联系，或者与劳动相联系。马克思指出："这是一条规律：在经济发展过程中，这些职能分配在不同的人身上，而且用自己的生产资料进行生产的手工业者或农民，不是逐渐变成剥削别人劳动的小资本家，就是丧失自己的生产资料……变成雇佣工人。这是资本主义生产方式占支配地位的社会形式中的发展趋势。"④ 一百多年来的实践证明，作为表现资本主义生产方式的生产主体——工厂或企业在资本主义社会经济生活中越来越占主导地位，与资本主义生产主体相联系的利益根本对立的两个阶级——无产阶级和资产阶级这种简单化了的阶级结构表现得越来越明显。正像马克思指出的："资本家和雇佣工人是生产职能的唯一承担者和当事人，他们之间的相互关系和对立是从资本主义生产方式的本质产生的"⑤。

正是不同历史条件下生产主体的生产力状况决定了一定历史阶段生产关

---

① 《马克思恩格斯全集》第 26 卷第 1 册，人民出版社 1972 年版，第 439 页。
② 《马克思恩格斯全集》第 26 卷第 1 册，人民出版社 1972 年版，第 441 页。
③ 《马克思恩格斯全集》第 26 卷第 1 册，人民出版社 1972 年版，第 440 页。
④ 《马克思恩格斯全集》第 26 卷第 1 册，人民出版社 1972 年版，第 441 页。
⑤ 《马克思恩格斯全集》第 26 卷第 2 册，人民出版社 1973 年版，第 166 页。

系的性质和状况，决定了一定历史阶段生产的主体，同时也决定了一定历史阶段生产主体内对立的阶级。奴隶社会生产力发展水平决定了奴隶社会生产主体内存在的是奴隶和奴隶主之间的对立，封建社会生产力发展水平决定了封建社会生产主体内存在的是农民和地主之间的对立，资本主义社会生产力发展水平决定了资本主义社会生产主体内存在的是资产阶级和无产阶级之间的对立。

三、阶级的存在与生产资料私人占有的生产主体相联系

在《1844 年经济学哲学手稿》中，马克思已经提出阶级的存在同生产资料私人占有相联系，"共产主义是私有财产即人的自我异化的积极的扬弃"①，"不难看到，整个革命运动必然在私有财产的运动中，即在经济的运动中，为自己既找到经验的基础，也找到理论的基础。"② 但是，马克思在《1844 年经济学哲学手稿》中还没有联系社会生产主体的生产力和生产关系来分析阶级。在《德意志意识形态》中，马克思联系社会生产主体的生产力和生产关系来说明阶级。马克思指出：阶级能够长期存在，是由于生产的相对不发展，阶级的存在是和有限的生产力相适应的，"作为过去取得的一切自由的基础的是有限的生产力；受这种生产力所制约的、不能满足整个社会的生产，使得人们的发展只能具有这样的形式：一些人靠另一些人来满足自己的需要，因而一些人（少数）得到了发展的垄断权；而另一些人（多数）经常地为满足最迫切的需要而进行斗争，因而暂时（即在新的革命的生产力产生以前）失去了任何发展的可能性。由此可见，到现在为止，社会一直是在对立的范围内发展的，在古代是自由民和奴隶之间的对立，在中世纪是贵族和农奴之间的对立，近代是资产阶级和无产阶级之间的对立"③。在生产力不发达或相对不发达的情况下，生产不能满足整个社会的需要，使得一些人靠剥削另一些人的劳动来满足自己的需要，因而社会存在着对立的

① 《马克思恩格斯全集》第 3 卷，人民出版社 2002 年版，第 297 页。
② 《马克思恩格斯全集》第 3 卷，人民出版社 2002 年版，第 298 页。
③ 《马克思恩格斯全集》第 3 卷，人民出版社 1960 年版，第 507 页。

阶级。

马克思不是仅仅就生产力分析阶级，马克思始终联系社会生产主体的两个方面——生产力与生产关系来分析阶级。马克思把阶级与生产力、生产关系之间的关系具体化为阶级与分工的关系。在《1857—1858年经济学手稿》中，马克思明确指出他所说的分工是"表现为交换价值生产的分工，而不是工厂内部的分工"①，即不同生产主体之间的分工。这种"分工包含着所有这些矛盾，而且又是以家庭中自然形成的分工和以社会分裂为单个的、互相对立的家庭这一点为基础的。与这种分工同时出现的还有分配，而且是劳动及其产品的不平等的分配（无论在数量上或质量上）；因而产生了所有制，它的萌芽和最初形式在家庭中已经出现，在那里妻子和儿女是丈夫的奴隶。家庭中这种诚然还非常原始和隐蔽的奴隶制，是最初的所有制"②。马克思认为，生产力决定分工，"分工，分工的阶段依赖于当时生产力的发展水平"③。一个民族的生产力发展的水平，最明显地表现于该民族分工的发展程度上。任何新的生产力，只要它不是迄今已知的生产力单纯的量的扩大（例如，开垦土地），都会引起分工的进一步发展。表现为交换价值生产的分工，是指不同生产主体之间的分工。在马克思看来，这种不同生产主体之间的分工，是从事社会生产和经营活动，独立核算的社会经济基本单位之间的分工④，在阶级社会就是不同的私有制单位。马克思说："分工和私有制是相等的表达方式，对同一件事情，一个是就活动而言，另一个是就活动的产品而言"⑤。"分工发展的各个不同阶段，同时也就是所有制的各种不同形式。这就是说，分工的每一个阶段还决定个人的与劳动材料、劳动工具和劳动产品有关的相互关系。"⑥

正是由于私有制的存在，才存在"特殊利益和共同利益之间"的矛盾，才存在"由分工决定的阶级"，"这些阶级是通过每一个这样的人群分离开

---

① 《马克思恩格斯全集》第31卷，人民出版社1998年版，第356页。
② 《马克思恩格斯选集》第1卷，人民出版社1995年版，第83—84页。
③ 《马克思恩格斯选集》第1卷，人民出版社1995年版，第135页。
④ 李云峰：《马克思学说中人的概念》，人民出版社2007年版，第182—184页。
⑤ 《马克思恩格斯选集》第1卷，人民出版社1995年版，第84页。
⑥ 《马克思恩格斯选集》第1卷，人民出版社1995年版，第68页。

来的，其中一个阶级统治着其他一切阶级。"① 马克思指出：社会"划分为两大阶级，这种划分直接以分工和生产工具为基础"②。所有制是现存生产工具的必然结果。只要生产主体中以生产工具为主的生产资料被私人占有，即只要私有制存在，阶级就会存在；只要"特殊利益和共同利益之间"的矛盾存在，阶级关系就会存在。马克思说："在分工的范围内，私人关系必然地、不可避免地会发展为阶级关系，并作为这样的关系固定下来"③。

既然阶级的存在是由于生产的相对不发展，是和有限的生产力相适应的；既然在分工的范围内，私人关系必然地、不可避免地会发展为阶级关系，因此，消灭私有制和消灭阶级的重要物质前提就是生产力的巨大增长和高度发展。只有生产力高度发展，"只有随着大工业的发展才有可能消灭私有制"④；只有靠消灭分工的办法，才能消除"特殊利益和共同利益之间"的矛盾。

马克思指出："过去的一切革命的占有都是有限制的；各个人的自主活动受到有局限性的生产工具和有局限性的交往的束缚，他们所占有的是这种有局限性的生产工具，因此他们只是达到了新的局限性。他们的生产工具成了他们的财产，但是他们本身始终屈从于分工和自己的生产工具。在迄今为止的一切占有制下，许多个人始终屈从于某种唯一的生产工具"⑤。在生产力发展的基础上出现的旧式分工，将会在生产力更高发展基础上归于消灭。分工在自身发展的过程中，既为阶级的产生提供了前提，又为阶级的消灭创造了条件，这个条件就是由分工所促成的工业大生产和在分工发展的基础上形成的现代无产阶级。由无产阶级实现的共产主义革命将是一场与以往的一切革命根本不同的革命。"迄今为止的一切革命始终没有触动活动的性质，始终不过是按另外的方式分配这种活动，不过是在另一些人中间重新分配劳动，而共产主义革命则针对活动迄今具有的性质，消灭劳动，并消灭任何阶

① 《马克思恩格斯选集》第 1 卷，人民出版社 1995 年版，第 84 页。
② 《马克思恩格斯选集》第 1 卷，人民出版社 1995 年版，第 104 页。
③ 《马克思恩格斯全集》第 3 卷，人民出版社 1960 年版，第 513 页。
④ 《马克思恩格斯选集》第 1 卷，人民出版社 1995 年版，第 104 页。
⑤ 《马克思恩格斯选集》第 1 卷，人民出版社 1995 年版，第 129 页。

级的统治以及这些阶级本身"①。无产阶级革命不同于以往的革命，无产阶级革命要消灭劳动占有或被占有的条件，消灭阶级的统治和阶级本身。从马克思对共产主义的论述来看，共产主义正是消灭了以生产工具为主的生产资料的私人占有，消灭了以私有制为基础的分工。马克思描述说：在阶级已消灭的共产主义社会，"没有不同的个人之间的分工"②，"作为生产的基础的共同性是前提"，"不存在交换价值的交换中必然产生的分工，而是某种以单个人参与共同消费为结果的劳动组织。"③ "许多生产工具必定归属于每一个个人，而财产则归属于全体个人。现代的普遍交往，除了归全体个人支配，不可能归各个人支配。"④

马克思所说的"阶级的存在仅仅同生产发展的一定历史阶段相联系"，就是说阶级的存在与生产主体中生产资料私人占有的历史阶段相联系。只有到了共产主义社会，废除了生产主体中以生产工具为主的生产资料私人占有的形式，消除了"特殊利益和共同利益之间"的矛盾，才可能消灭阶级。

第三节　社会生产主体与阶级斗争

既然阶级是一定历史阶段社会主体内利益根本对立的集团，既然阶级对立的根源是生产主体内部阶级利益的对立，因此，对阶级斗争这一"马克思主义最根本的问题之一"⑤ 的理解同样不能离开社会生产主体。

一、阶级斗争是生产主体内利益根本对立阶级之间的对抗和冲突

发现阶级斗争并不是马克思的新贡献，在马克思之前的一些资产阶级思想家，如法国复辟时期的历史学家基佐、梯也尔，英国古典经济学家李嘉图

---

① 《马克思恩格斯选集》第1卷，人民出版社1995年版，第90—91页。
② 《马克思恩格斯选集》第1卷，人民出版社1995年版，第104页。
③ 《马克思恩格斯全集》第30卷，人民出版社1995年版，第122页。
④ 《马克思恩格斯选集》第1卷，人民出版社1995年版，第129页。
⑤ 《列宁选集》第2卷，人民出版社1995年版，第322页。

等人，对当时的阶级斗争就已有所认识。马克思的新贡献在于他深刻揭示了阶级斗争的社会根源及其历史地位。

什么是阶级斗争？马克思和恩格斯在《共产党宣言》中提出：在阶级社会"自由民和奴隶、贵族和平民、领主和农奴、行会师傅和帮工，一句话，压迫者和被压迫者，始终处于相互对立的地位，进行不断的、有时隐蔽有时公开的斗争"①。阶级斗争，即"剥削阶级和被剥削阶级之间、统治阶级和被压迫阶级之间斗争"②。列宁对阶级斗争也有论述，列宁说："什么是阶级斗争？这就是一部分人反对另一部分人的斗争，无权的、被压迫的和劳动的群众反对特权的压迫者和寄生虫的斗争，雇工或无产者反对有产者或资产阶级的斗争。"③ 从这些论述中，可以清楚地知道，阶级斗争就是根本利益对立的两个阶级之间的对立和斗争，即被剥削阶级同剥削阶级、被统治阶级和统治阶级、被压迫阶级与压迫者之间的斗争。而无产阶级同资产阶级的斗争则是人类社会最后一场对抗性的阶级斗争。

阶级斗争的根源就在于生产主体内部物质利益的根本对立。一切阶级斗争，归根到底都是由于经济利益而引起的，都是围绕着阶级的物质利益而进行的。由于不同阶级在生产主体中对生产资料的占有关系和在生产体系中所处地位的不同引起的经济利益的根本对立，其矛盾不可调和。马克思在1854年《英国资产阶级》一文中指出："某些属于所谓自由派的政治家大谈其'资产阶级和工人阶级的联盟'，但是这种思想是荒谬的，不切实际的。雇主和工人，主人和奴仆之间横着一条不可逾越的鸿沟。"④ 马克思在《政治经济学批判（1857—1858年草稿）》中也指出："历史根本不知道什么资本家和工人结成联盟等等的美妙幻想，在资本概念的发展中也没有任何类似的迹象。"⑤ 在阶级社会，一切剥削阶级总是利用他们占有的生产资料和在生产体系中的统治地位，对被剥削阶级实行残酷的压榨和掠夺。"不管阶级对立具有什么样的形式，社会上一部分人对另一部分人的剥削却是过去各个世

---

① 《马克思恩格斯选集》第 1 卷，人民出版社 1995 年版，第 272 页。
② 《马克思恩格斯选集》第 1 卷，人民出版社 1995 年版，第 257 页。
③ 《列宁全集》第 6 卷，人民出版社 1959 年版，第 383 页。
④ 《马克思恩格斯全集》第 10 卷，人民出版社 1962 年版，第 685 页。
⑤ 《马克思恩格斯全集》第 46 卷上册，人民出版社 1979 年版，第 508 页。

纪所共有的事实。"① 剥削阶级为了维护在经济上的统治地位，又必然要对被剥削阶级实行政治压迫和思想控制。被剥削阶级为了维持自己的生存，摆脱受剥削受奴役的地位，必然会进行斗争，反抗剥削阶级在经济、政治和思想上的剥削、压迫和控制，这就是阶级斗争。不同的剥削阶级之间，由于在新旧社会形态更替过程中，在社会生产体系中所处的地位不同和物质利益的根本对立，因此，它们之间不可避免地会发生斗争，这也是阶级斗争。前者是被剥削阶级反抗剥削阶级统治压迫所进行的阶级斗争，后者是代表进步的革命阶级反对旧的腐朽的剥削阶级的阶级斗争。因此，阶级斗争是生产主体内部对抗关系的表现。剥削阶级和被剥削阶级在物质利益上的根本对立和在社会生产主体中处于对立的地位，必然要发生阶级斗争。因此，阶级斗争是生产方式内部对抗的表现，是社会生产主体内部利益根本对立的集团对立和冲突的表现。

各个阶级间根源于经济利益对立而产生的矛盾和斗争，是阶级社会中一种必然的普遍的社会现象。在阶级社会里，被剥削阶级同剥削阶级之间的矛盾和斗争，集中表现为统治者和被统治者、压迫者和被压迫者之间根本的利害冲突。这种斗争贯穿在社会的经济、政治、思想等各个方面，而且一般都要采取对抗的形式。在近代，还表现为代表不同阶级利益的政党之间的斗争。

马克思所说的阶级斗争不是抽象的，而是具体的、历史的。《共产党宣言》提出："至今的一切社会的历史都是在阶级对立中运动的，而这种对立在不同的时代具有不同的形式。"② "这个阶级斗争的历史包括有一系列发展阶段"③。在阶级社会里，根本利益对立的两个基本阶级都是特定历史阶段对立的阶级，阶级斗争就是特定历史阶段根本利益对立的阶级的斗争。奴隶社会生产主体内部根本利益对立的两个基本阶级是奴隶和奴隶主；封建社会生产主体内部根本利益对立的两个基本阶级是农民和地主；资本主义生产主体内部根本利益对立的两个基本阶级是资产阶级和无产阶级。这就决定了奴隶社会的阶级斗争主要是奴隶反对奴隶主的斗争；封建社会的阶级斗争主要

① 《马克思恩格斯选集》第1卷，人民出版社1995年版，第292页。
② 《马克思恩格斯选集》第1卷，人民出版社1995年版，第292页。
③ 《马克思恩格斯选集》第1卷，人民出版社1995年版，第257页。

是农民阶级反对地主阶级的斗争；资本主义社会的阶级斗争主要是无产阶级反对资产阶级的斗争。奴隶和奴隶主共处在一个生产主体中，奴隶和资产阶级没有共处在一个生产主体内，不是特定生产主体内对立的阶级，所以奴隶进行的是反对奴隶主阶级的斗争，不可能是反对资产阶级的斗争。同理，无产阶级进行的是反对资产阶级的斗争，不可能是反对奴隶主阶级的斗争。

马克思在《共产党宣言》中考察了工人阶级与资产阶级阶级斗争发展的状况，并且说明了阶级斗争是一个阶级对一个阶级的斗争，不是单个人之间的斗争。工人阶级的斗争最初是"单个的工人，然后是某一工厂的工人，然后是某一地方的某一劳动部门的工人，同直接剥削他们的单个资产者作斗争"[1]。他们不仅仅攻击资产阶级的生产关系，而且攻击生产工具本身；他们毁坏那些来竞争的外国商品，捣毁机器，烧毁工厂。"在这个阶段上，工人是分散在全国各地并为竞争所分裂的群众"[2]。随着机器大工业的发展，无产阶级不仅人数增加，而且它结合成更大的集体，它的力量日益增长，它越来越认识到自己的力量。机器使劳动的差别越来越小，使工资几乎到处都降到同样低的水平，因而无产阶级内部的利益、生活状况也越来越趋于一致。资产者彼此间日益加剧的竞争以及由此引起的商业危机，使工人的工资越来越不稳定；机器的日益迅速的和继续不断的改良，使工人的整个生活地位越来越没有保障；"单个工人和单个资产者之间的冲突越来越具有两个阶级的冲突的性质。工人开始成立反对资产者的同盟"[3]；他们联合起来保卫自己的工资。他们甚至建立了经常性的团体，以便为可能发生的反抗准备食品。有些地方，斗争爆发为起义。工人有时也得到胜利，但这种胜利只是暂时的。一切阶级斗争都是政治斗争，这种政治斗争是工人广泛联合起来的斗争，这种斗争只有汇合成联合的斗争才是阶级斗争。"他们斗争的真正成果并不是直接取得的成功，而是工人的越来越扩大的联合。这种联合由于大工业所造成的日益发达的交通工具而得到发展，这种交通工具把各地的工人彼此联系起来。只要有了这种联系，就能把许多性质相同的地方性的斗争汇合

---

[1] 《马克思恩格斯选集》第1卷，人民出版社1995年版，第280页。
[2] 《马克思恩格斯选集》第1卷，人民出版社1995年版，第280页。
[3] 《马克思恩格斯选集》第1卷，人民出版社1995年版，第281页。

成全国性的斗争，汇合成阶级斗争。而一切阶级斗争都是政治斗争。中世纪的市民靠乡间小道需要几百年才能达到的联合，现代的无产者利用铁路只要几年就可以达到了。"① 对此列宁解释说，什么是阶级斗争呢？个别工厂或个别行业的工人起来反对他们的厂主，这是不是阶级斗争呢？不是，这只是阶级斗争娇弱的萌芽。"只有当全国整个工人阶级的一切先进人物都意识到自己是属于一个统一的工人阶级，并且开始同整个资本家阶级和维护这个阶级的政府进行斗争，而不是同个别厂主进行斗争的时候，工人的斗争才是阶级斗争。只有当个别的工人意识到自己是整个工人阶级的一员，认识到他每天同个别厂主和个别官吏进行小的斗争就是在反对整个资产阶级和整个政府的时候，他们的斗争才是阶级斗争。"②

二、阶级斗争是推动阶级社会发展的直接动力

马克思和恩格斯在 1879 年给奥·倍倍尔等人的通告信中指出："根据我们的全部经历，摆在我们面前的只有一条路。将近 40 年来，我们一贯强调阶级斗争，认为它是历史的直接动力，特别是一贯强调资产阶级和无产阶级之间的阶级斗争，认为它是现代社会变革的巨大杠杆；所以我们决不能和那些想把这个阶级斗争从运动中勾销的人们一道走。"③ 马克思恩格斯强调阶级斗争，强调阶级斗争是阶级社会发展的直接动力，特别强调无产阶级反对资产阶级的阶级斗争在历史中的作用。

马克思认为，社会基本矛盾的性质，是由占统治地位的生产资料所有制性质所决定的。建立在私有制基础上的社会基本矛盾其性质是对抗性的，通过社会制度自身是不能解决的。社会基本矛盾运动通过人与人的关系表现出来，生产力与生产关系的背后都站着一定的阶级。资本主义社会生产力的阶级代表者是无产阶级，生产关系的阶级代表者是资产阶级，其矛盾必然表现为无产阶级与资产阶级的斗争。生产力是人类社会发展的根本动力，但这根

---

① 《马克思恩格斯选集》第 1 卷，人民出版社 1995 年版，第 281 页。
② 《列宁全集》第 4 卷，人民出版社 1984 年版，第 165 页。
③ 《马克思恩格斯选集》第 3 卷，人民出版社 1995 年版，第 685 页。

本动力的功能，还必须靠破除阻碍生产力发展的旧生产关系，解放生产力实现。由于生产力与生产关系矛盾表现为两大阶级之间的斗争，变革生产关系从而解放生产力只有通过阶级斗争才能实现。这样，能解决这一矛盾的东西，就成为阶级社会发展的直接动力。

在阶级社会中，社会的基本矛盾——生产力和生产关系的矛盾不仅集中表现为阶级矛盾和阶级斗争，而且必须通过阶级斗争才能解决。当生产关系严重阻碍生产力的发展，并且成为生产力发展的桎梏时，或者说当生产主体内部的对抗十分严重时，代表生产力发展要求的先进阶级就要改变旧的生产关系，而这种改变必然遇到代表旧的生产关系的反动落后阶级的拼死抵抗，这就是被剥削阶级与剥削阶级的阶级斗争。正是这种阶级斗争打破了旧的生产关系的束缚，解决了生产力与生产关系、经济基础与上层建筑的矛盾；正是这种阶级斗争使新的生产关系终于代替了旧的生产关系，新的社会终于代替了旧的社会。社会基本矛盾是阶级矛盾的基础，阶级斗争则为解决社会基本矛盾扫清道路。阶级斗争是在生产发展的一定基础上产生的，阶级斗争的结果又促进生产力和整个社会经济、政治、思想文化事业的发展。阶级社会的前进运动，是在生产力发展的基础上由阶级斗争和其他各种因素共同起作用的结果。马克思说，有对抗就有进步，这是文明直到今天所遵循的规律。历史表明，生产力就是由于这种阶级对抗的规律而发展起来的。所以说，阶级斗争是推动阶级社会形态更替的直接动力。

阶级斗争推动历史的作用具体表现如何？马克思在《共产党宣言》中指出：至今一切社会的历史（恩格斯后来补充为从原始土地公有制解体以来）都是阶级斗争的历史，"自由民和奴隶、贵族和平民、领主和农奴、行会师傅和帮工，一句话，压迫者和被压迫者，始终处于相互对立的地位，进行不断的、有时隐蔽有时公开的斗争，而每一次斗争的结局都是整个社会受到革命改造或者斗争的各阶级同归于尽。"① 这里，马克思说明了阶级斗争的结果或阶级斗争推动历史的作用具体表现为两种情况：整个社会受到革命改造或者斗争的各阶级同归于尽。在阶级对抗的社会里，如果社会形态没有

---

① 《马克思恩格斯选集》第 1 卷，人民出版社 1995 年版，第 272 页。

发生质的变化，即在同一社会形态内部发展的量变过程中，每次被剥削阶级为反对统治阶级日益加强的压迫和剥削的斗争，都在不同程度上打击了剥削阶级的统治，以至迫使统治阶级进行一定程度的改良，从而推动了社会生产力的发展，"使整个社会受到革命的改造"。阶级斗争对历史发展的推动作用突出表现在社会制度根本变革的过程中。当旧的生产关系严重阻碍生产力的发展，成为生产力发展的桎梏时，就需要革命的阶级通过阶级斗争改变旧的生产关系。旧生产关系的阶级代表不甘心退出历史舞台，拼死抵抗维护旧制度，以保护自己的既得利益和统治地位。因此，代表生产力发展要求的进步阶级只有经过艰苦激烈的斗争，才能推翻旧政权，建立新政权，改造旧的生产关系，促进新生产方式的建立、巩固和发展，为生产力的发展开辟道路，把社会推向前进。从奴隶制社会到封建社会，从封建社会到资本主义社会，以及由资本主义社会到社会主义社会，所有这些社会形态的更替，无一不是通过阶级斗争来实现的。而这种引起社会制度根本变革的阶级斗争，是解决社会基本矛盾、推动社会形态更替的直接动力和杠杆。无产阶级不同于历史上的其他一切阶级，它同社会化大生产相联系，"是大工业本身的产物"，"只有无产阶级是真正革命的阶级。其余的阶级都随着大工业的发展而日趋没落和灭亡"[1]。过去一切阶级在争得统治地位之后，总是使整个社会服从于它们发财致富的条件，企图以此来巩固它们已经获得的生活地位。无产者只有废除自己的现存的占有方式，从而废除全部现存的生产资料私人占有方式，才能取得社会生产力，"无产者没有什么自己的东西必须加以保护，他们必须摧毁至今保护和保障私有财产的一切"[2]。因此，无产阶级反对资产阶级的斗争是以消灭一切私有制和剥削制度、最终解放全人类为目的，所以它是阶级斗争历史上的最后的斗争，对人类社会发展所起的巨大推动作用，是以往一切阶级斗争都无法比拟的。

---

[1] 《马克思恩格斯全集》第 1 卷，人民出版社 1995 年版，第 282 页。
[2] 《马克思恩格斯全集》第 1 卷，人民出版社 1995 年版，第 283 页。

三、阶级斗争导致无产阶级专政，最终消灭私有制生产主体并消灭阶级

马克思在阶级问题上的贡献，不仅在于发现了"阶级的存在仅仅同生产发展的一定历史阶段相联系"，而且提出"阶级斗争必然导致无产阶级专政"，"这个专政不过是达到消灭一切阶级和进入无阶级社会的过渡"①。马克思根据社会生产主体的发展提出，无产阶级与资产阶级的阶级斗争最终无产阶级应该打碎资产阶级的国家机器，建立无产阶级专政，通过无产阶级专政这个过渡阶段，最终消灭私有制生产主体并消灭阶级。

在《德意志意识形态》中，马克思从资本主义社会生产力和生产关系这个根本矛盾出发，从资本主义的生产关系阻碍社会生产力发展这一现实出发，阐发了阶级和阶级斗争的观点，科学地引出无产阶级革命的结论。同时，《德意志意识形态》已指出无产阶级革命不同于以往一切革命性质的根本所在，明确地提出了无产阶级必须推翻资产阶级的统治，"必须首先夺取政权"，"消灭整个旧的社会形式"②，上升为"统治的阶级"③。

在《哲学的贫困》中，马克思指出："劳动阶级在发展进程中将创造一个消除阶级和阶级对立的联合体来代替旧的市民社会；从此再不会有原来意义的政权了。因为政权正是市民社会内部阶级对立的正式表现。"④《哲学的贫困》中已包含着无产阶级专政思想的萌芽。

虽然《共产党宣言》还没有明确提出"无产阶级专政"这一概念，但是已明确提出："无产阶级用暴力推翻资产阶级而建立自己的统治"⑤，"无产阶级将利用自己的政治统治，一步一步地夺取资产阶级的全部资本，把一切生产工具集中在国家即组织成为统治阶级的无产阶级手里，并且尽可能快地增加生产力的总量。"⑥《共产党宣言》已说明无产阶级用暴力推翻资产阶

---

① 《马克思恩格斯选集》第4卷，人民出版社1995年版，第547页。
② 《马克思恩格斯选集》第1卷，人民出版社1995年版，第85、84页。
③ 《马克思恩格斯选集》第1卷，人民出版社1995年版，第84页。
④ 《马克思恩格斯选集》第1卷，人民出版社1995年版，第194页。
⑤ 《马克思恩格斯选集》第1卷，人民出版社1995年版，第284页。
⑥ 《马克思恩格斯选集》第1卷，人民出版社1995年版，第293页。

级的统治，夺取政权，使自己上升为统治阶级，这是阶级斗争发展的必然，已论证了阶级斗争必然导致无产阶级统治，论证了无产阶级专政的基本思想。

在总结 1848—1850 年欧洲革命经验的《1848 年至 1850 年的法兰西阶级斗争》一文中，马克思第一次明确地提出了"无产阶级专政"的概念。马克思指出：无产阶级"要在资产阶级共和国范围内稍微改善一下自己的处境只是一种空想，这种空想只要企图加以实现，就会成为罪行。于是，原先无产阶级想要强迫二月共和国予以满足的那些要求，那些形式上浮夸而实质上琐碎的、甚至还带有资产阶级性质的要求，就由一个大胆的革命战斗口号取而代之，这个口号就是：推翻资产阶级！工人阶级专政！"①"这种社会主义就是宣布不断革命，就是无产阶级的阶级专政"②。在无产阶级如何对待资产阶级国家机器的问题上，马克思在《路易·波拿巴的雾月十八日》一书中首次提出打碎、摧毁资产阶级国家机器的思想。

建立无产阶级专政的政权并不是无产阶级的最终目的。剥削阶级的专政是一个阶级用以压迫另一阶级的有组织的暴力，无产阶级专政是为达到消灭一切阶级和进入无阶级社会的过渡。"这种社会主义（即共产主义）就是宣布不间断的革命，就是实现无产阶级的阶级专政，把这种专政作为必经的过渡阶段，以求达到根本消灭阶级差别，消灭一切产生这些差别的生产关系，消灭一切和这些生产关系相适应的社会关系，改变一切由这些社会关系产生出来的观念。"③"如果说无产阶级在反对资产阶级的斗争中一定要团结成为阶级，如果说它通过革命使自己成为统治阶级，并以统治阶级的资格运用暴力消灭旧的生产关系，那么它在消灭这种生产关系的同时，就消灭阶级对立存在的条件，就根本消灭一切阶级，从而也就一并消灭它自己这个阶级的统治"④。

---

① 《马克思恩格斯选集》第 1 卷，人民出版社 1995 年版，第 400 页。
② 《马克思恩格斯选集》第 1 卷，人民出版社 1995 年版，第 462 页。
③ 《马克思恩格斯全集》第 7 卷，人民出版社 1959 年版，第 378—379 页。
④ 《马克思恩格斯全集》第 7 卷，人民出版社 1959 年版，第 378 页。

四、根源于生产主体内部物质利益的阶级斗争受社会历史条件的制约

　　根源于生产主体内部物质利益根本对立的阶级斗争，是在特定历史条件下进行的，受一定社会历史条件的制约。恩格斯说："一切历史上的斗争，无论是在政治、宗教、哲学的领域中进行的，还是在其他意识形态领域中进行的，实际上只是或多或少明显地表现了各社会阶级的斗争，而这些阶级的存在以及它们之间的冲突，又为它们的经济状况的发展程度、它们的生产的性质和方式以及由生产所决定的交换的性质和方式所制约"[1]。恩格斯称"这个规律对于历史，同能量转化定律对于自然科学具有同样的意义"[2]。

---

[1] 《马克思恩格斯选集》第1卷，人民出版社1995年版，第583页。
[2] 《马克思恩格斯选集》第1卷，人民出版社1995年版，第583页。

第七章　历史唯物主义与人的自由和解放

马克思在中学毕业论文中已把为人们的幸福而工作作为自己的志向。对人类现实生活状况以及发展命运的关心贯穿马克思的一生，也反映在马克思创立的理论中。人类的自由、解放是历史唯物主义理论体系的落脚点，是历史唯物主义整个理论的最终旨归。

虽然历史唯物主义是从作为社会基本单位的微观生产主体出发构建的理论，但是，历史唯物主义学说中的生产主体就是不同层次的人，包括自然人。历史唯物主义理论是围绕人这一中心线索展开的，历史是人的历史，人是历史的主体。历史唯物主义所说的人不是抽象的人，历史唯物主义所说的解放是人类的解放。

基于物质资料生产主体构建的历史唯物主义重视从事物质资料生产的劳动群众的作用，特别是无产阶级在历史上的地位与作用。

第一节　不同层次人的关系与人的自由和解放

马克思在自己的著作中从多重意义上使用过主体或人的概念，但归纳起来主要有四个层次：第一，马克思在个体主体层面把具体的个人作为主体，对应自然人。第二，马克思把作为社会经济基本单位的社会组织、社会集团、社会群体作为主体，对应集体的人；第三，马克思把民族国家看作宏观生产主体，对应现阶段作为单位的整体人；第四，把整个人类社会看作生产主体，对应作为人类的人。

人类社会就是由不同层次的生产主体或人组成的有机系统，历史唯物主义通过分析这个有机系统中不同层次生产主体——人内在及其之间的关系揭示了人类社会发展规律。人类社会发展过程是人自身矛盾运动的历史表现过程，是人自身的发展过程，是人不断摆脱受盲目必然性支配、受物支配的社会状态，从自然关系、社会关系和人自身关系中解放出来的历史过程。

一、不否认个体自然人的作用，但认为个体的人隶属于一定集体和阶级

（一）人类社会历史的第一个前提是有生命的个人主体的存在和活动

马克思从作为社会经济基本单位的微观生产主体出发构建自己的理论，但是并不否认自然人主体的作用。马克思在《德意志意识形态》中指出："全部人类历史的第一个前提无疑是有生命的个人的存在。因此，第一个需要确认的事实就是这些个人的肉体组织以及由此产生的个人对其他自然的关系。……任何历史记载都应当从这些自然基础以及它们在历史进程中由于人们的活动而发生的变更出发。"① 马克思在《神圣家族》中说："历史不过是追求着自己目的的人的活动而已"②。人类历史的第一个前提是有生命的个人主体的存在和活动，微观、宏观生产主体内活动着的是自然人主体，微宏观生产主体都是通过自然人主体的活动推进的。

马克思不仅认为有生命的个人的存在是人类历史的第一个前提，而且在分析微观、宏观生产主体内在矛盾以及它们之间的矛盾时，都是透过物的关系揭示物背后人与人之间的关系。列宁指出："凡是资产阶级经济学家看到物与物之间的关系（商品交换商品）的地方，马克思都揭示了人与人之间的关系。"③ 马克思透过物的关系揭示了人与人之间的关系，揭示了资本主义生产关系的本质是由相互对立的而又彼此进行交换的工人和资本家、劳动和资本之间的关系决定的，揭示了生产中自然人主体间的真实关系。

---

① 《马克思恩格斯选集》第 1 卷，人民出版社 1995 年版，第 67 页。
② 《马克思恩格斯全集》第 2 卷，人民出版社 1957 年版，第 118—119 页。
③ 《列宁选集》第 2 卷，人民出版社 1995 年版，第 312 页。

（二）历史唯物主义中个体自然人隶属于一定集体和阶级

以往学者就自然人研究自然人，马克思不否认自然人主体的作用，但是与以往学者不同，马克思是联系整体研究个体，联系到群众、阶级包括政党、政府、企业这些社会组织，研究自然人主体，特别是基于企业这种社会生产主体，研究工人和资本家的关系。马克思也研究个人，包括普通的个人和在历史上起重大作用的人物，但这种研究是联系这些个人所在的阶级、政党以及生产组织进行的，而不是把人仅仅作为生物学、人类学中个体的、自然的人进行研究。马克思在《德意志意识形态》中一般性地论述了个人隶属于阶级和生产主体，《共产党宣言》和《资本论》具体分析了资本主义社会自然人主体与他们隶属的阶级之间的关系。

在《德意志意识形态》中，马克思说："某一阶级的各个人所结成的、受他们的与另一阶级相对立的那种共同利益所制约的共同关系，总是这样一种共同体，这些个人只是作为普通的个人隶属于这种共同体，只是由于他们还处在本阶级的生存条件下才隶属于这种共同体；他们不是作为个人而是作为阶级的成员处于这种共同关系中的。"① "个人隶属于一定阶级这一现象，在那个除了反对统治阶级以外不需要维护任何特殊的阶级利益的阶级形成之前，是不可能消灭的。"②在阶级社会，微宏观生产主体内部从事活动的，隶属于经济利益对立的两大基本阶级的自然人主体隶属于一定阶级，自然人个人只是作为阶级群体中的成员在生产主体中起作用。阶级的对立不是阶级成员个人之间的对立，而是某一个历史阶段社会生产主体中不同利益集团的对立。自然人的主体地位是通过所在阶级的主体地位反映出来，自然人的利益与所在阶级的利益捆绑在一起。

《共产党宣言》指出，从原始土地公有制解体以来一切社会的历史都是阶级斗争的历史，各个历史时代几乎到处都可以看到社会完全划分为各个不同的等级，看到社会地位分成多种多样的层次。"从封建社会的灭亡中产生出来的现代资产阶级社会并没有消灭阶级对立。它只是用新的阶级、新的压

---

① 《马克思恩格斯选集》第1卷，人民出版社1995年版，第121页。
② 《马克思恩格斯选集》第1卷，人民出版社1995年版，第118页。

迫条件、新的斗争形式代替了旧的。"① 但是，资产阶级时代，却有一个特点：它使阶级对立简单化了，整个社会日益分裂为两大敌对的阵营，分裂为两大直接相互对立的阶级——资产阶级和无产阶级。《共产党宣言》阐述了无产阶级与资产阶级的对立不是单个工人与单个资本家的对立，而是全社会无产阶级与全社会资产阶级的对立，即两个社会集团——两个阶级之间的对立。马克思分析说：资本家在生产中不仅占有一种纯粹个人的地位，而且占有一种社会地位。"资本是集体的产物，它只有通过社会许多成员的共同活动，而且归根到底只有通过社会全体成员的共同活动，才能运动起来。因此，资本不是一种个人力量，而是一种社会力量。"② 随着大工业的发展，无产阶级不仅人数增加，而且结合成更大的集体，它的力量日益增长，它越来越感觉到自己的力量。机器使劳动的差别越来越小，使工资几乎到处都降到同样低的水平，因而无产阶级内部的利益、生活状况也越来越趋于一致。资产者彼此间日益加剧的竞争以及由此引起的商业危机，使工人的工资越来越不稳定；机器日益迅速的和继续不断的改良，使工人的生活地位越来越没有保障；单个工人和单个资产者之间的冲突越来越具有两个阶级冲突的性质。

马克思在《资本论》第三卷通过对平均利润率和生产价格形成分析，说明在资本主义社会无产阶级与资产阶级的对立是两大集团之间经济利益的对立，不是工人与资本家个人之间的对立。"在这里得到了一个像数学一样精确的证明：为什么资本家在他们的竞争中表现出彼此都是假兄弟，但面对整个工人阶级却结成真正的共济会团体。"③ 宏观生产主体内作为竞争对手的资本家阶级内部经济利益的对立，与全社会无产阶级与资产阶级两大利益集团之间的对立性质完全不同。作为竞争对手的资本家阶级之间经济利益的对立，是在阶级集团内瓜分工人阶级无偿劳动成果之间的对立，是强盗内部分赃者之间的对立。而宏观生产主体内无产阶级与资产阶级两大利益集团之间的对立，是剥削者与被剥削者、强盗与被抢劫者之间的对立。

---

① 《马克思恩格斯选集》第 1 卷，人民出版社 1995 年版，第 273 页。
② 《马克思恩格斯选集》第 1 卷，人民出版社 1995 年版，第 287 页。
③ 《马克思恩格斯全集》第 46 卷，人民出版社 2003 年版，第 220 页。

二、微观生产主体也是客体，自然人主体活动依赖于生产主体内的物质条件

马克思在《关于费尔巴哈的提纲》中实现了社会主体——人的范畴认识上的转变，开始把作为社会经济基本单位的社会微观生产主体作为自己学说的逻辑出发点，构建自己的理论。

作为社会经济基本单位的生产主体，是从事物质资料生产活动的能动主体，也是由生产的物质条件决定的客观的客体。马克思说："现实的个人"，"他们是什么样的，这同他们的生产是一致的——既和他们生产什么一致，又和他们怎样生产一致。因而，个人是什么样的，这取决于他们进行生产的物质条件。"[1] 每一个时代的人都是由其时代的特点决定的，不同历史条件下的生产主体——人的特点不同。

自《德意志意识形态》开始，马克思强调自然人的活动依赖于微观生产主体的一定物质条件。马克思认为，"每一代都立足于前一代所达到的基础上，继续发展前一代的工业和交往，并随着需要的改变而改变它的社会制度。甚至连最简单的'感性确定性'的对象也只是由于社会发展、由于工业和商业交往才提供给他的。"[2] 这里说明了"现实的个人"的活动是客观的，是在前代人所遗留下的基础上进行的，受客观基础和条件的制约。

马克思在《德意志意识形态》等文章中明确提出了人类历史活动具有客观性。因为人类历史活动是在既定的条件下进行的，是在前人遗留下来的物质条件特别是前人留下来的既定的生产力的状况下进行的，每一代人是在前人提供的基础上进行活动，自己的活动又是后一代人活动的基础。"历史不外是各个世代的依次交替。每一代都利用以前各代遗留下来的材料、资金和生产力；由于这个缘故，每一代一方面在完全改变了的环境下继续从事所继承的活动，另一方面又通过完全改变了的活动来变更旧的环境。"[3] 马克思在1846年12月28日致安年柯夫的信中指出："每一代人都得到前一代人

---

① 《马克思恩格斯选集》第1卷，人民出版社1995年版，第68页。
② 《马克思恩格斯选集》第1卷，人民出版社1995年版，第76页。
③ 《马克思恩格斯选集》第1卷，人民出版社1995年版，第88页。

已经取得的生产力并当作原料来为自己新的生产服务，由于这一简单的事实，就形成人们的历史中的联系，就形成人类的历史，这个历史随着人们的生产力以及人们的社会关系的越益发展而越益成为人类的历史。"① 生产力是人们生产活动能力，这种能力本身决定于人们所处的条件，决定于前人已经获得的生产力。生产力的基本要素是客观的、不以人的意志为转移的。

三、人的自由、平等、解放与不同层次人的发展趋势

从逻辑上说，历史唯物主义是关于作为社会经济基本单位的集体的层面的人、人格化的人与社会整体的人内在及其之间关系的理论。但正如在本节第一个大问题中所分析，马克思并不否认自然人主体的作用，马克思认为全部人类历史的第一个前提是有生命的个人的存在，微观、宏观生产主体内活动着的都是自然人，微宏观生产主体都是通过自然人的活动推进的，所以，历史唯物主义实际涉及包括自然人主体在内的人类社会不同层次生产主体——人内在及其之间的关系。

历史唯物主义关于人类社会不同层次生产主体——人的关系的思想，通俗地说就是：社会微观生产主体是由自然人主体建立起来的，自然人是社会微观生产主体建立的前提和基础之一，社会微观生产主体的发展是由自然人主体的活动推动的。作为集体的人、人格人的微观生产主体是作为整体人的宏观生产主体的基础，微观生产主体的总和构成宏观生产主体。但是，自然人主体的活动受作为社会经济基本单位微观生产主体中物质要素的制约。作为个体主体自然人的意志、活动不是决定历史发展的决定因素，作为物质资料微观生产主体中的自然关系（或物质内容）才是决定历史发展的决定因素。微观生产主体中的自然关系或物质内容不仅制约自然人主体的意志和活动，决定微观生产主体的性质与状况及其发展，并通过微观生产主体中的社会关系或社会形式决定作为整体人的宏观生产主体的物质内容，宏观生产主体的物质内容又决定其社会形式。同时，微观宏观生产主体的社会关系或社

---

① 《马克思恩格斯选集》第4卷，人民出版社1995年版，第532页。

会形式——生产关系、上层建筑对微观宏观生产主体的自然关系或物质内容——生产力、经济基础也有一定作用，即我们通常说的反作用。

历史唯物主义阐述了包括自然人在内的社会不同层次生产主体——人之间的关系及其发展趋势，这一趋势是人实现自由、平等、解放，是社会实现真正的正义，就是实现共产主义。

马克思曾经在《德意志意识形态》中指出，人类的"'解放'是一种历史活动，不是思想活动，'解放'是由历史的关系，是由工业状况、商业状况、农业状况、交往状况促成的"①。物质资料生产主体的物质内容——生产力的进步是每一个时代的人和整个人类解放的基础。"只有在现实的世界中并使用现实的手段才能实现真正的解放；没有蒸汽机和珍妮走锭精纺机就不能消灭奴隶制；没有改良的农业就不能消灭农奴制；当人们还不能使自己的吃喝住穿在质和量方面得到充分保证的时候，人们就根本不能获得解放。"②

在共产主义社会，作为个体的自然人主体，劳动成为了生活的第一需要，不仅"各尽所能，各取所需"，而且消灭了分工的局限，获得了自由而全面的发展，"有可能随自己的兴趣今天干这事，明天干那事，上午打猎，下午捕鱼，傍晚从事畜牧，晚饭后从事批判"③。微观生产主体将不再是个人压迫、剥削和奴役他人的手段，而成为"在协作和对土地及靠劳动本身生产的生产资料的共同占有的基础上"④，"某种以单个人参与共同消费为结果的劳动组织"⑤。社会宏观生产主体，在生产力高度发达基础上物质供应十分充裕，商品生产和货币完全消失，社会调节着整个生产，作为阶级统治工具的国家将消失，人类社会将成为一个真正的主体或共同体。

共产主义社会的人们摆脱了受盲目必然性的支配、受物支配的社会状态，从自然关系、社会关系和人自身关系中解放了出来，实现了从必然王国向自由王国的飞跃，人们真正成为自然界的主人、社会的主人、人自身的主

---

① 《马克思恩格斯选集》第 1 卷，人民出版社 1995 年版，第 74—75 页。
② 《马克思恩格斯选集》第 1 卷，人民出版社 1995 年版，第 74 页。
③ 《马克思恩格斯选集》第 1 卷，人民出版社 1995 年版，第 85 页。
④ 《马克思恩格斯全集》第 44 卷，人民出版社 2001 年版，第 874 页。
⑤ 《马克思恩格斯全集》第 30 卷，人民出版社 1995 年版，第 122 页。

人。人真正实现了自由、平等、解放，社会才有真正的正义。

历史唯物主义肯定微观生产主体内人与自然的关系——生产力在人类社会历史中起决定作用，同时认为人类社会发展及其趋势是不同层次主体——人内在及其之间关系共同作用的结果。恩格斯把这种不同关系的作用称为"合力"，人类社会历史发展是"生产方式各个方面"共同作用及"合力"的结果。恩格斯在1890年9月21日给布洛赫的信中说："我们自己创造着我们的历史，但是第一，我们是在十分确定的前提和条件下创造的。其中经济的前提和条件归根到底是决定性的。但是政治等等的前提和条件，甚至那些萦回于人们头脑中的传统，也起着一定的作用，虽然不是决定性的作用。……第二，历史是这样创造的：最终的结果总是从许多单个的意志的相互冲突中产生出来的，而其中每一个意志，又是由于许多特殊的生活条件，才成为它所成为的那样。这样就有无数互相交错的力量，有无数个力的平行四边形，由此就产生出一个合力，即历史结果，而这个结果又可以看作一个作为整体的、不自觉地和不自主地起着作用的力量的产物。……每个意志都对合力有所贡献，因而是包括在这个合力里面的。"①

恩格斯还特别强调对于马克思主义关于人类社会不同层次主体——人内在及其之间关系或社会历史发展趋势的理论不能脱离马克思、恩格斯的原著，一定要结合马克思、恩格斯的原著进行理解，一定要结合马克思主义完整的理论体系进行理解。恩格斯说："我请您根据原著来研究这个理论，而不要根据第二手的材料来进行研究——这的确要容易得多。马克思所写的文章，几乎没有一篇不是由这个理论起了作用的。特别是《路易·波拿巴的雾月十八日》，这本书是运用这个理论的十分出色的例子。《资本论》中的许多提示也是这样。再者，我也可以向您指出我的《欧根·杜林先生在科学中实行的变革》和《路德维希·费尔巴哈和德国古典哲学的终结》，我在这两部书里对历史唯物主义作了就我所知是目前最为详尽的阐述。"②

---

① 《马克思恩格斯选集》第4卷，人民出版社1995年版，第696—697页。
② 《马克思恩格斯选集》第4卷，人民出版社1995年版，第697—698页。

第二节 劳动群众的主体地位

说历史唯物主义是关于社会微观、宏观生产主体内在及其之间关系的理论，那这种解读与马克思强调人民群众创造历史的作用，强调无产阶级的历史地位与使命矛盾吗？笔者的回答是否定的。历史唯物主义正是把作为社会经济基本单位的物质资料生产主体作为自己学说的逻辑出发点，通过分析社会微观、宏观生产主体内在及其之间的关系，从而肯定了从事物质资料生产的劳动者阶级是创造价值和财富的主体，是生产力的代表，在社会历史中真正起决定作用。

马克思之前已有学者研究生产中人与自然的关系，但是他们都是从经济效率视角研究这一问题，马克思第一次从主体作用的视角研究生产中人与自然的关系，提出物质资料生产中自然关系（生产力）决定生产中的社会关系（生产关系），从而肯定劳动者主体的作用。

在人类思想史上，只有历史唯物主义从学理上论证了劳动者的主体地位和历史作用，群众史观是历史唯物主义理论内在逻辑必然导出的结论。

一、从物质资料生产主体出发才能肯定劳动者主体的地位和作用

列宁曾经分析了历史唯心主义存在的两个缺陷：一是只看到人的思想动机而没有探究产生这些动机的原因，二是忽视居民群众的活动。历史唯心主义存在的这两个缺陷是紧密联系不可分割的两个方面。

在本书第二章第三节中，我们已说明如果逻辑出发点是自然人，必然认为作为主体的人的活动是由意识决定的，从而只重视思想的作用，只重视思想主体的作用，必然导致历史唯心主义和英雄史观。

正如历史唯心主义存在的这两个缺陷是紧密联系不可分割的一样，要克服历史唯心主义的缺陷必须既要坚持历史唯物论又要坚持群众史观。历史唯物主义从物质资料生产主体出发，认为物质资料生产主体是生产力与生产关

系的统一，而生产力具有不以人的意志为转移的既定性或客观物质性，这就克服了人的活动是由意识决定的这一唯心主义缺陷。从物质资料生产主体出发，逻辑上必然肯定劳动者的主体地位和作用，必然坚持群众史观。

第一，从物质资料生产主体出发，重视生产中的自然关系，才会重视劳动者的主体地位。

马克思在《神圣家族》中批评鲍威尔和青年黑格尔派，"从历史运动中排除掉人对自然界的理论关系和实践关系，排除掉自然科学和工业"，不去认识"某一历史时期的工业和生活本身的直接的生产方式"，只能认为"历史的发源地不在尘世的粗糙的物质生产中，而是在天上的云雾中"①。历史唯心主义看不到生产中的物质关系或自然关系，看不到生产中自然关系决定其社会关系，只能从"天上的云雾"——思想领域寻找历史的动因。同时，历史唯心主义必然只看到思想主体的作用，重视思想的作用，重视统治阶级的作用，忽视劳动者主体的活动，看不到人民群众推动历史进步的作用，他们无法真正认识历史。因此，历史唯心主义者"都相信灵感、启示、救世主、奇迹创造者"②，都坚持英雄史观。

马克思在《德意志意识形态》中批判了布鲁诺把人类社会历史与自然对立起来，认为二者"好像这是两种互不相干的'事物'，好像人们面前始终不会有历史的自然和自然的历史"③的观点。马克思说：对于人对自然关系，"只要这样按照事物的真实面目及其产生情况来理解事物，任何深奥的哲学问题……都可以十分简单地归结为某种经验的事实"④。马克思还指出："如果懂得在工业中向来就有那个很著名的'人和自然的统一'，而且这种统一在每一个时代都随着工业或慢或快的发展而不断改变，就像人与自然的'斗争'促进其生产力在相应基础上的发展一样"⑤，那么关于"实体"和"自我意识"的一切"高深莫测的创造物"的问题，这些关于历史发源地或本质问题的唯心主义观点也就自行消失了。

---

① 《马克思恩格斯全集》第2卷，人民出版社1957年版，第191页。
② 《马克思恩格斯全集》第3卷，人民出版社1960年版，第630页。
③ 《马克思恩格斯选集》第1卷，人民出版社1995年版，第76页。
④ 《马克思恩格斯选集》第1卷，人民出版社1995年版，第76页。
⑤ 《马克思恩格斯选集》第1卷，人民出版社1995年版，第76—77页。

历史唯物主义从作为社会经济基本单位的微观生产主体出发，认为：作为社会经济基本单位的微观生产主体是生产力和生产关系（生产中自然关系和社会关系）的统一，生产中人与自然的关系——生产力涉及生产中劳动者与生产工具、劳动对象、原材料这些生产要素之间的关系，生产关系则涉及生产中人与人之间的关系。因此，与以往的社会历史理论不同，历史唯物主义关注生产中自然关系和社会关系，也同时关注生产主体中处理自然关系的人，关注处在社会生产关系中的人。

马克思在人类历史上第一次提出物质资料生产中的自然关系是生产中的决定因素，生产力是人类社会发展的最终动因。马克思说："任何历史记载都应当从这些自然基础以及它们在历史进程中由于人们的活动而发生的变更出发。"生产中人与自然关系是通过劳动者的活动体现的，劳动者是处理人与自然关系的主导因素，由生产主体中客观自然关系决定的劳动者的活动是社会存在的基础，是推动人类社会发展的最终动因。历史唯物主义认为物质资料生产中自然关系（生产力）决定生产中社会关系（生产关系），决定生产中人与人之间关系，这就同时肯定了生产中人与自然关系中的主导因素——劳动者主体在生产中的基础地位，才会肯定劳动者主体在历史中的地位。

第二，从物质资料生产主体出发，才会重视物质资料生产中劳动者主体作用。

列宁曾经说："以往的理论从来忽视居民群众的活动，只有历史唯物主义才第一次使我们能以自然科学的精确性去研究群众生活的社会条件以及这些条件的变更"[1]。以往的理论之所以"忽视居民群众的活动"，是因为他们从自然人主体出发，必然认为意识起决定的作用，从而只重视思想的作用。

与以往的理论不同，历史唯物主义从物质资料生产主体出发，把物质资料生产主体及其实践当作人类社会历史发展的基础，认为物质资料生产主体的活动是人类社会最基本的活动。物质资料生产主体的生产是一个现实的实践过程，在物质资料生产主体现实实践过程中谁在真正起作用呢？马克思指出："思想根本不能实现什么东西。为了实现思想，就要有使用实践力量的

---

① 《列宁选集》第 2 卷，人民出版社 1995 年版，第 425 页。

人。"① 这个"使用实践力量的人"在物质资料生产主体现实实践过程中真正起决定作用，也是在历史过程中起决定作用的人，是历史的真正创造者。马克思通过"以自然科学的精确性"研究资本主义社会微观生产主体——工厂或企业内部的真实关系，揭示了生产主体的活动是由劳动者的生产实践活动实现和完成的，在社会生产主体中起决定作用的、真正创造社会财富的是资本主义社会中的劳动者——工人阶级。马克思指出：创造历史、拥有历史并为历史一切而斗争的，不是"历史"，不是思想，而是人，现实的、活生生的人，具体的就是工人。"批判的批判什么都没有创造，工人才创造一切，甚至就以他们的精神创造来说，也会使得整个批判感到羞愧。英国和法国的工人就很好地证明了这一点。工人甚至创造了人"②。历史不是思想的作用，也不是少数历史人物任意创造的结果，而是劳动者阶级用辛勤的劳作，在广袤的大地上一笔一画镌刻出来的。劳动者阶级才是创造历史的真正力量，劳动群众才创造一切。

第三，把物质资料生产主体及其活动看作历史的基础，才能坚持人民群众创造历史的观点，才能既坚持历史唯物论，又坚持历史辩证法。

从物质资料生产主体出发，逻辑上必然肯定劳动者主体作用，必然坚持群众史观。但是，"每一代都立足于前一代所达到的基础上，继续发展前一代的工业和交往，并随着需要的改变而改变它的社会制度。甚至连最简单的'感性确定性'的对象也只是由于社会发展、由于工业和商业交往才提供给他的"③。任何时代的主体——人的活动，包括劳动者的活动，都只能在特定的历史条件下进行，都要受到客观和主观条件的限制。马克思在《路易·波拿巴的雾月十八日》中指出："人们自己创造自己的历史，但是他们并不是随心所欲地创造，并不是在他们自己选定的条件下创造，而是在直接碰到的、既定的、从过去承继下来的条件下创造。"④ 历史唯物主义既克服了历史唯心主义的缺陷，又坚持了人民群众创造历史的原则。

---

① 《马克思恩格斯全集》第 2 卷，人民出版社 1957 年版，第 152 页。
② 《马克思恩格斯全集》第 2 卷，人民出版社 1957 年版，第 22 页。
③ 《马克思恩格斯选集》第 1 卷，人民出版社 1995 年版，第 76 页。
④ 《马克思恩格斯选集》第 1 卷，人民出版社 1995 年版，第 585 页。

二、劳动者阶级作为生产主体中生产力的代表推动历史进步

在马克思主义学说中，生产力与生产关系的对抗表现为物质利益对立的两大基本阶级之间的对抗。自然人主体不仅隶属于生产主体中经济利益对立的两大基本阶级，不能脱离其所在的阶级发挥其作用，而且这些隶属于一定阶级的自然人主体，与自己隶属的阶级一起作为生产力与生产关系要素起作用。在阶级社会，生产主体中人与人关系的主导者是有产阶级，他们凭借占有的生产资料占有他人劳动，所以剥削阶级是生产关系的代表；生产主体中操作生产工具，作用于劳动对象这些生产要素的是劳动者，他们是处理生产中人与自然关系的主导者，所以，直接从事物质资料生产的劳动者阶级是社会生产力的代表。马克思说："在一切生产工具中，最强大的一种生产力是革命阶级本身。"①

马克思从作为社会经济基本单位的社会物质资料生产主体出发构建自己的理论，认为生产力决定生产关系，作为生产力代表的从事物质资料生产的劳动者阶级在推动社会历史进程中真正起决定作用。在资本主义社会，创造价值和财富，代表先进生产力的是从事物质资料生产的劳动者阶级——无产阶级。人民群众创造历史是通过他们在生产主体内作为生产力的代表，作为生产力中最革命、最活跃的因素起作用。

马克思指出："历史活动是群众的事业，随着历史活动的深入，必将是群众队伍的扩大。"② 这句被列宁称为名言的话，说明了相对于个体自然人主体，马克思更强调从事物质资料生产的劳动者阶级群体的作用，强调历史活动是群众的事业，而且随着物质生产与阶级斗争的深入与发展，人民群众创造历史的活动愈来愈广泛，范围愈来愈扩大。

马克思从作为社会经济基本单位的社会物质资料生产主体出发构建自己的理论，认为生产力决定生产关系，作为生产力代表的从事物质资料生产的劳动者阶级在社会历史中真正起决定作用，同时又强调人民群众创造历史受

---

① 《马克思恩格斯选集》第 1 卷，人民出版社 1995 年版，第 194 页。
② 《马克思恩格斯全集》第 2 卷，人民出版社 1957 年版，第 104 页。

历史条件制约。创造历史的活动"是在直接碰到的、既定的、从过去承继下来的条件下"进行的。

第三节 人类的解放与无产阶级的历史地位和使命

正是根据历史唯物主义基本理论对资本主义现实的研究,马克思发现了变革现实的社会力量,无产阶级的特殊地位决定了无产阶级是实现人类解放的真正社会力量,决定了无产阶级只有解放全人类才能最后解放自己。

一、无产阶级的历史地位和使命

马克思在《论犹太人问题》一文中已经看到无产阶级只是"异己力量的玩物"①。《〈黑格尔法哲学批判〉导言》中已认识到"无产阶级要求否定私有财产","不要求享有任何特殊的权利",因此,"德国解放的实际可能性""就在于形成一个被戴上彻底的锁链的阶级……在于形成一个若不从其他一切社会领域解放出来从而解放其他一切社会领域就不能解放自己的领域……社会解体的这个结果,就是无产阶级这个特殊等级。"② 这里马克思提出了无产阶级的历史使命和主体地位问题。无产阶级特殊的社会地位表明它是彻底代表普遍利益,能够为消灭任何奴役而斗争的阶级,是实现人类解放的真正社会力量,它只有解放全人类才能最后解放自己。与无产阶级的历史使命和主体地位问题相联系,马克思还阐述了历史唯物主义哲学与无产阶级解放和人类解放的关系:"哲学把无产阶级当作自己的物质武器,同样,无产阶级也把哲学当作自己的精神武器","德国人的解放就是人的解放。这个解放的头脑是哲学,它的心脏是无产阶级。哲学不消灭无产阶级,就不能成为现实;无产阶级不把哲学变成现实,就不可能消灭自身。"③历史唯物主义理

---

① 《马克思恩格斯全集》第 3 卷,人民出版社 2002 年版,第 173 页。
② 《马克思恩格斯全集》第 3 卷,人民出版社 2002 年版,第 213 页。
③ 《马克思恩格斯全集》第 3 卷,人民出版社 2002 年版,第 214 页。

论如果不能指导无产阶级的解放就不能成为现实，而无产阶级如果不能把科学的理论变为现实，就不能实现自己的解放，就不能实现只有解放全人类才能解放自己的目标。

在《1844年经济学哲学手稿》中，马克思分析了工人的状况及劳动的异化。马克思说："工人生产的财富越多，他的产品的力量和数量越大，他就越贫穷。工人创造的商品越多，他就越变成廉价的商品。物的世界的增值同人的世界的贬值成正比。"① 马克思从工人同他的劳动产品的异化、劳动活动本身的异化、人的本质与人的异化、人与人的异化四个方面具体分析了资本主义条件下异化的表现。

在《关于费尔巴哈的提纲》中马克思实现了社会主体——人的范畴认识变革，在《关于费尔巴哈的提纲》之后的文章中，马克思都是联系生产力和生产关系分析无产阶级地位与使命问题。

马克思在《共产党宣言》中分析了无产阶级的阶级性质，"在当前同资产阶级对立的一切阶级中，只有无产阶级是真正革命的阶级。其余的阶级都随着大工业的发展而日趋没落和灭亡，无产阶级却是大工业本身的产物。"② 无产阶级不同于历史上的其他一切阶级，无产阶级与大生产相联系，是先进生产力的代表，是最有前途、最有组织纪律性的一个阶级。无产阶级代表的社会化的生产力与现存的私有制资本主义生产方式是对立的，只有废除现存的资本主义生产方式和占有方式，才能解放现实的生产力。

马克思在《共产党宣言》中分析了无产阶级自身的特点，以及由这些特点所决定的反对资产阶级的阶级斗争的性质与特点。马克思指出："无产者只有废除自己的现存的占有方式，从而废除全部现存的占有方式，才能取得社会生产力。无产者没有什么自己的东西必须加以保护，他们必须摧毁至今保护和保障私有财产的一切"，"无产阶级，现今社会的最下层，如果不炸毁构成官方社会的整个上层，就不能抬起头来，挺起胸来"③，无产阶级是受剥削、受压迫最深的一个阶级，处于社会最底层的无产阶级没有自己的

---

① 《马克思恩格斯全集》第3卷，人民出版社2002年版，第267页。
② 《马克思恩格斯选集》第1卷，人民出版社1995年版，第282页。
③ 《马克思恩格斯选集》第1卷，人民出版社1995年版，第283页。

私有财产，没有什么自己的东西必须加以保护，这决定了无产阶级反对资产阶级的斗争最富于革命彻底性。只有无产阶级能够团结并领导一切被剥削、被压迫的劳动群众，摧毁人类历史上最后一个剥削制度——资本主义制度，变革私有制生产主体为公有制生产主体，消灭私有制从而消灭阶级，建设社会主义和共产主义。

马克思在《资本论》中在全面深刻地分析无产阶级的地位和命运的同时，也深刻论证了无产阶级的历史使命，即推翻资本主义私有制，实现向无阶级社会的过渡。马克思指出，随着生产力社会化程度的不断提高，生产资料集中的程度也不断加强。随着无产阶级所受的剥削程度和贫困压迫的不断加深，他们的力量团结和组织程度也日益加强，他们的反抗力量也不断增长。因此，资本主义积累的历史趋势是剥夺者被剥夺。这一剥夺不是"少数掠夺者剥削人民群众"而是"人民群众剥夺少数掠夺者"，即广大工人阶级和劳动群众联合起来剥夺一切剥削者，剥夺一切私有者。"这个阶级的历史使命是推翻资本主义生产方式和最后消灭阶级。这个阶级就是无产阶级。"①

只有在历史唯物主义理论指导下，才能洞察到无产阶级的性质、特点、地位、作用和使命，才会发现无产阶级是变革社会主体、消灭阶级的社会力量，是实现理想社会的社会力量。正如列宁所说：空想社会主义"既不会阐明资本主义制度下雇佣奴隶制的本质，又不会发现资本主义发展的规律，也不会找到能够成为新社会的创造者的社会力量"②。"只有马克思的哲学唯物主义，才给无产阶级指明了如何摆脱一切被压迫阶级至今深受其害的精神奴役的出路。只有马克思的经济理论，才阐明了无产阶级在整个资本主义制度中的真正地位。"③

---

① 《马克思恩格斯全集》第44卷，人民出版社2001年版，第18页。
② 《列宁选集》第2卷，人民出版社1995年版，第313页。
③ 《列宁选集》第2卷，人民出版社1995年版，第314页。

二、无产阶级解放与人类解放的统一

人类社会发展的历史过程也是人类解放的过程。社会的历史就是人们不断摆脱受盲目必然性支配、受物支配的社会状态，从自然关系、社会关系和人自身关系中解放出来的历史。

马克思在《〈黑格尔法哲学批判〉导言》中提出了无产阶级的历史使命问题。马克思指出，资产阶级革命只是市民社会的一部分解放了自己，从而取得普遍统治，它丝毫不触及旧制度的基础。马克思认为，对德国来说，必须进行彻底的革命，这种彻底革命的历史任务资产阶级是不可能承担的，只有无产阶级这一特殊阶级才能承担彻底革命的历史任务。马克思指出：德国解放的实际可能性，"就在于形成一个被戴上彻底的锁链的阶级，一个并非市民社会阶级的市民社会阶级，形成一个表明一切等级解体的等级，形成一个由于自己遭受普遍苦难而具有普遍性质的领域，这个领域不要求享有任何特殊的权利，因为威胁着这个领域的不是特殊的不公正，而是一般的不公正，它不能再求助于历史的权利，而只能求助于人的权利，它不是同德国国家制度的后果处于片面的对立，而是同这种制度的前提处于全面的对立，最后，在于形成一个若不从其他一切社会领域解放出来从而解放其他一切社会领域就不能解放自己的领域，总之，形成这样一个领域，它表明人的完全丧失，并因而只有通过人的完全回复才能回复自己本身。社会解体的这个结果，就是无产阶级这个特殊等级"①。无产阶级的社会地位不仅表明它能彻底代表普遍利益，而且表明它是能够为消灭任何奴役而斗争的阶级。在以往的阶级社会中，任何一个阶级的解放，意味着带来新的剥削和奴役，而无产阶级的解放，包含着全人类的解放。马克思阐明了无产阶级必须消灭那些使人受屈辱、被奴役、被遗弃和被蔑视的一切关系，完成"从其他一切社会领域解放出来从而解放其他一切社会领域"的伟大历史使命，指明了无产阶级是变革社会实现人类解放的社会力量。

---

① 《马克思恩格斯全集》第 3 卷，人民出版社 2002 年版，第 213 页。

在《1844 年经济学哲学手稿》中，马克思明确指出，工人的解放具有人类解放的性质。所以，无产阶级的解放已经不是单纯的一个阶级的解放，而是整个人类的解放。人类的解放首先在于解放无产阶级，如果连无产阶级都不能解放，人类解放就是一句空话。一旦无产阶级获得解放，才能为人类解放奠定坚实的基础。

在《共产党宣言》中，马克思恩格斯联系生产力、生产关系，从生产力、生产关系两个方面进一步说明了无产阶级是消灭资本主义制度和建设共产主义社会的历史承担者，说明无产阶级解放与人类解放的关系。

马克思认为，在当前同资产阶级对立的一切阶级中，只有无产阶级是真正革命的阶级。其余的阶级都随着大工业的发展而日趋没落和灭亡，无产阶级却是大工业本身的产物。无产阶级一无所有，靠出卖劳动力为生，遭受资本家的剥削和压迫，他们生活在社会的最底层。无产阶级的社会地位和工作生活状况决定了无产阶级只有废除自己的现存的占有方式，从而废除全部现存的占有方式，摆脱受盲目必然性支配、受物支配的社会状态，才能取得社会生产力，才能从自然关系中解放出来。另一方面，生活在社会最底层的无产阶级只有改变旧的生产关系，炸毁构成官方社会的上层建筑，才能抬起头挺起胸做人，才能改变受剥削受压迫、受物支配、受人支配的现状，从社会关系和人自身关系中解放出来。

"过去的一切运动都是少数人的或者为少数人谋利益的运动。无产阶级的运动是绝大多数人的、为绝大多数人谋利益的独立的运动。"①历史上的统治阶级在取得统治地位以前，往往把自己装扮成全体人民的代表，把自己阶级的解放任务，说成是"全人类"的任务，但实际上他们解放的只是他们这个阶级，不过是企图利用群众以达到自己的政治目的而已。无产阶级肩负的历史任务不是去实现一定阶级和阶层的受历史制约的局部解放，而是实现全人类的解放。个人的自由只有在集体中才能实现，没有全人类的彻底解放，就不可能有真正的个人的解放，更谈不上生活在社会的最底层的无产阶级的解放。这就决定了无产阶级只有消灭阶级差别和对立，只有解放全人

---

① 《马克思恩格斯选集》第 1 卷，人民出版社 1995 年版，第 283 页。

类,才能最后解放无产阶级自己。"无产阶级只有在世界历史意义上才能存在,就像共产主义——它的事业——只有作为'世界历史性的'存在才有可能实现一样。而各个人的世界历史性的存在,也就是与世界历史直接相联系的各个人的存在。"①无产阶级解放和全人类解放是一致的:全人类的解放只有通过无产阶级的解放才能实现,无产阶级只有解放全人类才能最终解放自己。

---

① 《马克思恩格斯选集》第 1 卷,人民出版社 1995 年版,第 87 页。

第八章　人的本质与社会制度的学理基础

卡西尔《人论》一书开篇第一句话就是："认识自我乃是哲学探究的最高目标"，它已被证明是哲学的"阿基米德点，是一切思潮的牢固而不可动摇的中心"①。卢梭说："我觉得人类的各种知识中最有用而最不完备的，就是关于'人'的知识。"②

人的本质是哲学社会科学最高、最深邃的问题，因为人的本质反映的是人类生存的终极奥秘，决定人的最深层次的自我意识。某一时代的人的本质决定这一时代社会制度的学理基础，决定这一时代的核心价值观。

历史唯物主义理论是对共产主义的逻辑论证。其中，对资本主义社会制度学理基础和核心价值观的批判与对共产主义学理基础和核心价值观的论证，是历史唯物主义也是马克思主义思想体系的灵魂。

第一节　马克思对"斯芬克司之谜"的解答

自古希腊以来，追问人性，认识自我，探寻主体，定位人生，一直是思想家们探究的基本问题。著名的"司芬克斯之谜"以神话的方式确认了对人自身的反思在哲学研究中的核心地位，而刻在德尔斐神庙碑铭上"认识你自己"这句箴言启动了古代人类探索自身的思维进程。无论是"斯芬克斯之谜"还是德尔斐神庙碑铭都涉及人和人的本质问题。在人类思想史上，马克思第一次对人、人性、人的本质这些范畴给予了科学的界定，实现了关于

---

① 卡西尔：《人论》，上海译文出版社 2004 年版，第 3 页。
② 卢梭：《论人类不平等的起源和基础》，商务印书馆 1962 年版，第 62 页。

人的本质认识的根本变革。

一、马克思关于人的特性、本性、本质的观点

马克思著作中关于人的概念与社会主体概念是相联系的。在本书第一章我们已阐述了马克思对社会主体——人的认识有一个发展过程,从把人仅仅看作自然人到科学地界定人的概念,特别是把作为社会基本经济单位的生产主体,在工业社会就是以企业法人为主导的经济组织看作人格化的人。在成熟时期的著作中,马克思所说的主体——人不仅仅指自然人,还包括作为社会经济基本单位的微观生产主体的人格化的人,以民族国家为单位的整体的人,作为人类的人。在对于哲学社会科学最基本范畴主体——人的认识变革基础上,马克思形成了自己关于人的特性、本性、本质的观点。

马克思在自己的著作中对人的特性、本性、本质主要有如下几种论述:一是在《1844年经济学哲学手稿》中说:"劳动这种生命活动、这种生产生活本身对人来说不过是满足一种需要即维持肉体生存的需要的一种手段。而生产生活就是类生活。这是产生生命的生活。一个种的整体特性、种的类特性就在于生命活动的性质,而自由的有意识的活动恰恰就是人的类特性。"① 二是在《詹姆斯·穆勒〈政治经济学原理〉一书摘要》中说:"因为人的本质是人的真正的社会联系,所以人在积极实现自己本质的过程中创造、生产人的社会联系、社会本质,而社会本质不是一种同单个人相对立的抽象的一般的力量,而是每一个单个人的本质,是他自己的活动,他自己的生活,他自己的享受,他自己的财富。因此,上面提到的真正的社会联系并不是由反思产生的,它是由于有了个人的需要和利己主义才出现的,也就是个人在积极实现其存在时的直接产物。"② 三是在《关于费尔巴哈的提纲》中说:"人的本质不是单个人所固有的抽象物,在其现实性上,它是一切社会关系的总

---

① 《马克思恩格斯全集》第3卷,人民出版社2002年版,第273页。
② 《马克思恩格斯全集》第42卷,人民出版社1979年版,第24页。

和。"① 四是在《德意志意识形态》中说："他们的需要即他们的本性"②。
五是在《资本论》中说："首先要研究人的一般本性，然后要研究在每个时
代历史地发生了变化的人的本性。"③ 从以上马克思的论述可知，马克思已
经区别了人的特性、本性、本质。

马克思认为人的本性是需要。"需要是人的本性"，因此满足人的生存
基本需要的"自由的有意识的活动"或生产劳动是人的类特性。反映人的
需要本性或生产劳动类特性的"一切社会关系的总和"是人的本质。

二、马克思实现了对人的本质认识的根本变革

在本书前几章我们已阐述马克思之前的思想界基本上是把个体的自然人
作为人，马克思把作为社会基本生产单位的微观生产主体看作人格化的人、
集体的人，把民族国家和人类看作宏观生产主体，实现了对哲学社会科学基
本范畴——人的认识的根本变革。

在人的范畴认识变革的基础上，马克思提出的关于人的本质是"一切社
会关系的总和"的观点，更是颠覆了以往思想界在人的本质问题上的认识，
在人类思想史上实现了关于人的本质认识的根本变革。

第一，人的本质是"一切社会关系的总和"中的人是不同层次人的综
合体。马克思在《德意志意识形态》和《古代社会史笔记》中都提出，个
体的自然人都隶属于一定集体或群体，社会中人与人之间的关系是在群体中
表现出来的，作为社会经济基本单位的生产主体中人们之间的关系是社会中
最重要的关系，决定社会中的其他关系，决定以民族国家为单位的整体的人
们之间的关系，也决定一定历史阶段作为类的人们之间的关系。所以，马克
思所说的人的本质，不仅指自然人的本质，还包括作为社会经济基本单位为
主的集体的人的本质，包括以民族国家为单位的整体的人的本质，也包括人
类的本质。因为在一定历史阶段，不同层次主体的人的本质是一致的。

---

① 《马克思恩格斯选集》第 1 卷，人民出版社 1995 年版，第 56 页。
② 《马克思恩格斯全集》第 3 卷，人民出版社 1960 年版，第 514 页。
③ 《马克思恩格斯全集》第 44 卷，人民出版社 2001 年版，第 704 页。

第二，马克思关于人的本质的界定，揭示了人的根本性质、内在联系和根本规定性。

本质是事物的根本性质，是构成事物的各要素之间相对稳定的内在联系。由于马克思所说的人是不同层次人的综合体，这一综合体的根本性质就是每一层次内人与人之间的关系和不同层次的人与人之间的关系，这些关系构成人类社会相对稳定的内在联系，这些关系说明人之所以为人的理由，是人得以存在的根据，是人与他物相区别的根本规定性。所以，历史唯物主义中人的本质是一个关系范畴，人的本质反映人的本质关系。

第三，物质资料生产主体中人与人之间的关系是"一切社会关系"中最重要的关系。"需要"是人的本性或天性，"自由的有意识的活动"或生产劳动是人的类特性。从这几种关系看，满足"需要"这种人的本性或天性的"有意识的活动"或物质资料生产劳动中的关系最能反映人的本质，或者说物质资料生产劳动中人与人之间的关系是"一切社会关系"中最重要的关系。

第四，人的本质是"一切社会关系的总和"中的"社会关系"是一种综合的关系。马克思所说人的本质中的人是不同层次人的综合体，"一切社会关系的总和"是一种综合的关系。这种社会关系包括生产主体中人与自然的关系和社会关系——生产力与生产关系，也包括与在此基础上产生的意识关系——政治上层建筑、思想上层建筑的关系。

第五，人的本质是"一切社会关系的总和"是对人的本质的理论概括，现实中，每一个时代人的本质都是具体的历史的。脱离现实和时代的抽象的人是不存在的，同样脱离现实和时代的抽象的人的本质也是不存在的。马克思在《资本论》中说要研究人的一般本性，还要研究在每个时代历史地发生了变化的人的本性。马克思始终联系现实中具体的人的关系分析人的本质。

马克思关于人的本质是"一切社会关系的总和"的观点，克服了西方历史上思想家们从感性或理性两个不同维度对人的本质所做的片面界定，克服了思想史上将人的善恶，将"人性"作为人的本质的观点，克服了把人的本质抽象化的缺陷，实现了思想史上关于人的本质观念的根本变革。

第二节 生产主体中人们之间的关系决定人的本质

满足"需要"这种人的本性或天性的"有意识的"物质资料生产劳动中的关系最能反映人的本质，物质资料生产劳动中人与人之间的关系是"一切社会关系"中最重要的关系，马克思就是从不同时代生产主体中人们之间的关系分析不同时代人的本质的。

一、马克思依据生产主体中人的关系划分人的发展形态

马克思在《政治经济学批判（1857—1858年草稿）》中把人的发展分为三种形态。马克思说："人的依赖关系（起初完全是自然发生的），是最初的社会形式，在这种形式下，人的生产能力只是在狭小的范围内和孤立的地点上发展着。以物的依赖性为基础的人的独立性，是第二大形式，在这种形式下，才形成普遍的社会物质变换、全面的关系、多方面的需要以及全面的能力的体系。建立在个人全面发展和他们共同的、社会的生产能力成为从属于他们的社会财富这一基础上的自由个性，是第三个阶段。第二个阶段为第三个阶段创造条件。因此，家长制的，古代的（以及封建的）状态随着商业、奢侈、货币、交换价值的发展而没落下去，现代社会则随着这些东西同步发展起来。"① 在这段话之后，马克思具体分析了人的各种发展形态。

人的发展的第一种形态之所以是"人的依赖关系"，是因为这时期人的生产能力只是"在狭小的范围内和孤立的地点上发展着"，而"个人之间的关系表现为较明显的人的关系，但他们只是作为具有某种规定性的个人而互相发生关系，如作为封建主和臣仆、地主和农奴等等，或作为种姓成员等等，或属于某个等级等等。""一切人身纽带至少都表现为人的关系"②。

人的第二种发展形态之所以是"以物的依赖性为基础的人的独立性"，

① 《马克思恩格斯全集》第30卷，人民出版社1995年版，第107—108页。
② 《马克思恩格斯全集》第30卷，人民出版社1995年版，第113页。

是因为"在货币关系中，在发达的交换制度中（而这种表面现象使民主主义受到迷惑），人的依赖纽带、血统差别、教养差别等等事实上都被打破了，被粉碎了（一切人身纽带至少都表现为人的关系）；各个人看起来似乎独立地（这种独立一般只不过是错觉，确切些说，可叫作——在彼此关系冷漠的意义上——彼此漠不关心）自由地互相接触并在这种自由中互相交换"①。"物的依赖关系无非是与外表上独立的个人相对立的独立的社会关系，也就是与这些个人本身相对立而独立化的、他们互相间的生产关系"②。

在人的第三种发展形态阶段，"全面发展的个人——他们的社会关系作为他们自己的共同的关系，也是服从于他们自己的共同的控制的——不是自然的产物，而是历史的产物"③。"共同生产，作为生产的基础的共同性是前提。单个人的劳动一开始就被设定为社会劳动。……在这里，不存在交换价值的交换中必然产生的分工，而是某种以单个人参与共同消费为结果的劳动组织。"④

从这些论述可知，马克思划分人的发展形态的依据是作为社会经济基本单位的微观生产主体内人们之间的关系，不同时代作为社会经济基本单位的微观生产主体中人们之间的关系反映相应时代人的本质或本质特征。人的发展的第一种形态是前资本主义社会，作为社会经济基本单位的微观生产主体内部人与人之间关系由等级、血缘这些"人的依赖关系"决定，这种形态的人的本质特征就是"人的依赖关系"。人的第二种发展形态是资本主义社会，这时期作为社会经济基本单位的微观生产主体建立在货币、财产或资本这些物的基础上，作为社会经济基本单位的微观生产主体内部人与人之间关系由人们对货币、财产或资本这些物的关系决定，这种形态的人的本质特征就是"以物的依赖性为基础的人的独立性"。人的第三种发展形态即未来的共产主义社会，作为社会经济基本单位的微观生产主体建立在"共同生产"、"社会劳动"基础上，作为社会经济基本单位的微观生产主体内部人

---

① 《马克思恩格斯全集》第 30 卷，人民出版社 1995 年版，第 113 页。
② 《马克思恩格斯全集》第 30 卷，人民出版社 1995 年版，第 114 页。
③ 《马克思恩格斯全集》第 30 卷，人民出版社 1995 年版，第 112 页。
④ 《马克思恩格斯全集》第 30 卷，人民出版社 1995 年版，第 122 页。

与人之间关系是"从属于他们的社会财富这一基础上的自由个性"，是"个人全面发展"的阶段。

二、马克思关于五种社会形态与人的三种发展形态在理论上是一致的

以往学术界谈到马克思关于人的发展三种形态思想时，就提到马克思在《政治经济学批判（1857—1858 年草稿）》的论述，笔者认为，实际上在《德意志意识形态》中马克思就有了关于人的发展三种形态的思想，在《资本论》及其手稿中马克思进一步完善了关于人的发展三种形态的思想。

马克思的五种社会形态理论与人的三种发展形态理论是一致的。

五种形态与三种形态的区别在于，对前资本主义社会"人的依赖关系"的三种形态做了进一步的划分。虽然前资本主义社会的三种形态都是建立在"人的依赖关系"上，但是原始社会、奴隶社会、封建社会各自"人的依赖关系"状况是不一样的。原始社会是建立在人的血缘"依赖关系"上，奴隶社会是建立在奴隶作为奴隶主财产的"依赖关系"上，封建社会农民对于地主或封建主是建立在以土地为基础的人身依附关系上。

马克思关于人的发展形态、社会发展形态由作为社会经济基本单位的生产主体内人们之间的关系决定的观点，不仅反映在《德意志意识形态》和《政治经济学批判（1857—1858 年草稿）》中，也贯穿在《共产党宣言》《资本论》等著作中。

第三节　马克思关于社会制度学理基础的观点

每一种社会制度都有其学理基础，其学理基础决定其核心价值观。只有明确了一个社会的学理基础，才能认识这个社会的本质和特点。

马克思之前的思想家们都是从自然人出发论证一种社会制度的合理性，社会制度的学理基础也是基于自然人的关系或本性。马克思在对社会主

体——人、人的本质认识变革的基础上，在人类思想史上第一次科学地阐述了人的本质与其社会制度学理基础的关系，说明某一时代由物质资料生产主体内部人们之间关系决定的人的本质是其社会制度的学理基础，决定这一时代的核心价值观。

一、马克思之前的思想家都是从自然人的人性出发论证其社会制度的合理性

在有文字记载的历史中，每一种社会形态中的主流学派围绕社会制度学理基础建立的思想体系构成该社会意识形态或观念上层建筑的核心内容。

（一）奴隶社会、封建社会的思想家基于自然人的等级论证其制度的合理性

奴隶社会、封建社会的思想家们基本上是从人本质上是有等级的认识出发，来论证其制度的合理性。虽然奴隶社会、封建社会中不同思想家对社会等级形成的原因观点不同，如有认为等级来自神的，有认为等级来自天命或先天的，还有认为等级是自然形成的，等等，但是思想家们都从不同的视角论证社会等级存在是合理的，并且认为社会等级的存在是维持社会秩序、维持社会正常运转的基础。

在西方，古希腊柏拉图在《理想国》中就提出人是由不同材料做成的，人有不同的等级和地位，只有不同等级的人各尽其责，各就其位，社会才能维持正常、理想的状态。亚里上多德认为："世上有统治和被统治的区分，这不仅事属必需，实际上也是有利益的；有些人在诞生时就注定将是被统治者，另外一些人则注定将是统治者。"① 作为政治动物的人应该乐于这种等级的群居，修炼"智、勇、礼、义"，才是理想的政治和至善的生活。

在中国，孔子强调"与命与仁"，君君臣臣、父父子子，孟子说"劳心者治人，劳力者治于人"，墨子主张"尚贤"，董仲舒认为"王承天

---

① 亚里士多德：《政治学》，吴寿彭译，商务印书馆1965年版，第13页。

意"……中国古代思想家们不仅论证社会等级的存在是合理的，而且为维系社会等级提出了礼、仁、忠、孝、悌等伦理范畴，提出了处理君臣、父子、夫妻、长幼、上下、尊卑关系的"三纲五常"、"三从四德"的原则。他们认为，国家的治乱，社会的稳定，取决于等级秩序的稳定与否，人们遵守这些等级规范和原则，便可维系社会人伦关系的稳定，达到天下大治。

（二）资产阶级思想家们基于自然人的本性都是自私的论证其制度的合理性

我们都知道，近代以来资产阶级思想家们从人的本性出发，从人本性是自私的这一学理基础出发，不仅论证了资本主义制度的合理性，还从哲学、政治、经济等不同侧面对资本主义制度进行了充分的理论论证，建立了资产阶级意识形态。

康德把实践引入哲学，把对主体性和自由的认识推广到社会历史领域，实现了哲学社会科学领域的哥白尼式变革。他提出"人是目的"，标志着近代西方哲学对人的主体性认识的一次重大飞跃的开端。黑格尔说康德的哲学"是在理论方面对启蒙运动的系统陈述"①。

黑格尔把反映资本主义现实本质的主体与财产关系作为其法哲学的切入点，认为国家应当赋予其公民以拥有私人财产的权利，法律的义务就是保护私人财产权，保护私有者的利益。他明确提出："人唯有在所有权中才是作为理性而存在的"②，黑格尔从法理的视角对私人财产"神圣不可侵犯"的原则作了论证。

霍布斯、洛克、孟德斯鸠、卢梭等资产阶级思想家们，认为人们都拥有生命、平等、自由等"自然之权利"，这些个人的权利是与生俱来、不证自明的，但由于人性的善恶原因，为了实现个人的权利，维持社会的正常秩序，人们以契约形式建立了国家。他们提出的主权在民、代议制、三权分立的思想，使资本主义意识形态思想付诸政治实践。

近代欧洲思想家从人性自私出发研究社会生活，人性自私论或利己主义

---

① 黑格尔：《哲学史讲演录》第4卷，贺麟、王大庆译，商务印书馆1978年版，第258页。
② 黑格尔：《法哲学原理》，商务印书馆1961年版，第50页。

也成为经济学的哲学基础。亚当·斯密认为经济活动主体是"经济人",从事经济活动的动机是"利己心",从事经济活动的目的是寻求个人利益最大化,这无意而有效地增进了社会公共利益。经济主体在"一只看不见的手"引导下进行活动,通过利己的动机调节价格和资源配给,表现为价值规律起调节作用。既然利己心是人的天性,是自然赋予的,追求个人利益就是自然之理,对追求个人利益的经济活动就不应限制,政府不应干预经济。斯密基于人性自私论这一学理基础,创立了资本主义古典经济学。

二、马克思基于生产中人的本质(关系)分析社会制度的学理基础

马克思在《哲学的贫困》中曾指出:"每个原理都有其出现的世纪。例如,权威原理出现在 11 世纪,个人主义原理出现在 18 世纪。因而不是原理属于世纪,而是世纪属于原理。换句话说,不是历史创造原理,而是原理创造历史。但是,如果为了顾全原理和历史我们再进一步自问一下,为什么该原理出现在 11 世纪或者 18 世纪,而不出现在其他某一世纪,我们就必然要仔细研究一下:11 世纪的人们是怎样的,18 世纪的人们是怎样的,他们各自的需要、他们的生产力、生产方式以及生产中使用的原料是怎样的;最后,由这一切生存条件所产生的人与人之间的关系是怎样的。难道探讨这一切问题不就是研究每个世纪中人们的现实的、世俗的历史,不就是把这些人既当成他们本身的历史剧的剧作者又当成剧中人物吗?"①

马克思提出了一个时代或社会制度的"原理"或"基本原则"问题。一个时代或社会制度的"原理"或"基本原则"是什么?根据马克思的论述,笔者认为应该是一个时代或一种社会制度下人的本质——人与人之间本质关系的反映,是基于人们之间本质关系解释一个时代或一种社会制度合理性的原则或原理,是一种社会制度的学理基础,是一个时代或一种社会制度意识形态的核心观点或核心价值观。

马克思在自己的著作中是以资本主义社会与封建社会的比较来阐述两种

---

① 《马克思恩格斯选集》第 1 卷,人民出版社 1995 年版,第 146—147 页。

不同社会制度的"基本原则"的。例如，马克思说："权威原理出现在11世纪，个人主义原理出现在18世纪。"①"在贵族统治时期占统治地位的概念是荣誉、忠诚，等等，而在资产阶级统治时期占统治地位的概念则是自由、平等，等等。"②

在封建社会，社会等级"作为一种社会纽带、作为一种共同体来把个人包括在内"③。这种共同体具有政治的性质，"财产、商业、社会团体和人都是政治的"，"每个私人领域都具有政治性质，或者都是政治领域；换句话说，政治也就是私人领域的性质。""在中世纪，人民的生活和国家的生活是同一的。人是国家的现实原则，但这是不自由的人。"④在这种共同体内，人与人之间的关系由具有政治意义的"特定的社会地位、特定的社会职能等等的个体化的个体"⑤ 关系决定，是建立在"人的依赖关系"基础上。奴隶社会、封建社会人们之间的地位是不平等的，是具有一定等级或权威的，这决定了人们之间关系的不平等，如奴隶主与奴隶、贵族与平民、封建主与臣仆、地主与佃农等。所以等级或权威就成为封建社会的基本原则或学理基础，也是其核心价值观。

资本主义是商品经济社会，等价交换是商品经济的基本原则。"市民社会的成员在自己的政治意义上脱离了自己的等级，脱离了自己真正的地位。"⑥ 资本主义社会人们在政治选举、在法律面前貌似是平等的，这种平等是一种形式上的平等。事实上，资本主义社会也存在"等级和社会地位"，但是划分"等级和社会地位"的依据不再是人的政治等级和地位，而是"消费和消费能力"⑦，是物质财富，是金钱。所以，资本主义社会人的本质特征是"以物的依赖性为基础的人的独立性"。资本主义社会人的这种本质特征决定了"实际需要、利己主义是市民社会的原则……实际需要和自

① 《马克思恩格斯选集》第1卷，人民出版社1995年版，第146页。
② 《马克思恩格斯选集》第1卷，人民出版社1995年版，第100页。
③ 《马克思恩格斯全集》第1卷，人民出版社1956年版，第345页。
④ 《马克思恩格斯全集》第3卷，人民出版社2002年版，第42、43页。
⑤ 《马克思恩格斯全集》第3卷，人民出版社2002年版，第131页。
⑥ 《马克思恩格斯全集》第3卷，人民出版社2002年版，第101页。
⑦ 《马克思恩格斯全集》第1卷，人民出版社1956年版，第345页。

私自利的神就是金钱"①。"把人和社会连接起来的唯一纽带是天然必然性，是需要和私人利益，是对他们财产和利己主义个人的保护。"②"现代的市民社会是实现了的个人主义原则；个人的存在是最终目的；活动、劳动、内容等等都只是手段。"③个人主义或利己主义是资本主义社会基本原则，也是资本主义制度的学理基础，是其核心价值观。

资本主义和封建主义人与人之间关系都是通过剥削行为实现的，是在对立的关系中实现的。"政治国家的建立和市民社会分解为独立的个人——这些个人的关系通过权利表现出来，正像等级行会制度的人的关系通过特权表现出来一样——是通过同一个行为实现的。"④ 在资本主义社会，"撕毁人的一切类联系，代之以利己主义和自私的需要，把人的世界变成互相隔绝互相敌对的个人的世界"⑤。

马克思认为，一个时代的"基本原则"，一种社会制度的学理基础或核心价值观都是占统治地位的物质关系在观念上的表现。"统治阶级的思想在每一时代都是占统治地位的思想。……占统治地位的思想不过是占统治地位的物质关系在观念上的表现，不过是以思想的形式表现出来的占统治地位的物质关系；因而，这就是那些使某一个阶级成为统治阶级的关系在观念上的表现，因而这也就是这个阶级的统治的思想。"⑥

第四节　共产主义的学理基础及其论证

实现人类自由、解放的共产主义是历史唯物主义整个理论的最终旨归，对共产主义的逻辑论证是历史唯物主义的核心内容。

---

① 《马克思恩格斯全集》第 3 卷，人民出版社 2002 年版，第 194 页。
② 《马克思恩格斯全集》第 1 卷，人民出版社 1956 年版，第 439 页。
③ 《马克思恩格斯全集》第 3 卷，人民出版社 2002 年版，第 101 页。
④ 《马克思恩格斯全集》第 1 卷，人民出版社 1956 年版，第 442 页。
⑤ 《马克思恩格斯全集》第 1 卷，人民出版社 1956 年版，第 450 页。
⑥ 《马克思恩格斯选集》第 1 卷，人民出版社 1995 年版，第 98 页。

一、共产主义的学理基础及核心价值观

1894 年 1 月 3 日，意大利社会主义者朱·卡内帕请恩格斯为同年 3 月在日内瓦创刊出版的《新纪元》周刊题词，用简短的字句来表达未来共产主义纪元的基本思想。恩格斯在回复中说，"除了《共产党宣言》中的下面这句话……我再也找不出合适的了"①。恩格斯所说的这一句话是："代替那存在着阶级和阶级对立的资产阶级旧社会的，将是这样一个联合体，在那里，每个人的自由发展是一切人的自由发展的条件。"② 可见，这句话在马克思学说中的重要意义，在《共产党宣言》乃至整个马克思主义学说中的重要地位。

马克思在《资本论》中也曾说共产主义是"以每一个个人的全面而自由的发展为基本原则的"③。

"每个人的自由发展是一切人的自由发展的条件"，这句话阐明了共产主义者最高的理想和追求，最终的奋斗目标，反映了共产主义的核心思想和本质特征，从根本上把共产主义同一切旧社会区别开来。这句话反映了共产主义社会人的本质——人与人之间的本质关系，阐明了共产主义社会的"基本原则"或学理基础，反映了共产主义的核心价值观。

"每个人的自由发展是一切人的自由发展的条件"反映了个体人之间平等互利、个体与群体利益一致不可分的原则，是共产主义的学理基础，也是共产主义的核心价值观。

二、社会生产主体矛盾与共产主义学理基础

历史唯物主义是以作为社会基本经济单位的微观生产主体为出发点，以社会生产主体内在矛盾运动为中心线索，揭示人类社会本质和发展规律的理

① 《马克思恩格斯选集》第 4 卷，人民出版社 1995 年版，第 730 页。
② 《马克思恩格斯选集》第 1 卷，人民出版社 1995 年版，第 294 页。
③ 《马克思恩格斯全集》第 44 卷，人民出版社 2001 年版，第 683 页。

论，而共产主义是其理论的最终旨归。因此，也可以说历史唯物主义理论是对共产主义的哲学论证。

共产主义是历史唯物主义揭示的社会物质资料生产主体内在矛盾运动的必然结果，而且共产主义社会同样遵循这一规律。

我们在前面已经说明，生产力高度发达，物质供应十分充裕是实现共产主义的前提条件。生产力决定生产关系。当社会生产力发达到提供的物质产品充裕到能够满足人们的所有需要，人们需要什么就能够得到什么的时候，生产的产品就具有社会的性质了。当生产的产品具有社会的性质时，劳动的产品就不需要交换，生产社会产品的劳动资料也就具有社会的性质，即消灭私有制，建立生产资料公有制。

共产主义社会根本特征是生产资料公有制，即生产主体中生产资料共同占有，这决定了生产中人们之间的关系是"联合"或"协作"的关系。在《德意志意识形态》中马克思指出："建立共产主义实质上具有经济的性质，这就是为这种联合创造各种物质条件，把现存的条件变成联合的条件。"① 在《资本论》中，马克思说："从资本主义生产方式产生的资本主义占有方式，从而资本主义的私有制，是对个人的、以自己劳动为基础的私有制的第一个否定。但资本主义生产由于自然过程的必然性，造成了对自身的否定。这是否定的否定。这种否定不是重新建立私有制，而是在资本主义时代的成就的基础上，也就是说，在协作和对土地及靠劳动本身生产的生产资料的共同占有的基础上，重新建立个人所有制。"② 随着资本主义生产主体被推翻，"资本主义形式已被扬弃，社会已被组成为一个自觉的、有计划的联合体"③。这些论述说明，历史唯物主义阐述的共产主义建立在生产资料的共同占有基础上，"许多生产工具必定归属于每一个个人，而财产则归属于全体个人。现代的普遍交往，除了归全体个人支配，不可能归各个人支配"④。

建立在生产资料的共同占有基础上的共产主义，消灭了私有制，它也是

---

① 《马克思恩格斯选集》第 1 卷，人民出版社 1995 年版，第 122 页。
② 《马克思恩格斯全集》第 44 卷，人民出版社 2001 年版，第 874 页。
③ 《马克思恩格斯全集》第 46 卷，人民出版社 2003 年版，第 745 页。
④ 《马克思恩格斯选集》第 1 卷，人民出版社 1995 年版，第 129 页。

一种"个人所有制",是每个人都共同占有的所有制,每个人都是生产资料的主人,这决定了生产中人们之间的关系是"联合"或"协作"的关系,是平等互利的关系,是相互依赖不可分割的关系。"每个人的自由发展是一切人的自由发展的条件"反映了共产主义生产主体内部人们平等互利、相互依赖不可分割的本质关系。因此,生产主体内部人与人之间平等互利、个体与群体利益一致不可分这种本质关系就是共产主义的学理基础,也是共产主义的核心价值观。

三、特殊利益同共同利益的关系与共产主义的学理基础

虽然马克思从作为社会经济基本单位的微观生产主体出发构建历史唯物主义,但并不否认自然人主体的作用。马克思认为,"人类历史的第一个前提无疑是有生命的个人的存在",微观、宏观生产主体内活动着的是自然人主体,微宏观生产主体都是通过自然人主体的活动推进的。作为自然人主体都有自己的需要和利益,"在任何情况下,个人总是'从自己出发的',但由于从他们彼此不需要发生任何联系这个意义上来说他们不是唯一的,由于他们的需要即他们的本性"[①]。"各个人的出发点总是他们自己"[②]。

历史唯物主义认为,虽然自然人个体有自己的需要和利益,他们总是"从自己出发的",但是"人总是生活在社会中的",自然人个体总是隶属于一定群体,在阶级社会中还隶属于一定阶级。自然人个体的特殊利益能否实现,要受到作为群体的人——社会经济基本单位中物质内容——生产力的限制。在阶级社会中,作为社会经济基本单位的微观生产主体是独立核算的经济主体,有自身的利益。微观生产主体与其中的自然人个体之间的关系就是共同利益与特殊利益的关系。微观生产主体又隶属于社会整体,微观生产主体与社会宏观生产主体之间的关系也是特殊利益与共同利益之间的关系。以民族国家为单位的生产主体与以全人类的利益的关系也是特殊利益与共同利益之间的关系。

---

① 《马克思恩格斯全集》第 3 卷,人民出版社 1960 年版,第 514 页。
② 《马克思恩格斯选集》第 1 卷,人民出版社 1995 年版,第 119 页。

特殊利益与共同利益之间的关系反映的是不同层次主体、不同层次的人之间的利益关系。一方面，个体的人隶属于一定的集体，个体对集体具有一定的依赖性，特殊利益依赖于共同利益，集体利益或共同利益是个体利益得以保证实现的条件。另一方面，集体是由个体组成的，建立在个体的基础上，集体不可能没有个体，集体对个体也具有一定的依赖性，共同利益以特殊利益为基础。

但是，在阶级社会里，无论是作为生产单位的微观生产主体，还是作为以民族国家为单位的宏观生产主体都存在着特殊利益和共同利益之间的矛盾。马克思说："正是由于特殊利益和共同利益之间的这种矛盾，共同利益才采取国家这种与实际的单个利益和全体利益相脱离的独立形式，同时采取虚幻的共同体的形式"①。而且，"每一个企图取代旧统治阶级的新阶级，为了达到自己的目的不得不把自己的利益说成是社会全体成员的共同利益，就是说，这在观念上的表达就是：赋予自己的思想以普遍性的形式，把它们描绘成唯一合乎理性的、有普遍意义的思想。"② 但是，非统治阶级和统治阶级之间的矛盾不仅客观存在，而且非统治阶级和正在进行统治的阶级之间的对立也发展得更尖锐和更深刻。"只要阶级的统治完全不再是社会制度的形式，也就是说，只要不再有必要把特殊利益说成是普遍利益，或者把'普遍的东西'说成是占统治地位的东西，那么，一定阶级的统治似乎只是某种思想的统治这整个假象当然就会自行消失。"③

马克思在《资本论》中正是通过对单个资本与社会总资本之间矛盾——即特殊利益和共同利益之间矛盾的分析，说明在资本主义社会资本家只追求自己的个人利益，其个体与群体、微观宏观生产主体内以及它们之间的特殊利益和共同利益之间矛盾在资本主义社会内部不可能得到解决，资本主义再生产实现的条件不断遭到破坏，只能通过经济危机这种外在的强制形式暂时缓解这些矛盾，社会主义代替资本主义是资本主义内在矛盾发展的必然结果。

---

① 《马克思恩格斯选集》第1卷，人民出版社1995年版，第84页。
② 《马克思恩格斯选集》第1卷，人民出版社1995年版，第100页。
③ 《马克思恩格斯选集》第1卷，人民出版社1995年版，第101页。

共产主义社会建立在"共同生产"、"社会劳动"基础上，生产资料共同占有，没有也不需要维护任何特殊的阶级或个人利益，个体与群体、特殊利益和共同利益之间是利益根本一致的关系。"每个人的自由发展是一切人的自由发展的条件"，正是反映了共产主义社会人们特殊利益和共同利益之间一致的关系。

四、社会共同体与共产主义的学理基础

"共同体"是历史唯物主义中非常重要的一个概念，但是，由于长期以来历史唯物主义和马克思学说研究对象、逻辑出发点不明确，以至于对马克思学说中"共同体"这一概念未给予明确和准确的界定。

（一）马克思著作中不同层面、不同类型、不同范围的"共同体"概念

现有《德意志意识形态》中文译本中"共同体"一词后面多处都标注了 Gemeinwesen[1]，但由于笔者外语水平和客观条件的限制，笔者无法依据第一手材料考证这是马克思自己标注的，还是翻译过程中加注的。如果是马克思本人标注的，马克思在这里强调自己所说的"共同体"是"Gemeinwesen"一词。

德文"Gemeinwesen"一词为名词，在德汉词典中的解释有两个意思：一是公共团体、公团；二是公众事宜，加后缀"wohl"为共同利益，共同福利。也有译作"社团"。结合马克思原文的语境，马克思所说的共同体——Gemeinwesen 一词应为"公共团体"或"公团"的意思。

马克思在自己著作中从不同层面使用共同体这一词，应该就是不同层次的"公共团体"。这些公共团体既有集体层面的，也有国家整体、人类整体层面的。

马克思说："商品生产从而商品流通也能够在不同的共同体之间产生，

---

① 《马克思恩格斯选集》第 1 卷，人民出版社 1995 年版，第 70、103、126、127、130、131 页等。

或者在同一个共同体的不同机构之间产生"①,"同其他共同体交换商品"②。"封建所有制。……也是以一种共同体〔Gemeinwesen〕为基础的。但是作为直接进行生产的阶级而与这种共同体对立的,已经不是与古典古代的共同体相对立的奴隶,而是小农奴。"③ "为了生产财富而组织得最完善的社会,毫无疑问只应当有一个起指挥作用的企业主按照预先制定的规则将工作分配给共同体的各个成员。可是,实际情况却完全不是这样。当现代工厂中的分工由企业主的权威详细规定的时候,现代社会要进行劳动分配,除了自由竞争之外没有别的规则、别的权威可言。"④ "某一阶级的各个人所结成的、受他们的与另一阶级相对立的那种共同利益所制约的共同关系,总是这样一种共同体,这些个人只是作为普通的个人隶属于这种共同体,只是由于他们还处在本阶级的生存条件下才隶属于这种共同体;他们不是作为个人而是作为阶级的成员处于这种共同关系中的。"⑤ 马克思在这里说的共同体是指作为社会生产基本单位或生产主体的"公共团体"。

马克思说:"我们已经指出,西里西亚起义决不是在思想离开了社会原则这种状态下发生的。只是还要论述一下'人们不幸脱离了共同体'这种状态。这里所谓的共同体应该理解为政治共同体,即国家制度。"⑥ "同表现为古典古代国家、封建制度、君主专制的'共同体'〔Gemeinwesen〕相适应的,同这种联系相适应的,尤其是宗教观念。"⑦ 马克思在这里说的共同体是指作为国家这种"公共团体"。

马克思说:"而在控制了自己的生存条件和社会全体成员的生存条件的革命无产者的共同体中,情况就完全不同了。在这个共同体中各个人都是作为个人参加的。它是各个人的这样一种联合(自然是以当时发达的生产力为前提的),这种联合把个人的自由发展和运动的条件置于他们的控制之

---

① 《马克思恩格斯全集》第 32 卷,人民出版社 1998 年版,第 43 页。
② 《马克思恩格斯全集》第 44 卷,人民出版社 2001 年版,第 408 页。
③ 《马克思恩格斯选集》第 1 卷,人民出版社 1995 年版,第 70 页。
④ 《马克思恩格斯选集》第 1 卷,人民出版社 1995 年版,第 163 页。
⑤ 《马克思恩格斯选集》第 1 卷,人民出版社 1995 年版,第 121 页。
⑥ 《马克思恩格斯全集》第 3 卷,人民出版社 2002 年版,第 393—394 页。
⑦ 《马克思恩格斯选集》第 1 卷,人民出版社 1995 年版,第 134 页。

下。"① 马克思在这里说的共同体是指人类社会。

马克思在自己的著作中用过"自然形成的共同体"、"原始的共产主义共同体"、"古典共同体"、"封建的共同体"、"君主专制的共同体"、"中世纪宗教共同体"、"中世纪的共同体"、"革命无产者的共同体"。这些是指不同性质的"公共团体"。

马克思在自己的著作中还说过,"货币本身就是共同体"、"血缘共同体"、"政治共同体"、"独立的自治的共同体"。这些是指不同类型的"公共团体"。

马克思在自己的著作中还谈到过,"把整个欧洲变成一个共同体,从而为国际工人协会奠定了基础"②,"就把自己的城市共同体称为'公社'"③,"每个村落通常都是一个……共同体"④。这些是指不同范围的"公共团体"。

（二）马克思在阐述自己的理论时运用的"共同体"指微观生产主体和宏观生产主体

马克思在《德意志意识形态》中说:"定居下来的征服者所采纳的共同体［Gemeinwesen］形式,应当适应于他们面临的生产力发展水平,如果起初情况不是这样,那么共同体形式就应当按照生产力来改变。"⑤ 生产力和生产关系是微观生产主体的物质内容和社会形式,共同体形式按照生产力来改变,显然这里的共同体是指作为社会经济基本单位的微观生产主体。

恩格斯曾说:"当无产阶级还需要国家的时候,它需要国家不是为了自由,而是为了镇压自己的敌人。一到有可能谈自由的时候,国家本身就不再存在了。因此,我们建议把'国家'一词全部改成'共同体'［Gemeinwesen］,这是一个很好的古德文词,相当于法文的'公社'。"⑥ 这里的共同体

---

① 《马克思恩格斯选集》第1卷,人民出版社1995年版,第121页。
② 《马克思恩格斯全集》第25卷,人民出版社2001年版,第445页。
③ 《马克思恩格斯选集》第1卷,人民出版社1995年版,第274页。
④ 《马克思恩格斯全集》第45卷,人民出版社1985年版,第434页。
⑤ 《马克思恩格斯选集》第1卷,人民出版社1995年版,第126页。
⑥ 《马克思恩格斯选集》第3卷,人民出版社1995年版,第324—325页。

就是宏观生产主体。

（三）共产主义是"真正的共同体"

马克思在《1844 年经济学哲学手稿》中谈到资本主义社会的"共同体"或生产主体时说："共同性只是劳动的共同性以及由共同的资本——作为普遍的资本家的共同体——所支付的工资的平等的共同性。关系的两个方面被提高到想象的普遍性：劳动是为每个人设定的天职，而资本是共同体的公认的普遍性和力量。"[1] 显然，资本主义社会中劳动者与资本家虽然共处于一个"公共团体"中，但是资本是共同体内决定的力量，劳动者与资本家在利益上并不一致，反而具有对抗性质。

正是根据"共同体"——"公共团体"内部人们之间关系的性质，马克思提出了"冒充的共同体"、"虚假的共同体"、"虚幻的共同体"、"真正的共同体"。马克思说："在过去的种种冒充的共同体中，如在国家等等中，个人自由只是对那些在统治阶级范围内发展的个人来说是存在的，他们之所以有个人自由，只是因为他们是这一阶级的个人。从前各个人联合而成的虚假的共同体，总是相对于各个人而独立的；由于这种共同体是一个阶级反对另一个阶级的联合，因此对于被统治的阶级来说，它不仅是完全虚幻的共同体，而且是新的桎梏。在真正的共同体的条件下，各个人在自己的联合中并通过这种联合获得自己的自由。"[2] 马克思所说的"真正的共同体"显然是共产主义，是个体成员之间利益一致，人们具有真正的共同利益，"每个人的自由发展是一切人的自由发展的条件"的"联合体"。

---

[1] 《马克思恩格斯全集》第 3 卷，人民出版社 2002 年版，第 296 页。
[2] 《马克思恩格斯选集》第 1 卷，人民出版社 1995 年版，第 119 页。

第九章　历史唯物主义的运用与证明
——真实的《资本论》①

如自然科学中的数学是抽象的理论一样，作为哲学的历史唯物主义也是抽象的理论，它撇开一些具体社会现象，抽象出共性的东西，揭示社会发展规律。抽象的历史唯物主义理论只有在具体社会科学中、在具体实践中得到证明。

马克思 1859 年在《〈政治经济学批判〉序言》中说，历史唯物主义是"我所得到的、并且一经得到就用于指导我的研究工作的总的结果"②。历史唯物主义作为马克思主义的理论基础，也是马克思写作《资本论》的指导思想，《资本论》是历史唯物主义的运用与证明。

笔者认为《资本论》的研究对象是资本主义生产主体，研究视角是资本主义生产关系。

《资本论》是从资本主义社会生产主体要素的表现形式商品开始论述的，因为商品是资本主义社会财富的表现形式，是资本的表现形式。但《资本论》真正的逻辑出发点不是商品，而是资本主义微观生产主体。这如同黑格尔的《逻辑学》，其从"无"开始，但其逻辑出发点是"实有"。

《资本论》是以资本主义微观和宏观生产主体为研究对象，以资本主义生产主体自然物质关系与社会关系内在矛盾的展开为线索，以生产关系或价值关系为研究视角或切入点，分析资本主义生产主体内在矛盾及其发展趋势。资本论的逻辑结构是：《资本论》第一卷考察资本主义微观生产主体内

---

① 参见李云峰：《〈资本论〉的理论逻辑——资本主义生产主体内在矛盾及其发展趋势》，武汉大学博士论文，2014 年 6 月。

② 《马克思恩格斯全集》第 31 卷，人民出版社 1998 年版，第 412 页。

在矛盾及其发展趋势；第二卷分析资本主义微观与宏观生产主体之间矛盾及其发展趋势；第三卷研究资本主义宏观生产主体内在矛盾及其发展趋势。

　　历史唯物主义是关于微观、宏观生产主体内部以及它们之间的矛盾和发展趋势的理论，《资本论》是关于资本主义微观、宏观生产主体内部以及它们之间的矛盾和发展趋势的理论，《资本论》的逻辑具体反映或再现了历史唯物主义的逻辑。列宁曾说："虽说马克思没有遗留下'逻辑'（大写字母的），但他遗留下《资本论》的逻辑"①。"自从"资本论"问世以来，唯物主义历史观已经不是假设，而是科学地证明了的原理"②。

第一节　《资本论》第一卷考察资本主义微观生产主体内在矛盾及其发展趋势

　　《资本论》第一卷标题是"资本主义生产过程"，是"把资本主义生产过程，既作为孤立过程，又作为再生产过程来分析"③，并且"撇开了这个过程以外的各种情况引起的一切次要影响"④。《资本论》第一卷是以"单个资本"为研究对象，通过对作为资本主义经济基本单位的微观生产主体的产生、建立的分析，通过对资本主义微观生产主体生产过程运动、发展的考察，揭示了以资本为基础建立起来的资本主义社会微观生产主体的内在矛盾及其发展趋势。

一、资本主义社会生产主体与"商品和货币"

　　马克思在《资本论》中开篇就说："资本主义生产方式占统治地位的社会的财富，表现为'庞大的商品堆积'，单个的商品表现为这种财富的元素

---

① 《列宁全集》第55卷，人民出版社1990年版，第290页。
② 《列宁选集》第1卷，人民出版社1995年版，第10页。
③ 《马克思恩格斯全集》第45卷，人民出版社2003年版，第391页。
④ 《马克思恩格斯全集》第46卷，人民出版社2003年版，第29页。

形式。因此，我们的研究就从分析商品开始。"① 在《资本论》中，马克思多次提到资本由商品构成，或资本由货币和商品构成。马克思非常清楚地说明了《资本论》之所以从商品开始，不仅因为商品是资本主义生产方式的历史前提，是资本产生的前提，还因为商品是资本主义财富的元素形式，是资本主义财富的表现形式，是资本的表现形式。

第一篇的三章是全书的引子，是为主题研究做铺垫和准备。对于第一篇的内容，必须放到全书的背景下去理解，必须结合全书的研究主题进行诠释。笔者认为第一篇"商品和货币"是阐述资本或者以资本为基础建立起来的生产主体的表现形式、基本特征、商品交换的媒介以及引发的矛盾。马克思在这一部分通过对商品二因素、劳动二重性的考察，分析了商品经济的基本矛盾以及这一矛盾在资本主义社会的发展。

二、微观生产主体的建立——"货币转化为资本"

马克思在第二篇"货币转化为资本"中通过对资本主义社会商品和货币及其流通关系的分析，说明资本主义微观生产主体建立的起点是"货币转化为资本"。资本就是能够在流通中带来剩余价值的货币，作为资本的货币在运动中转化为生产过程的主体。资本增值或资本流通"总公式的矛盾"都源自资本主义微观生产主体，而资本主义微观生产主体的建立，资本自行增值的决定因素是"劳动力的买和卖"。

三、微观生产主体内在矛盾及其本质——绝对剩余价值生产

劳动力的买卖，是在流通领域内进行的，而劳动力这种特殊商品的使用或消费是在生产领域，劳动力的使用价值在生产领域中才能体现出来。随着在流通领域完成了"劳动力的买和卖"，生产主体建立起来，货币所有者资本家笑容满面，昂首前行，劳动力所有者尾随于后，让人宰割。从第三篇开

---

① 《马克思恩格斯全集》第 44 卷，人民出版社 2001 年版，第 47 页。

始，马克思带领我们进入生产领域。

在第五章"劳动过程和价值增值过程"中，马克思把作为构成社会生产主体基础的资本从价值形态上分为 c、v、m 三个组成部分，通过对资本主义生产过程 c、v、m 变化的分析，说明以资本为基础建立起来的生产主体是资本家获取剩余价值的合法权和强制权，是资本家购买的生产资料转化为吮吸他人劳动的手段，绝对剩余价值生产与工作日的延长有关。

资本主义生产是"劳动过程"与"价值增殖过程"的统一，也就是生产力与生产关系的统一。资本主义生产关系决定了获取剩余价值是资本主义生产的目的和动力，而生产主体中的可变资本是剩余价值的唯一源泉。剩余价值反映的是绝对对立的两个阶级的关系，剩余价值率反映了资本对工人——劳动力的剥削程度。围绕工作日的斗争具体反映了绝对剩余价值在阶级对立上的表现。因此，资本主义微观生产主体内本质关系是资本家对工人的剥削关系，无产阶级与资产阶级的矛盾是资本主义微观生产主体的内在的、根本的矛盾。

四、资本主义微观生产主体内在矛盾特点分析——相对剩余价值生产

马克思在《资本论》第四篇"相对剩余价值的生产"部分，提出追求相对剩余价值是资本主义技术进步的动力，相对剩余价值的生产同劳动的技术基础和社会组织即生产方式的变革相联系。马克思考察了近代以来社会微观生产主体由技术基础（物质基础）变化带来的社会形式的变化，考察了资本主义社会微观生产主体的技术基础（物质基础）和社会形式。机器等生产工具是资本主义生产的技术基础，机器这种技术基础决定了资本主义社会微观生产主体社会形式是工厂或企业，由于分工、协作和物质基础决定了其劳动本身具有社会性。资本家是货币和生产资料也就是资本主义企业和工厂的实际拥有者。资本主义社会微观生产主体的物质基础和社会形式，决定了社会化劳动的生产力和私人占有的生产关系是资本主义社会微观生产主体内在的基本矛盾。工人作为资本主义微观主体的技术基础（或物质基础）

的具体操作者，是社会化生产力的代表，资本家作为资本主义微观生产主体的所有者，是资本主义生产关系的代表。追求相对剩余价值是资本主义技术进步的动力，资本家逐利的本性决定了其不断追求相对剩余价值的本性，使用和改造机器，提高劳动生产率，缩短了工人必要劳动时间，增加了工人劳动速度和强度，也加深了无产阶级与资产阶级的矛盾。资本主义微观生产主体生产力与生产关系的矛盾——社会化劳动的生产力和私人占有的生产关系的矛盾又具体表现为无产阶级与资产阶级阶级利益的对立。

五、资本主义微观生产主体内利益对立的具体表现——剩余价值与工资

前面分析了资本主义生产过程本质上是剩余价值的生产，无论是绝对剩余价值还是相对剩余价值，都来自工人所创造的价值。生产中工人创造的价值包括两部分：剩余价值和劳动力价值。因此，资本主义微观生产主体内无产阶级与资产阶级经济利益对立具体就表现为剩余价值与工资的关系。无产阶级与资产阶级的对立和斗争，在经济的范围内表现在剩余价值与工资的分配上。在第五、第六两篇里，马克思具体考察了剩余价值和劳动力价值的具体形态——剩余价值和工资。剩余价值和工资的关系反映了微观生产主体内无产阶级与资产阶级经济利益的根本对立。

六、资本主义微观生产主体内在矛盾发展及其趋势——资本的积累过程

马克思在前面几章通过对绝对剩余价值、相对剩余价值，以及工资与剩余价值的考察，通过对资本主义微观生产主体生产过程，对微观生产主体要素在生产中价值关系变化精确的量化的分析，说明资本主义微观生产主体的生产过程是资本或生产主体自行增值过程，也是剩余价值的生产过程。资本主义微观生产主体内本质关系是资本家与工人经济利益的对立。逐利的本性决定了剩余价值是资本主义生产的目的和动力。

在第一卷最后一篇第七篇"资本的积累过程"中,说明社会要存在下去就要不间断地再生产,生产过程同时就是再生产过程。在资本主义社会,为了追求相对剩余价值,资本家通过使用和改造机器提高劳动生产率,提高资本有机构成,通过资本积累不断扩大再生产,从而造成生产资料不断集中。同时,这也缩短了工人的必要劳动时间,增加了工人劳动速度和强度,并造成工人人口相对过剩,从而导致生产过剩的危机。随着资本积累和资本不断集中,资本,这个以资本家为代表的私有制的生产关系,集中以至于垄断,"成了与这种垄断一起并在这种垄断之下繁盛起来的生产方式的桎梏"①。在社会发展中,由于生产力社会化程度越来越高,作为"社会人"的社会生产主体的规模越来越大,在生产中的地位和作用越来越突出,即生产的社会化程度越来越高,生产资料越来越集中。

通过分析,马克思得出结论:随着"生产资料的集中和劳动的社会化,达到了同它们的资本主义外壳不能相容的地步。这个外壳就要炸毁了。资本主义私有制的丧钟就要响了。剥夺者就要被剥夺了"②。否定资本主义私有制,最终将"在协作和对土地及靠劳动本身生产的生产资料的共同占有的基础上,重新建立个人所有制"③。

资本主义被社会主义所代替是通过"资本主义生产本身的内在规律的作用"④进行的,是资本主义生产主体内在矛盾发展的必然结果。

第二节 《资本论》第二卷分析资本主义微观与宏观生产主体之间矛盾及其发展趋势

《资本论》第二卷在全书逻辑结构中处于一种特殊地位,在三卷中具有承上启下的作用。第二卷考察了资本主义微观生产主体与宏观生产主体之

---

① 《马克思恩格斯全集》第 44 卷,人民出版社 2001 年版,第 874 页。
② 《马克思恩格斯全集》第 44 卷,人民出版社 2001 年版,第 874 页。
③ 《马克思恩格斯全集》第 44 卷,人民出版社 2001 年版,第 874 页。
④ 《马克思恩格斯全集》第 44 卷,人民出版社 2001 年版,第 873 页。

间关系、矛盾及其发展趋势。马克思在这里开始了人类历史上第一次对微观生产主体与宏观生产主体具体关系的研究，"这个第二册的卓越的研究，以及这种研究在至今几乎还没有人进入的领域内所取得的崭新成果"①。

马克思说："正如每一单个资本家只是资本家阶级的一个分子一样，每一单个资本只是社会总资本中一个独立的、可以说赋有个体生命的部分。社会资本的运动，由社会资本的各个独立部分的运动的总和，即各个单个资本的周转的总和构成"②。微观主体与宏观主体不可分割。微观主体是宏观主体的基础，宏观主体是微观主体的总和；微观主体存在于宏观主体之中，宏观主体不能脱离微观主体。

不同于资产阶级经济学家只从表象上把生产和流通割裂开来的形式主义，马克思在第二卷把生产和流通结合起来考察。只有把生产和流通相结合，生产和再生产相结合，才能把握资本的本质。生产是流通的基础，流通是在生产基础上进行的；流通是生产商品价值实现的途径，生产商品顺利流通是再生产实现的条件。微观生产主体和宏观生产主体的联系是在流通中实现的。

一、单个资本形态变化与生产循环的矛盾

马克思在《资本论》第二卷中首先分析了单个资本形态变化及其循环。资本是在运动中增值的，资本形态必须不断地、周而复始地循环，才能不断地带来利润。资本不是静止的，也不是抽象的，它实实在在存在于自身循环中。资本的职能，资本价值运动的实现，就表现在资本形态循环中。单个资本形态的循环经过三个阶段：一是资本家作为买者出现在商品和劳动市场，他的货币转化为商品；二是资本家用购买的商品从事生产消费，资本完成生产过程，产生了一种价值大于其生产要素成本价值的商品；三是资本家成为卖者回到市场，把生产的商品兑现为货币。因此，资本循环的公式是：G—W…P…W'—G'。这三个阶段资本表现为三种不同的形态：货币资本、生产

---

① 《马克思恩格斯全集》第 45 卷，人民出版社 2003 年版，第 25 页。
② 《马克思恩格斯全集》第 45 卷，人民出版社 2003 年版，第 390 页。

资本和商品资本。

资本主义生产要循环进行下去，剩余价值要能够顺利地产生并实现，资本必须满足质的不同形态和量的一定比例的客观要求。质的形态上，资本必须在共时态上保持货币资本、生产资本、商品资本在空间上并存，在历时态上这三种形态要处于时间上的连续不断的循环之中。在量上，资本的需求和供给必须满足一定的比例。通过对资本循环质和量的分析表明，单个产业资本的供给总是超过需求的，这就产生了资本流通的矛盾，流通的中断导致生产的中断。生产过剩的危机来自于作为以单个资本为基础的微观生产主体内部，单个产业资本的循环已经蕴含着资本主义经济危机的根源。

二、单个资本周转——再生产的条件

马克思说，《资本论》第二卷第一篇"考察了资本在它的循环中所采取的不同的形式和这个循环本身的各种形式"①，第二篇分析单个资本的周转。

资本的多次循环就是资本周转。价值形态的资本周转就是物质形态的再生产。再生产，货币资本流通本身表现出一定的特性和规律。"按照这些规律，一定量资本的大小不等的组成部分，必须按照周转的条件，不断地以货币资本的形式预付和更新，以便使一个一定规模的生产资本能够不断地执行职能。"② 资本的再生产，要求在资本的分配上做到质和量的有机分配。

马克思在本篇考察了固定资本以及流动资本周转的时间或速度，分析了资本的周转速度怎样对预付资本收益进行影响，重点分析了流动资本中可变资本的周转速度直接影响剩余价值率，分析了剩余价值的流通对资本周转的影响。通过这些分析说明，影响单个资本再生产的有多种因素。例如，从周转时间或速度对预付资本量的影响来看，"资本游离必然是通例"③，这些游离的暂歇的资本，不仅"是信用制度的基础之一"④，而且是资本主义"资

① 《马克思恩格斯全集》第45卷，人民出版社2003年版，第391页。
② 《马克思恩格斯全集》第45卷，人民出版社2003年版，第392页。
③ 《马克思恩格斯全集》第45卷，人民出版社2003年版，第310页。
④ 《马克思恩格斯全集》第45卷，人民出版社2003年版，第313页。

本过剩"① 危机的重要原因。从可变资本的周转方面看，可变资本周转的速度越快，工人为社会提供的产品就越多，但是，由于有支付能力的需求与供给的矛盾，"可能并且必然会不断发生巨大的紊乱"②，就会导致经济危机发生。从剩余价值的流通来看，社会会投入更多的贵金属货币，使信用制度大力发展。资本主义危机源于资本主义生产内部，单个资本周转已暴露出资本主义经济危机的必然性。

三、社会总资本再生产的条件及其矛盾

资本主义生产主体存在和再生产的条件是流通的通畅，是资本在生产和流通不同形态的不断循环。所以，资本"它是一种运动，是一个经过各个不同阶段的循环过程，这个过程本身又包含循环过程的三种不同的形式。因此，它只能理解为运动，而不能理解为静止物"③。只有在运动中，资本才"使自己增殖，增大"④。马克思在第一、第二两篇分析了单个资本——微观生产主体再生产的循环与周转，及影响微观生产主体——单个资本再生产的各种因素后，在第三篇进一步分析了宏观生产主体或社会总资本再生产与流通的条件。

马克思通过对资本动态——再生产的分析，通过对微观生产主体和宏观生产主体之间关系的考察，说明影响社会总资本再生产的因素更为复杂。在考察单个资本——微观生产主体再生产时，只考虑了资本质的有机分配。而在考察社会总资本——宏观生产主体的再生产时，不仅要考虑资本本质的有机分配，还要考虑资本在物质的补偿上要求一定量的比例关系，考虑资本的物质形式变换；不仅要考虑社会的消费能力，还要考虑资本在流通中价值的实现。继把资本从价值形态上区分为 c、v、m 三个不同组成部分，马克思在本篇又从实物形态上把资本分为消费资料和生产资料两大部类。在这部分，

---

① 《马克思恩格斯全集》第 45 卷，人民出版社 2003 年版，第 314 页。
② 《马克思恩格斯全集》第 45 卷，人民出版社 2003 年版，第 349 页。
③ 《马克思恩格斯全集》第 45 卷，人民出版社 2003 年版，第 121—122 页。
④ 《马克思恩格斯全集》第 45 卷，人民出版社 2003 年版，第 122 页。

马克思研究资本主义社会以单个资本为基础的微观生产主体和以社会总资本为基础的宏观生产主体怎样在价值上得到实现，又在物质上得到补偿。在资本主义社会，不管是微观生产主体还是宏观生产主体，其生产都是一个运动循环的过程，单个资本和社会总资本再生产过程中，其物质形态变换和价值比例实现都有一定条件。由于资本主义社会生产是社会化的，而生产资料是私人占有，这就产生了单个生产主体内部生产的有组织性与整个社会生产的无政府状态的矛盾——微观主体和宏观主体再生产之间的矛盾，资本主义社会再生产的条件只能通过周期性的经济危机形式强制地加以实现。只有在以公有制社会生产主体为基础的未来共产主义社会，这些社会再生产的条件才可能顺利实现，这种周期性的危机才可能消除。

我国著名的《资本论》研究专家王亚南先生说，"马克思依再生产公式来表述的资本主义的社会总资本运动过程，与其说是要由此从正面来说明它的可能顺利实现条件，毋宁是从反面来证示它的不可能顺利实现的条件"①。资本主义条件下，社会再生产实现的条件，社会总资本的平衡，是以单个生产主体和单个企业的严重不平衡为代价的，是通过资本主义周期性的经济危机形式强制地加以实现的。

第三节　《资本论》第三卷研究资本主义宏观 生产主体内在矛盾及其发展趋势

以往人们认为《资本论》第一卷研究资本主义生产或剩余价值生产，第二卷研究剩余价值流通或实现，第三卷研究剩余价值分配。笔者认为这种理解值得商榷，第一卷难道没有讨论分配吗？如果说第一卷仅仅讨论剩余价值的生产，那么，第一卷揭示工人创造的剩余价值被资本家无偿占有，如果不分配，那里来的占有呢？剩余价值这一概念都无法产生。

实际上，《资本论》第三卷和第一卷的区别在《资本论》的标题中已经

---

① 王亚南：《〈资本论〉研究》，上海人民出版社1973年版，第118页。

标识出来了。《资本论》第一卷的标题是"资本的生产过程",第三卷的标题是"资本主义生产的总过程"。从标题可知,《资本论》第一卷是以单个资本为基础的微观生产主体为研究对象,第三卷则是以社会总资本为基础的宏观生产主体(马克思称为社会主体)为研究对象。《资本论》第三卷研究的是资本主义宏观生产主体矛盾及其发展趋势,是把整个资本主义生产运动总过程作为对象来加以较全面的综合的研究。

在《资本论》三卷中,第三卷与第一卷比较,不仅是从个体到整体,从局部到全局,而且是从本质到现象,从抽象到具体,并且是在前两卷研究基础上,把资本主义经济运动总过程作为对象,来加以较全面的综合的研究。马克思指出:《资本论》"第一册中,我们研究的是资本主义生产过程本身作为直接生产过程考察时呈现的各种现象,而撇开了这个过程以外的各种情况引起的一切次要影响"。"在现实世界里,它还要由流通过程来补充,而流通过程则是第二册研究的对象"。"至于这个第三册的内容,它不能是对于这个统一的一般的考察。相反地,这一册要揭示和说明资本运动过程作为整体考察时所产生的各种具体形式"①。从第一卷社会生产主体内部商品抽象的价值关系出发,从一些抽象的、本质的东西,如价值、剩余价值、劳动力价值、剩余价值率等的考察,到第三卷具体说明资本主义社会生产主体的具体形式及其本质关系,就是从局部到整体的研究过程。第三卷不仅考察了以社会总资本为基础的宏观生产主体的各种具体形态或资本的各种具体形式,如商业资本、生息资本、银行资本和农业资本等,还分析了生产价格、利润、利润率、平均利润、利息、地租等具体经济范畴。生产价格和平均利润的形成,反映了全社会无产阶级与资产阶级两大集团之间经济利益的对立,反映了全社会所有工人阶级的剩余劳动被全社会所有资产阶级共同无偿占有的事实。

马克思在前两卷中对上层建筑的作用已有论述,如一些具体的法律的作用、国家政权在原始积累中的作用等。马克思在第三卷中对各种不同类型的生产主体的分析是对资本主义经济基础的分析。在第三卷中,马克思把信用

① 《马克思恩格斯全集》第46卷,人民出版社2003年版,第29页。

作为上层建筑，分析了作为上层建筑的信用与虚拟资本对资本主义经济的调节作用，以及各种生产主体构成的经济基础与作为上层建筑的信用、虚拟资本的矛盾，马克思集中论述了货币资本与现实资本的矛盾，以及资本主义金融危机。

如果说《资本论》第一卷考察的微观生产主体是资本主义直接生产或直接剥削的条件，那么，《资本论》第三卷考察的宏观生产主体就是资本主义生产或剥削实现的社会条件。"进行直接剥削的条件和实现这种剥削的条件，不是一回事。二者不仅在时间和地点上是分开的，而且在概念上也是分开的。前者只受社会生产力的限制，后者受不同生产部门的比例关系和社会消费力的限制。但是社会消费力既不是取决于绝对的生产力，也不是取决于绝对的消费力，而是取决于以对抗性的分配关系为基础的消费力；这种分配关系，使社会上大多数人的消费缩小到只能在相当狭小的界限以内变动的最低限度"①。比起资本主义直接生产或直接剥削的条件——微观生产主体，资本主义生产或剥削实现的社会条件——宏观生产主体是复杂的，因此，宏观生产主体内无产阶级与资产阶级对立的矛盾更为复杂和尖锐。"生产剩余价值的条件和实现这个剩余价值的条件之间的矛盾，恰好也会随之而增大。"② 资本主义生产方式包含着绝对发展生产力的趋势，但是又靠牺牲已经生产出来的生产力来发展劳动生产力。马克思通过对宏观生产主体内在矛盾的分析得出结论："资本主义生产的真正限制是资本自身"③，"资本主义生产决不是发展生产力和生产财富的绝对形式，它反而会在一定点上和这种发展发生冲突。这种冲突部分地出现在周期性危机中"④。资本主义社会生产的矛盾只能靠周期性经济危机暂时缓解。这些都证明了资本主义生产关系在一定社会历史阶段严重阻碍了生产力的发展，不能适应生产力发展的要求，也决定了资本主义生产方式的暂时性——"发展社会劳动的生产力，是资本的历史任务和存在理由。资本正是以此不自觉地创造着一种更高级的生产形式的物

---

① 《马克思恩格斯全集》第 46 卷，人民出版社 2003 年版，第 272—273 页。
② 《马克思恩格斯全集》第 46 卷，人民出版社 2003 年版，第 273 页。
③ 《马克思恩格斯全集》第 46 卷，人民出版社 2003 年版，第 278 页。
④ 《马克思恩格斯全集》第 46 卷，人民出版社 2003 年版，第 293 页。

质条件"①。正如恩格斯所指出的，第三卷是"马克思对资本主义基础上的社会再生产过程的研究的最终结论"②。

《资本论》第三卷共七篇，分为三大部分。第一部分为第一篇至第三篇，这一部分通过分析资本主义平均利润率降低的趋势，说明资本主义周期性经济危机发生的必然性，说明资本主义生产关系严重阻碍生产力的发展。第二部分为第四篇至第六篇，马克思在这一部分具体分析了以资本为基础的具体的主体形式（或资本形式）及其本质，包括商业资本、生息资本、银行资本、农业资本及其本质。第三部分为第七篇，这一部分即"各种收入及其源泉"，分析了资本主义社会生产主体的本质关系——分配的关系，说明各种收入与资本主义社会一定的社会形式有关，正是这种社会形式及其内部的分配关系使全社会划分为经济利益对立的两大阶级。

一、剩余价值与剩余价值率转化为利润与利润率

在现实资本主义社会，常用来反映生产主体盈利和盈利能力的，并不是剩余价值或剩余价值率，而是利润和利润率。那么，剩余价值与利润、剩余价值率与利润率是什么关系呢？在理论上，这是由本质到现象的转变需澄清的问题；在逻辑上，这是由单个生产资本到社会总资本的转变需说明的问题。正因为如此，剩余价值转化为利润和剩余价值率转化为利润率成为第三卷的起点，也是由以单个资本为基础的微观生产主体向以社会总资本为基础的宏观生产主体转化的始点。

剩余价值怎样转化为利润？剩余价值率又如何转化为利润率？马克思在《资本论》第三卷首先就成本价格与利润、利润率的关系，就利润率与剩余价值率的关系，说明了剩余价值借助利润率转化为利润形式的方式，只是生产过程中发生的主客体关系颠倒的进一步发展，并进一步说明了资本周转对利润率的影响，不变资本应用对经济以及价格变动的影响等。

---

① 《马克思恩格斯全集》第 46 卷，人民出版社 2003 年版，第 288 页。
② 《马克思恩格斯全集》第 24 卷，人民出版社 1972 年版，第 25 页。

二、利润转化为平均利润与宏观生产主体内利益的对立

如果说第一篇剩余价值转化为利润和剩余价值率转化为利润率，是由以单个资本为基础的微观主体向社会总资本为基础的宏观生产主体转化的起点，那么，第二篇"利润转化为平均利润"的研究对象，则从以单个资本为基础的微观生产主体转向了以社会总资本为基础的宏观生产主体。所以，理解本部分内容的关键是把资本主义社会微观生产主体的总和看作一个宏观生产主体，看作一个大的"股份公司"，而不同的资本家只是彼此作为一个股份公司内的股东发生关系。

平均利润率和生产价格的形成，资本主义社会等量资本就可以获得等量的利润。利润的本质就是剩余价值。平均利润、平均利润率和生产价格的形成，不仅掩盖了剩余价值形成的基础，掩盖了可变资本与资本家致富的关系，而且不会反映资本家对雇佣工人的剥削程度。所以，资本家及其资产阶级经济学家热衷于使用这一概念。马克思通过对平均利润、平均利润率、生产价格这些基本范畴及其关系的分析，揭露了由于平均利润率和生产价格的形成，全社会形成了无产阶级与资产阶级两大集团之间经济利益的对立，工人阶级受全体资本家剥削的事实。

在这里我们可以清楚地看到，并不像资产阶级经济学家所说的，马克思《资本论》第三卷平均利润率的内容，否定了第一卷中提出的劳动价值理论。事实上，平均利润率和生产价格的理论不仅没有否定劳动价值论，恰好相反，《资本论》第三卷在一个更广泛的范围内论证了劳动价值论。从平均利润率和生产价格的形成的具体过程——市场价格围绕市场价值变动，到平均利润率和生产价格形成的具体途径——通过竞争及与竞争密切相关的需求与供给调节，其理论依据就是劳动价值理论和价值规律。马克思在社会总资本范围内，在劳动价值理论基础上，解决了资产阶级经济学家无力克服的矛盾。

三、利润率趋向下降规律与资本主义社会内在矛盾的展开

由于平均利润率和生产价格的形成，以社会总资本为基础的宏观生产主体内等量资本获得等量利润和均等的利润率，全社会形成了无产阶级与资产阶级两大集团之间经济利益的对立。虽然利润率和生产价格范畴掩盖了可变资本与资本家致富的关系，不能反映资本家对雇佣工人的剥削程度，但是，它能反映资本有机构成的变化，反映生产力发展趋势。

马克思通过对资本有机构成变化的分析，通过对生产力发展趋势的考察，得出平均利润率下降是资本主义社会一种必然规律。虽然存在对利润率下降起反作用的各种因素，但是改变不了利润率下降的倾向。

《资本论》第三卷前三篇，马克思通过对利润、平均利润和生产价格，以及利润率下降规律的分析，说明不仅在微观生产主体内，而且在宏观生产主体内，资本主义社会生产关系不适合生产力的发展，甚至对生产力起破坏和阻碍作用。《资本论》第三卷第一部分的最后一篇即第三篇"利润率趋向下降的规律"是对这一问题的阐述。马克思通过对利润率下降规律内在矛盾的展开，阐明了利润率下降与积累增进的矛盾，剩余价值的生产条件与它的实现条件的矛盾，以及与此相伴发生的"生产扩大与价值增殖的冲突"、"人口过剩时的资本过剩"等一系列的矛盾，只不过是资本主义社会生产关系与生产力这一基本矛盾的特殊表现。

资本主义生产和再生产的手段是无限发展生产力，但它所要达到的却是为资本价值增值这一有限目的；资本主义生产的条件是个体的，但生产实现的条件是社会的；资本为增值要求发展生产力，但是资本主义生产关系又对生产力的发展加以限制。资本主义生产目的和手段存在着矛盾，生产条件与生产实现条件存在着矛盾，生产力绝对发展的趋势与资本主义生产条件或生产关系限制间存在着矛盾。"资本主义生产过程的混乱和停滞、危机、资本的破坏"[①]，周期性的危机恶性循环，使社会生产力的一部分遭到破坏，靠

---

① 《马克思恩格斯全集》第46卷，人民出版社2003年版，第285页。

牺牲已经生产出来的生产力维持生产循环的正常进行。要消除危机只有消灭资本主义制度。

四、从事不同活动的各种具体形式的生产主体

马克思从《资本论》第一卷对资本主义生产主体的价值这一抽象的规定，一路分析下来，到第三卷的第四、五篇，进入到资本主义生产主体的具体形式——"许多规定的综合"。这些具体形式是"多样性的统一"的具体。由于马克思在第一卷、第二卷，乃至第三卷的前几篇都是以产业资本为基础建立的商品生产主体为考察对象，马克思在第四篇主要考察了以商人资本为基础建立起来的商品经营主体、货币经营主体这些具体形式，并对商人资本进行了历史考察。

五、所有权者收入不同的各种形式的生产主体

《资本论》第三卷第五篇的题目是"利润分为利息和企业主收入。生息资本"。人们往往认为马克思在这一部分论述了生息资本、银行资本等，笔者认为马克思在这一部分实际上是从资本主义社会所有权者收入入手，分析了资本主义社会所有权者收入不同的各种形式的生产主体。这一篇是第三卷中篇幅最长、难度最大的一篇。马克思在文中花了十五章近全卷三分之一的篇幅论述这一问题。

六、银行资本与宏观生产主体的内在矛盾

在 18 世纪中叶，已有经济学家把利息看成是借出资本产生的利润的一部分，但是，随着产业资本发展而逐渐发展起来的信用制度，特别是银行信用制度的发展，通过各种虚拟资本形态的活动，影响了人们对生息资本本质的认识。

马克思提出，对一个国家来说，银行家是货币资本的总管理人，"中央

银行是信用制度的枢纽。而金属准备又是银行的枢纽"①，国家信用则是中央银行的后盾。

在第三卷"资本主义生产的总过程"下篇的第五篇"利润分为利息和企业主收入"部分，马克思在第29—35章中，通过对特殊的生产主体——从事货币经营主体的银行资本，特别是信用与虚拟资本的分析，剖析了资本主义宏观生产主体的内在矛盾及其发展趋势。马克思提出了在宏观生产主体内存在"货币资本与现实资本"的矛盾，马克思从三个方面分析了这种矛盾，剖析了这种矛盾与宏观生产主体内资本主义经济危机的关系。这三个方面是：工业周期不同阶段货币资本和现实资本的矛盾；作为货币资本的借贷资本积累与现实资本积累的不一致；生产中游离出的货币资本，通过信用又成为借贷货币资本与现实资本不一致。由于货币资本与现实资本不一致，为了货币牺牲商品，从而导致危机。

七、信用作为上层建筑在社会经济生活中的调节作用

在《资本论》中，信用是作为上层建筑的范畴，马克思说："信用这个上层建筑"②。信用之所以是上层建筑，因为归根到底它是建立在信任的观念基础上。

作为上层建筑的信用，是适应作为资本主义经济基础的生产主体的状况产生的。对资本家阶级、资产阶级国家而言，社会的"全部信用，都被他们当作自己的私有资本来利用"③。作为上层建筑的信用，也是促使资本主义灭亡的杠杆，是促使资本主义生产方式灭亡的动力，"信用会和财产的这个构成一起消亡"④。信用加速了资本主义生产方式矛盾的暴力爆发，即危机，因而加强了资本主义生产方式解体的各种要素。马克思指出："信用制度固有的二重性质是：一方面，把资本主义生产的动力——用剥削他人劳动的办

---

① 马克思：《资本论》第 3 卷，人民出版社 2004 年版，第 648 页。
② 《马克思恩格斯全集》第 46 卷，人民出版社 2003 年版，第 498 页。
③ 《马克思恩格斯全集》第 46 卷，人民出版社 2003 年版，第 541 页。
④ 《马克思恩格斯全集》第 46 卷，人民出版社 2003 年版，第 687 页。

法来发财致富——发展成为最纯粹最巨大的赌博欺诈制度，并且使剥削社会财富的少数人的人数越来越减少；另一方面，造成转到一种新生产方式的过渡形式。"①

作为上层建筑的信用在社会经济生活中起调节作用。除促进资本主义生产方式的建立，有利于扩大生产规模，促进股份公司的建立，有利于流通费用的减少，作为上层建筑的信用在资本主义全社会经济生活的调节作用还表现在：通过信用制度促使利润率平均化，控制一国生产的全部活动；信用制度不仅是资本主义金融危机发生发展的助推器，又是资本主义金融危机的缓和剂。

八、各种收入及源泉——生产主体内分配关系与经济利益的对立

分配问题可以说是经济问题的核心，承接上面对各种生产主体及其具体形式的考察，第三卷第七篇"各种收入及其源泉"概括性地说明了资本主义社会生产主体的本质与分配的关系。

"资本—利润（企业主收入加上利息），土地—地租，劳动—工资"这个资产阶级经济学家最流行最庸俗的关于分配的三位一体的公式掩盖了一切收入的统一源泉。各种收入与收入源泉属于不同领域，彼此间无共同之处，但是该公式反映各种收入与源泉之间的联系：一方是生产要素，一方是与生产要素有关的价值形式。马克思指出：只有生产主体中创造价值的工人的劳动才是各种收入的"真正的源泉"②。

在资本主义社会，由于一般生产过程和价值增值过程重合在一起，这就引起了一种错觉：由各种物质要素承担的社会关系变成了这些物本身的属性的神秘性质：商品拜物教，货币拜物教。货币范畴直截了当地把生产关系变成物。"在资本主义生产方式下和在构成其占统治地位的范畴，构成其起决定作用的生产关系的资本那里，这种着了魔的颠倒的世界就会更厉害得多地

---

① 《马克思恩格斯全集》第46卷，人民出版社2003年版，第500页。
② 《马克思恩格斯全集》第46卷，人民出版社2003年版，第936页。

发展起来"①。实际上，在资本主义社会，各种收入源泉的颠倒及其原因是资本主义社会物化的生产主体在起作用。马克思说："在资本—利润（或者，更恰当地说是资本—利息），土地—地租，劳动—工资中，在这个表示价值和财富一般的各个组成部分同其各种源泉的联系的经济三位一体中，资本主义生产方式的神秘化，社会关系的物化，物质的生产关系和它们的历史社会规定性的直接融合已经完成：这是一个着了魔的、颠倒的、倒立着的世界。在这个世界里，资本先生和土地太太，作为社会的人物，同时又直接作为单纯的物，在兴妖作怪。"②

马克思还指出，在对各种所得——收入分配问题的考察时，不仅要贯彻价值原理，明确各种收入的真正源泉，还要明了分配关系与生产关系一样具有历史性，分配关系本质上由生产关系决定，与生产关系同一。资本主义生产关系决定了资本主义分配关系：资产阶级以生产资料或土地占有工人的劳动成果，全社会所有工人阶级的剩余劳动被全社会所有资产阶级共同无偿占有。

九、阶级——社会生产主体内利益对立的集团

在《资本论》第三卷最后一章"阶级"部分，马克思肯定"雇佣工人、资本家和土地所有者，形成建立在资本主义生产方式基础上的现代社会的三大阶级。"③ 在英国，一切土地所有权都转化为同资本主义生产方式相适应的土地所有权形式。

马克思提出："首先要解答的一个问题是：是什么形成阶级？这个问题自然会由另外一个问题的解答而得到解答：是什么使雇佣工人、资本家、土地所有者成为社会三大阶级的成员？"④ 什么事情使资本主义社会划分为不同的阶级？马克思说："乍一看来，好像就是收入和收入源泉的同一性。正

---

① 《马克思恩格斯全集》第 46 卷，人民出版社 2003 年版，第 936 页。
② 《马克思恩格斯全集》第 46 卷，人民出版社 2003 年版，第 940 页。
③ 《马克思恩格斯全集》第 46 卷，人民出版社 2003 年版，第 1001 页。
④ 《马克思恩格斯全集》第 46 卷，人民出版社 2003 年版，第 1002 页。

是这三大社会集团，其成员，形成这些集团的个人，分别靠工资、利润和地租来生活，也就是分别靠他们的劳动力、他们的资本和他们的土地所有权来生活。"① 这就是前面所讲的持"三位一体公式"关于各种收入源泉观点的阶级观。按照这种阶级观，资本家阶级的所得是靠"资本的价值增殖"，地主阶级的所得是靠"土地所有权的价值增殖"，作为劳动者工人阶级的所得是靠"劳动力的价值增殖"。马克思说：如果"从这个观点来看，例如，医生和官吏似乎也形成两个阶级，因为他们属于两个不同的社会集团，其中每个集团的成员的收入都来自同一源泉。对于社会分工在工人、资本家和土地所有者中间造成的利益和地位的无止境的划分，——例如，土地所有者分成葡萄园所有者，耕地所有者，森林所有者，矿山所有者，渔场所有者，——似乎同样也可以这样说"②。以此观点，资本主义社会就不存在剥削，不存在阶级，而事实上资本主义社会确实存在着阶级。可见，"收入和收入源泉的同一性"并不是社会形成阶级的依据。

马克思在《德意志意识形态》、《〈政治经济学批判〉导言》等著作中已说明：形成一个社会内部结构并且成为基本阶级依据的范畴，不仅包括资本和土地所有制这些生产资料所有制的内容，也包括由生产资料所有制所决定的劳动形式，还包括它们之间的相互关系，所以，阶级是一定历史阶段社会生产主体内利益根本对立的集团。阶级对立的根源是生产主体内部利益的对立，其基础是对生产主体生产资料的关系，其实质是劳动的占有与被占有。

《资本论》中所揭示的资本主义微观和宏观生产主体内在的基本矛盾——生产力与生产关系、经济基础与上层建筑的矛盾，具体表现为无产阶级与资产阶级的阶级矛盾，表现为特殊利益与共同利益之间的矛盾。马克思通过这些矛盾的分析揭示了资本主义内在矛盾及其发展趋势。恩格斯在1868年为《资本论》第一卷所作的书评中曾说："资本和劳动的关系，是我们全部现代社会体系所围绕旋转的轴心，这种关系在这里第一次得到了科学的说明"③。

---

① 《马克思恩格斯全集》第46卷，人民出版社2003年版，第1002页。
② 《马克思恩格斯全集》第46卷，人民出版社2003年版，第1002页。
③ 《马克思恩格斯选集》第2卷，人民出版社1995年版，第589页。

结束语　解释世界与改造世界的统一

　　历史唯物主义是一种哲学，确切地说，历史唯物主义是一种社会历史哲学。与一般的科学不同，社会历史哲学不仅是一种知识体系，又是意识形态；不仅追求真理，又追求对对象认识的意义和价值。历史上，任何一种社会历史哲学都是以抽象的概念体系反映特定社会的本质和关系，反映特定的阶级或社会集团的利益、愿望和要求。正因为如此，马克思恩格斯把对历史唯物主义理论系统阐述的著作命名为《德意志意识形态》。《德意志意识形态》是马克思恩格斯清算自己的"哲学信仰"，构建自己历史唯物主义体系的著作，其副标题是"对费尔巴哈、布·鲍威尔和施蒂纳所代表的现代德国哲学以及各式各样先知所代表的德国社会主义的批判"，历史唯物主义就是在批判资产阶级意识形态的同时阐述无产阶级意识形态的理论。历史唯物主义学科的这种性质，决定了历史唯物主义的两重任务：解释世界与改造世界。

　　历史唯物主义作为一种追求真理的知识体系，以作为社会经济基本单位的微观生产主体作为出发点，通过把社会分为微观和宏观两层生产主体，把人类社会生活分为经济、政治和思想三个层面，揭示了社会中经济、政治和意识之间的关系。历史唯物主义作为一种追求对对象认识的意义和价值的意识形态，反映了无产阶级的利益、愿望和要求。历史唯物主义作为真理性的知识体系与作为价值的意识形态是内在不可分割的，二者内在的一致和统一是建立在对社会生产主体——人及其关系认识的基础上。

　　历史唯物主义作为一种意识形态，在科学地解释现实世界基础上，肯定了物质资料生产在社会发展中的决定作用，从而肯定了劳动者阶级在社会历史中的决定作用，反映了无产阶级的利益、愿望和要求，明确宣布其是无产阶级及其主导社会的一种意识形态。

历史唯物主义作为无产阶级及其主导社会的一种意识形态，关心的是现实的人的利益和诉求，人的本质关系是贯穿历史唯物主义的中心线索，人的本质的回归——实现人的自由而全面的发展，实现无产阶级和人类解放是历史唯物主义的最高命题或落脚点。而要实现这些，就要改造现实资本主义社会，改变资本主义生产主体的性质，改变无产阶级生存异化的状态。作为资产阶级意识形态的哲学也曾经是资产阶级革命的"前导"①，也曾经充当过资产阶级革命的思想武器，但是，在资本主义生产方式确立，上层建筑巩固以后，在马克思生活的时代，资产阶级哲学主要维护资本主义，解释资本主义制度合理性，从黑格尔、费尔巴哈到鲍威尔、施蒂纳无不如此。不同于资产阶级哲学家对资本主义制度合理性的论证，对资本主义的批判和改造，对无产阶级解放的论证是历史唯物主义的显著特征。

马克思在《关于费尔巴哈的提纲》中指出："哲学家们只是用不同的方式解释世界，问题在于改变世界"②，在《德意志意识形态》中说："对实践的唯物主义者即共产主义者来说，全部问题都在于使现存世界革命化，实际地反对并改变现存的事物。"③《共产党宣言》向全世界宣告："共产党人可以把自己的理论概括为一句话：消灭私有制"④。《资本论》以自然科学式的精确严谨论证了资本主义被社会主义所代替的历史必然性。"哲学家们只是用不同的方式解释世界，问题在于改变世界"，这一镌刻在马克思墓碑上的名言，不仅是对马克思生平和思想精髓的概括，也反映了马克思创立的历史唯物主义的理论品质。

无论解释世界还是改造世界，都涉及哲学基本问题——思维与存在的关系问题，思维与存在的关系问题也是历史唯物主义基本问题。统治阶级通过教育灌输其社会制度的核心价值思想，说明其社会不平等的合理性，"这种学说一定把社会分成两部分，其中一部分凌驾于社会之上"⑤。马克思说：

---

① 《马克思恩格斯选集》第4卷，人民出版社1995年版，第214页
② 《马克思恩格斯选集》第1卷，人民出版社1995年版，第57页。
③ 《马克思恩格斯选集》第1卷，人民出版社1995年版，第75页。
④ 《马克思恩格斯选集》第1卷，人民出版社1995年版，第286页。
⑤ 《马克思恩格斯选集》第1卷，人民出版社1995年版，第55页。

"关于环境和教育起改变作用的唯物主义学说忘记了：环境是由人来改变的，而教育者本人一定是受教育的"①，"人创造环境，同样，环境也创造人。"② 马克思强调思想理论的教育作用，认为环境决定并制约人的活动，但是，环境的改变是通过人的活动进行的，人可以改变环境，创造环境。马克思在批判资产阶级哲学阐述自己哲学观点时，始终坚持社会存在决定人们的意识（或生活决定意识），这一观点也是作为历史唯物主义内容进行阐发的。另一方面，马克思又强调意识指导下的实践的能动作用。历史唯物主义是历史唯物论与历史辩证法的统一。

马克思在《〈黑格尔法哲学批判〉导言》中说，"光是思想力求成为现实是不够的，现实本身应当力求趋向思想"③，明确提出自己理论与现实无产阶级实践之间的关系："哲学把无产阶级当作自己的物质武器，同样，无产阶级也把哲学当作自己的精神武器"，"德国人的解放就是人的解放。这个解放的头脑是哲学，它的心脏是无产阶级。哲学不消灭无产阶级，就不能成为现实；无产阶级不把哲学变成现实，就不可能消灭自身。"④ 马克思在《关于费尔巴哈的提纲》和《德意志意识形态》中还指出："环境的改变和人的活动或自我改变的一致，只能被看作是并合理地理解为革命的实践。"⑤ "要真正地、实际地消灭这些词句，从人们意识中消除这些观念，就要靠改变了的环境而不是靠理论上的演绎来实现。"⑥ 马克思明确提出了自己创立的历史唯物主义是指导无产阶级革命实践的科学，实践性是历史唯物主义重要的理论属性。

历史唯物主义具有的科学性、实践性、批判性和革命性这些特点，是作为追求真理的知识体系与无产阶级及其主导社会的意识形态一致性的反映，是历史唯物主义解释世界和改造世界功能内在一致性的体现。

---

① 《马克思恩格斯选集》第 1 卷，人民出版社 1995 年版，第 55 页。
② 《马克思恩格斯选集》第 1 卷，人民出版社 1995 年版，第 92 页。
③ 《马克思恩格斯选集》第 1 卷，人民出版社 1995 年版，第 11 页。
④ 《马克思恩格斯全集》第 3 卷，人民出版社 2002 年版，第 214 页。
⑤ 《马克思恩格斯选集》第 1 卷，人民出版社 1995 年版，第 55 页。
⑥ 《马克思恩格斯选集》第 1 卷，人民出版社 1995 年版，第 95 页。

参考文献

1. 《马克思恩格斯全集》第 1—50 卷，人民出版社 1956—2008 年版。

2. 《马克思恩格斯选集》第 1—4 卷，人民出版社 1995 年版。

3. 《列宁全集》第 4、7、38、41、55 卷，人民出版社 1984、1986、1959、1986、1990 年版。

4. 马克思：《资本论》第 1—3 卷，人民出版社 1975 年版。

5. 马克思：《资本论》（根据作者修订的法文版第一卷翻译），中国社会科学出版社 1983 年版。

6. 《马克思古代社会史笔记》，人民出版社 1996 年版。

7. 马克思：《历史学笔记》，红旗出版社 1992 年版。

8. 《马克思恩格斯通信集》第 1—4 卷，人民出版社 1957—1958 年版。

9. 《马克思恩格斯〈资本论〉书信集》，人民出版社 1976 年版。

10. 《毛泽东文集》第 7 卷，人民出版社 1999 年版。

11. 《毛泽东选集》第 2 卷，人民出版社 1991 年版。

12. 《邓小平文选》第 1—2 卷，人民出版社 1994 年版。

13. 《邓小平文选》第 3 卷，人民出版社 1993 年版。

14. 梅林：《马克思传》，人民出版社 1965 年版。

15. 科尔纽：《马克思恩格斯传》第 1—3 卷，生活·读书·新知三联书店 1963、1965、1980 年版。

16. 中共中央马克思恩格斯列宁斯大林著作编译局编译：《摩尔和将军——回忆马克思恩格斯之一》，人民出版社 1982 年版。

17. 中共中央马克思恩格斯列宁斯大林著作编译局编译：《我景仰的人——回忆马克思恩格斯》，人民出版社 1982 年版。

18. 戴维·麦克莱伦：《卡尔·马克思传》，中国人民大学出版社 2005 年版。

19. 庄福龄主编：《马克思主义史》第 1—4 卷，人民出版社 1996 年版。

20. 柏拉图：《理想国》第 55 卷，商务印书馆 1986 年版。

21. 亚里士多德：《政治学》，商务印书馆 1965 年版。

22. 马基雅维利：《君主论》，商务印书馆 1985 年版。

23. 洛克：《政府论》（上、下），商务印书馆 1982、1964 年版。

24. 孟德斯鸠：《论法的精神》（上、下），商务印书馆 1961、1963 年版。

25. 卢梭：《论人类不平等的起源和基础》，商务印书馆 1962 年版。

26. 卢梭：《社会契约论》，商务印书馆 1980 年版。

27. 康德：《未来形而上学导论》，商务印书馆 1978 年版。

28. 康德：《法的形而上学原理——权利的科学》，商务印书馆 1991 年版。

29. 康德：《实用人类学》，重庆出版社 1987 年版。

30. 黑格尔：《法哲学原理》，商务印书馆 1961 年版。

31. 黑格尔：《历史哲学》，上海书店出版社 1999 年版。

32. 黑格尔：《小逻辑》，商务印书馆 1980 年版。

33. 黑格尔：《逻辑学》（上、下），商务印书馆 1966、1970 年版。

34. 黑格尔：《精神现象学》（上、下），商务印书馆 1979 年版。

35. 黑格尔：《哲学史讲演录》第 1—4 卷，商务印书馆 1959、1978 年版。

36. 黑格尔：《法哲学原理》，商务印书馆 1961 年版。

37. 费尔巴哈：《基督教的本质》，商务印书馆 1984 年版。

38. 配第：《赋税论 献给英明人士 货币略论》，商务印书馆 1978 年版。

39. 杜阁：《关于财富的形成和分配的考察》，商务印书馆 1969 年版。

40. 魁奈：《魁奈经济著作选》，商务印书馆 1979 年版。

41. 斯密：《道德情操论》，商务印书馆 1997 年版。

42. 斯密：《国民财富的性质和原因的研究》（上、下），商务印书馆 1972、1974 年版。

43. 李嘉图：《政治经济学及赋税原理》，商务印书馆 1962 年版。

44. 萨伊：《政治经济学概论》，商务印书馆 1963 年版。

45. 穆勒:《政治经济学要义》,商务印书馆 1993 年版。

46. 西斯蒙蒂:《政治经济学新原理》,商务印书馆 1964 年版。

47. 李斯特:《政治经济学的国民体系》,商务印书馆 1961 年版。

48. 普鲁东:《什么是所有权》,商务印书馆 1963 年版。

49. 梅林:《论历史唯物主义》,生活·读书·新知三联书店 1958 年版。

50. 普列汉诺夫:《论一元论历史观之发展》,生活·读书·新知三联书店 1965 年版。

51. 卢卡奇:《历史和阶级意识》,重庆出版社 1989 年版。

52. 卢卡奇:《关于社会存在的本体论》(上、下),重庆出版社 1993 年版。

53. 葛兰西:《狱中札记》,人民出版社 1983 年版。

54. 柯尔施:《马克思主义和哲学》,重庆出版社 1989 年版。

55. 海德格尔:《林中路》,上海译文出版社 2004 年版。

56. 熊彼特:《资本主义、社会主义与民主》,商务印书馆 1999 年版。

57. 熊彼特:《从马克思到凯恩斯》,江苏人民出版社 2003 年版。

58. 韦伯:《论经济与社会中的法律》,中国大百科全书出版社 1998 年版。

59. 韦伯:《经济与社会》(上、下),商务印书馆 1997 年版。

60. 罗素:《西方哲学史》(上、下),商务印书馆 2004 年版。

61. 罗素:《自由之路》,西苑出版社 2003 年版。

62. 萨特:《存在主义是一种人道主义》,上海译文出版社 1988 年版。

63. 阿尔都塞:《保卫马克思》,商务印书馆 1984 年版。

64. 陈越编:《哲学与政治:阿尔都塞读本》,吉林人民出版社 2003 年版。

65. 弗洛姆:《马克思关于人的概念》,台湾旭日出版社 1987 年版。

66. 沙夫:《人的哲学》,生活·读书·新知三联书店 1965 年版。

67. 毕尔格:《主体的隐退》,南京大学出版社 2004 年版。

68. 多尔迈:《主体性的黄昏》,上海人民出版社 1992 年版。

69. 哈贝马斯:《重建历史唯物主义》,社会科学文献出版社 2000 年版。

70. 德里达:《马克思的幽灵》,中国人民大学出版社 1999 年版。

71. 哈耶克:《通往奴役之路》,中国社会科学出版社 1997 年版。

72. 哈耶克:《自由宪章》,中国社会科学出版社 1999 年版。

73. 哈耶克：《法律、立法与自由》第1—3卷，中国大百科全书出版社 2000年版。

74. 哈耶克：《经济、科学与政治——哈耶克论文演讲集》，江苏人民出版社 2003年版。

75. 柯亨：《卡尔·马克思的历史理论：一个辩护》，重庆出版社 1989年版。

76. 罗尔斯：《正义论》，中国社会科学出版社 1988年版。

77. 罗尔斯：《万民法》，吉林人民出版社 2003年版。

78. 麦金太尔：《追寻美德——伦理理论研究》，译林出版社 2003年版。

79. 马尔库塞：《单向度的人》，重庆出版社 1988年版。

80. 西美尔：《货币哲学》，华夏出版社 2002年版。

81. 波普尔：《开放社会及其敌人》第1—2卷，中国社会科学出版社 1999年版。

82. 布坎南：《财产与自由》，中国社会科学出版社 2002年版。

83. 卡西尔：《人论》，上海译文出版社 2004年版。

84. 巴加图利亚：《马克思的第一个伟大的发现——唯物史观的形成和发展》，中国人民大学出版社 1981年版。

85. 王亚南：《〈资本论〉研究》，上海人民出版社 1973年版。

86. 黄枬森等编：《人学词典》，中国国际广播出版社 1990年版。

87. 陈先达、靳辉明：《马克思早期思想研究》，北京出版社 1983年版。

88. 陈先达：《走向历史的深处——马克思历史观研究》，上海人民出版社 1987年版。

89. 陈先达：《马克思和马克思主义》，《陈先达文集》第3卷，中国人民大学出版社 2006年版。

90. 靳辉明：《靳辉明文集》，中国社会科学出版社 2005年版。

91. 顾海良：《马克思"不惑之年"的思考》，中国人民大学出版社 1993年版。

92. 孙伯鍨：《探索者道路的探索》，南京大学出版社 2002年版。

93. 吴江：《马克思主义是一门大史学》，中央编译出版社 2002年版。

94. 徐崇温:《世纪之交的社会主义与资本主义》,湖南人民出版社 2002 年版。

95. 张一兵:《马克思历史辩证法的主体向度》,南京大学出版社 2002 年版。

96. 张一兵:《回到马克思——经济学语境中的哲学话语》,江苏人民出版社 2003 年版。

97. 俞吾金:《从康德到马克思——千年之交的哲学沉思》,广西师范大学出版社 2004 年版。

98. 叶汝贤、孙麾主编:《马克思与我们同行》,中国社会科学出版社 2003 年版。

99. 叶汝贤:《历史唯物主义发展史》,吉林人民出版社 1985 年版。

100. 顾锦屏等:《马克思的伟大一生》,北京出版社 1983 年版。

101. 张曙光:《人的世界与世界的人》,北京师范大学出版社 2009 年版。

102. 杨金海:《人的存在论》,广西人民出版社 1995 年版。

103. 袁贵仁:《马克思的人学思想》,北京师范大学出版社 1996 年版。

104. 王锐生、景田魁:《论马克思关于人的学说》,辽宁人民出版社 1984 年版。

105. 陈学明:《永远的马克思》,人民出版社 2006 年版。

106. 陈学明、马拥军:《走近马克思——苏东剧变后西方四大思想家的思想轨迹》,东方出版社 2002 年版。

107. 俞可平等主编:《马克思主义研究论丛》,中央编译出版社 2005 年版。

108. 韩庆祥、邹诗鹏:《人学——人的问题的当代阐释》,云南人民出版社 2001 年版。

109. 康渝生:《马克思主义哲学的致思理路》,社会科学文献出版社 2004 年版。

110. 魏小平:《追寻马克思》,人民出版社 2005 年版。

111. 刘永信等:《主体辩证法》,中国经济出版社 2004 年版。

112. 席忻:《马克思主义人的哲学初探》,中共中央党校出版社 1997 年版。

113. 吴德勤：《永远的马克思——马克思哲学的当代性》，上海大学出版社 2004 年版。

114. 李超：《社会主义市场经济的人学底蕴》，人民出版社 2004 年版。

115. 张钟朴、冯文光：《法文版〈资本论〉介绍》，中国社会科学出版社 1983 版。

116. 商学英、徐梦秋主编：《主体论》，厦门大学出版社 1995 年版。

117. 王旭东：《西方哲学主体间性理论批判》，中国社会科学出版社 2004 年版。

118. 严春友：《人：西方思想家的阐释》，中国社会科学出版社 2005 年版。

119. 宋定国：《人的本质的揭示和唯物史观的创立》，广西人民出版社 1985 年版。

120. 旷三平主编：《唯物史观前沿问题研究——现代追寻视域下的一种理论探索》，中国社会科学出版社 2004 年版。

121. 郭湛：《主体性哲学——人的存在及其意义》，云南人民出版社 2002 年版。

122. 王南湜、谢永康：《后主体性哲学的视域——马克思唯物主义的当代阐释》，中国人民大学出版社 2004 年版。

123. 颜鹏飞：《西方经济思想史》，中国经济出版社 2010 年版。

124. 顾海良、张雷声：《马克思劳动价值论的历史与现实》，人民出版社 2002 年版。

125. 张熏华：《〈资本论〉脉络》，复旦大学出版社 1999 年版。

126. 高新军：《揭开历史发展之谜——〈资本论〉历史唯物主义思想研究》，中央编译出版社 2002 年版。

127. 王玉芬：《从重商主义到马克思——剩余价值发现的历史进程》，北京大学出版社 2002 年版。

128. 李延明：《马克思恩格斯的共产主义学说》，中国社会科学出版社 2010 年版。

129. 特里·伊各尔顿：《马克思为什么是对的》，新星出版社 2011 年版。

130. 戴维·麦克莱伦：《马克思以后的马克思》，中国人民大学出版社2004年版。

131. 路易·迪蒙：《论个体主义——对现代意识形态的人类学观点》，上海人民出版社2003年版。

132. 张世英、朱正琳编：《哲学与人》，商务印书馆1993年版。

133. 杨祖陶：《康德黑格尔哲学研究》，武汉大学出版社2001年版。

134. 杨祖陶、邓晓芒：《康德三大品牌精粹》，人民出版社2001年版。

135. 邓晓芒：《黑格尔辩证法讲演录》，北京大学出版社2005年版。

136. 李秋零：《德国哲人视野中的历史》，中国人民大学出版社1994年版。

137. 加藤节：《政治与人》，北京大学出版社2003年版。

138. 威廉·基根：《资本主义的幽灵》，重庆出版社2001年版。

139. 戴维·施维卡特：《反对资本主义》，中国人民大学出版社2002年版。

140. 别尔嘉耶夫：《历史的意义》，学林出版社2002年版。

141. 高峰等：《发达资本主义国家的所有制研究》，清华大学出版社1998年版。

142. 查尔斯·德佰：《公司帝国》，中信出版社2004年版。

143. 斯科特·鲍曼：《现代公司与美国的政治思想——法律、权力与意识形态》，重庆出版社2001年版。

144. 博托莫尔：《现代资本主义理论》，北京经济学院出版社1989年版。

145. 莱斯利·斯克莱尔：《跨国资本家阶层》，江苏人民出版社2002年版。

146. 郇腾：《资本的历史极限与社会主义》，上海大学出版社2005年版。

147. 马尔夫·可尼佩尔：《法律与历史——论〈德国民法典〉的形成与变迁》，法律出版社2003年版。

148. 博登海默：《法理学法律哲学与法律方法》，中国政法大学出版社2004年版。

149. 李龙主编：《法理学》，武汉大学出版社1996年版。

150. 龙卫球：《民法总论》，中国法制出版社 2002 年版。

151. 梁慧星：《民法总论》，法律出版社 1996 年版。

152. 韦恩·莫里森：《法理学——从古希腊到后现代》，武汉大学出版社 2003 年版。

153. 纪坡民：《产权与法》，生活·读书·新知三联书店 2001 年版。

154. 杨震：《法价值哲学导论》，中国社会科学出版社 2004 年版。

155. 冈村司：《民法与社会主义》，中国政法大学出版社 2003 年版。

156. 曹卫东：《欧洲为何需要一部宪法》，中国人民大学出版社 2004 年版。

157. 格尔哈德·帕普克：《知识、自由与秩序》，中国社会科学出版社 2001 年版。

158. 刘军宁等编：《经济民主与经济自由》，生活·读书·新知三联书店 1997 年版。

159. 官敬才：《经济个人主义的哲学研究》，中国社会科学出版社 2004 年版。

160. 丹尼尔·贝尔：《社群主义及其批评者》，生活·读书·新知三联书店 1997 年版。

161. 俞可平：《社群主义》，中国社会科学出版社 2005 年版。

162. 张静：《法团主义》，中国社会科学出版社 2005 年版。

163. 刘军宁等编：《自由与社群》，生活·读书·新知三联书店 1998 年版。

164. 庄国雄等：《历史哲学》，复旦大学出版社 2004 年版。

165. 科里斯特曼：《财产的神话——走向平等主义的所有权理论》，广西师范大学出版社 2004 年版。

166. 李建国主编：《哲学社会科学与文明发展》，湖南人民出版社 2007 年版。

167. 李云峰：《马克思学说中人的概念》，人民出版社 2007 年版。

168. 李云峰：《〈资本论〉的理论逻辑——资本主义生产主体内在矛盾及其发展趋势》，武汉大学博士论文，2014 年 6 月。

后　记

　　我大学毕业后一直在高校从事马克思主义哲学和马克思主义基本原理的理论课教学。教学中感觉现有历史唯物主义话语体系比较抽象，大学生对现有历史唯物主义理论难以真正理解，自己对一些理论问题也有所思考，但真正静下心来系统研究问题是缘于一篇博士论文。2003 年已是大学教授的我有机会攻读博士，在撰写博士论文的过程中，通过系统地阅读马克思著作，通过对马克思学说体系的研究，我提出了历史唯物主义（也是马克思学说）逻辑出发点是作为社会经济基本单位的生产主体，在工业社会就是以企业法人为主导的基本经济组织，是人格化的人。2007 年 3 月论证此观点的《马克思主义学说中人的概念》一书由人民出版社正式出版。

　　历史唯物主义（也是马克思学说）逻辑出发点是理解历史唯物主义基本范畴和理论的关键，我把这一逻辑出发点贯彻在教学中，学生们对历史唯物主义原理的理解更具体些，教学效果明显好一些。但是，整个体系不明确，还是制约学生们对马克思主义整体理论的理解。而对历史唯物主义整个体系的解读涉及《资本论》，因为历史唯物主义是写作《资本论》的指导思想，《资本论》是对历史唯物主义的证明。所以，在《马克思主义学说中人的概念》一书出版后不久，我就开始了《资本论》的研究工作，期间写了大量的读书笔记。2014 年 6 月《〈资本论〉的理论逻辑——资本主义生产主体内在矛盾及其发展趋势》一文通过博士论文答辩。本书是关于历史唯物主义基本理论的内容，如果有可能，我将尽快把《资本论》的逻辑、《资本论》与历史唯物主义的关系、《资本论》与黑格尔的《逻辑学》关系等笔记也整理出版。

　　马克思主义理论既是一门科学理论，也是一种意识形态。我对历史唯物主义和《资本论》的研究，其动机是为了使学生们更好地理解马克思主义。本书是一个长期从事马克思主义理论教育的工作者基于对科学理论的敬畏和信仰，基于一个普通教师的责任心，从科学或学理方面做的一点工作。

时光荏苒，岁月匆匆，不知不觉我已过花甲之年，距我最初提出历史唯物主义逻辑出发点的人的概念也过去了十余载。这十多年是我一生中最艰辛、紧张和忙碌的时段。

十多年来，研究工作之所以非常辛苦，是因为马克思主义理论博大精深，是因为涉及的理论问题太多。如：历史唯物主义中生产方式、社会形态概念；自然人主体与微观和宏观生产主体之间关系；马克思解开历史之谜的问题；社会结构和功能的单位问题；分工与历史唯物主义基本原理关系问题；无产阶级和劳动者阶级的主体地位问题；马克思学说中共同体的概念问题；共同利益与特殊利益关系问题；不同层次人的关系及其发展趋势问题；人的发展与解放问题；共产主义为什么必然是公有制的问题；人的本质问题；等等。《资本论》除三卷逻辑结构外，还有：其逻辑出发点、研究对象、研究方法等基本理论问题；马克思的《资本论》与黑格尔《逻辑学》的关系；商品二因素、劳动二重性与生产力和生产关系之间的关系；《资本论》与历史唯物主义范畴和理论体系的内在关系问题；等等。其中任何一个都是不小的理论问题，都要经过认真的琢磨和反复的思考。

人的本质是一个困扰我多年的问题，也是本书交稿前才解决的理论问题。以往老纠结在人的本质与社会形态关系方面，直到2017年4月才把人的本质与社会制度的学理基础和核心价值观联系起来。这一问题涉及自由、平等、正义、解放等哲学社会科学最基本范畴，涉及深层次理论问题。

在我的研究成果中，我最重视的是《资本论》。马克思倾其一生所著的《资本论》可以说是现代哲学社会科学的哥德巴赫猜想，是对历史唯物主义话语体系的现实论证。虽然本书许多地方还需斟酌，但是，《资本论》的研究使我相信从生产主体构建的历史唯物主义理论研究方向没问题。

本文的观点是一己之见，由于涉及的领域较广、问题太大，受学识水平和能力的局限，要完成这样一个重大课题的研究力不从心，文中难免存在着错误和不足，敬请各位专家学者批评指正。公开出版自己研究的系列成果，希望能起到抛砖引玉的作用，推动该问题的研究走向深入。

对于本书的出版，我首先要感恩这个时代，感谢党和国家对我的培养。我作为最后一届工农兵学员进入高校，最初学习工科，1977 年入校后被选拔作为师资培养对象有幸与 77 级同学一起学习了四年哲学，本科毕业后学校又送我进修科学哲学，后又脱产三年进行哲学专业硕士研究生学习。我 30 岁以前基本上是在脱产带薪学习中度过的。如果不是带薪学习，以我的家庭条件，我不可能那么多年无生活后顾之忧安心学习。这些使我打下了比较扎实的专业理论基础，具有较宽的知识面。如果没有这些，不可能有摆在我们面前的这部著作。

我要感谢我所有的老师，是他们的教育使我有了独立思考和研究的能力。这里我要特别感谢中国人民大学的陈先达教授和已故的北京大学黄枬森教授。素昧平生的黄枬森教授当年为我的《马克思学说中人的概念》一书作序。未能在黄枬森教授有生之年完成《资本论》研究，这是我一生中最大的遗憾。2014 年最终完成《资本论》研究后，我给多位领导和专家写过信，陈先达教授是唯一给我回音的。两位先生的客观评价，是对我极大的鼓励。同时，从两位先生身上我感受到学术大家对学术问题的敏锐以及可贵的学术品质。

我要感谢多年来一直支持我的武汉大学马克思主义学院的老师和同事们，感谢他们在我博士论文答辩过程中以及在工作生活中给予的支持和帮助。

我还要感谢人民出版社韦玉莲编辑对本书提出的宝贵意见及为出版此书所付出的艰辛劳动。

最后，我要感谢我的家人。感谢我的父母，他们都是基层工作者，文化水平不高，但他们潜移默化地教会了我真诚、善良，踏踏实实做事、老老实实做人。感谢我的丈夫、女儿和女婿一直以来给予我的关心、支持和照顾。没有家人的支持，我不可能走到今天。

李云峰

2017 年 7 月于武昌东湖

责任编辑：韦玉莲

图书在版编目（CIP）数据

微宏观生产主体与历史唯物主义：真实的马克思系列研究之二/李云峰著．
　—北京：人民出版社，2017.9
ISBN 978 - 7 - 01 - 017983 - 4

Ⅰ . ①微…　Ⅱ . ①李…　Ⅲ①马克思主义哲学—历史唯物主义—研究　Ⅳ. ①B03

中国版本图书馆 CIP 数据核字（2017）第 183523 号

微宏观生产主体与历史唯物主义

WEIHONGGUAN SHENGCHAN ZHUTI YU LISHI WEIWUZHUYI

——真实的马克思系列研究之二

李云峰　著

人民出版社出版发行

（100706　北京市东城区隆福寺街 99 号）

北京汇林印务有限公司印刷　新华书店经销

2017 年 9 月第 1 版　2017 年 9 月北京第 1 次印刷
开本：710 毫米 × 1000 毫米 1/16　印张：18
字数：275 千字

ISBN 978 - 7 - 01 - 017983 - 4　定价：56.00 元

邮购地址 100706　北京市东城区隆福寺街 99 号
人民东方图书销售中心　电话（010）65250042　65289539